新しい時代の
教育方法

第3版

田中耕治・鶴田清司・橋本美保・藤村宣之 [著]

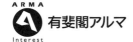

第3版によせて

2017年3月に，学習指導要領が改訂された。改訂の大きな特徴は，教育内容のみならず教育方法に関する指針が示されたことである。周知のように，それは「主体的・対話的で深い学び」と表現されている。さらには，急速なグローバルな知識基盤社会への対応として，GIGA スクール構想（2019年），「令和の日本型学校教育」構想（2021年）が発出された。

本書は，以上の文部科学省の新しい動向に着眼して，また，この間の教育方法学の研究蓄積を踏まえて，より充実したテキストになるように努めた。とりわけ，ICT 活用を念頭に「主体的・対話的な学び」がいかにすれば「深い学び」となるのかについて，理論的のみならず実践的，具体的に整理し，提示している。

本書が，直面する教育方法の課題を読み解き，子どもたちの未来を拓く一助になれば幸いである。最後になったが，この改訂作業においても，私たち執筆者をあたたかくサポートしていただいた有斐閣ならびに担当編集者の中村さやか氏にあらためて深く感謝申し上げたい。

2024年10月

著者一同

はじめに

　教育方法の学は，さまざまな教育実践の現場において指導されている人たち，これから教育実践の現場で働こうとしている人たちにとって，最も必要とされている学問の1つである。なぜならば，教育という営みは，人づくりの行為であり，そこには必ず人づくりの技（わざ）とアートが予定されている。教育方法の学は，この人づくりの技とアートに焦点をあわせて，その洗練と創造をめざそうとするものである。

　本書は，実践家たちによって営々と築かれてきたこの人づくりの技とアートに凝縮されてきた意味や意義を豊かに理解するために，多角的で重層的なアプローチをとっている。そうすることで，単発的で短命なハウ・ツー本には期待することが難しい，指導する人たちにとって長期的な基軸となる教育方法の技とアートを形

▲編集会議の様子。左から藤村，田中，鶴田，橋本。於有斐閣本社。

成できると確信するからである。本書は，そのことを実現するために，教育史の立場，一般教授学の立場，教科教育学の立場，教育心理学の立場から研究を積み重ねてきた者たちが一堂に会して，教育方法の学を丹念に編み出したものである。

　本書がさまざまな教育現場で苦闘している人たち，これから教育現場に向かおうとする人たちにとっての応援歌となれば，執筆者一同にとって望外の喜びである。なお，最後になったが，出版事情の厳しいなかで編集会議を繰り返し設定いただき，粘り強く本書の誕生を見守っていただいた有斐閣ならびに編集担当者の中村さやか氏に深く感謝申し上げたい。

　2012 年 6 月

著 者 一 同

著 者 紹 介

田中 耕治（たなか こうじ）　　執筆担当：序，第 3, 9, 10 章, *Column*⑤

佛教大学教育学部客員教授，京都大学名誉教授

主著：『教育評価』（単著），岩波書店，2008 年／『戦後日本教育方法論史』上・下（編著），ミネルヴァ書房，2017 年／『新しい時代の教育課程』第 5 版（共著），有斐閣，2023 年

> **メッセージ**
>
> 　学生のときから，ゼミや研究会で，小学校現場に足を運ぶなかで，教育の事実に具体的に働きかけていく教育方法のおもしろさを知りました。そして，教育方法の論争の歴史や理論，教師たちが書いた実践記録を学ぶなかで，目の前に展開されている教育実践の意味を深く理解できるようになりました。本書が，教育方法の学への確かな入門書となることを期待します。

鶴田 清司（つるだ せいじ）　　執筆担当：第 7, 8, 11 章

都留文科大学名誉教授

主著：『〈解釈〉と〈分析〉の統合をめざす文学教育——新しい解釈学理論を手がかりに』（単著），学文社，2010 年／『論理的思考力・表現力を育てる言語活動のデザイン』小学校編・中学校編（共編著），明治図書出版，2014 年／『教科の本質をふまえたコンピテンシー・ベースの国語科授業づくり』（単著），明治図書出版，2020 年／『論理的思考力・表現力を育てる「根拠・理由・主張の 3 点セット」を活用した国語授業づくり』（共編著），明治図書出版，2023 年

> **メッセージ**
>
> 　教師になった卒業生たちの授業を見ることがありますが，そのたびに目を見張るほどの成長ぶりを感じています。教師は単に「教える人」ではありません。本書でも述べましたが，採用後も学び続けること，さまざまな理論や実践にふれるなかで，よいところを取り入れて自分の授業スタイルをつくっていくことが大切だと思っています。

橋本　美保（はしもと　みほ）　　執筆担当：第1, 2章
東京学芸大学教育学部教授
主著：『明治初期におけるアメリカ教育情報受容の研究』（単著），風間書房，1998年／『プロジェクト活動——知と生を結ぶ学び』（共著），東京大学出版会，2012年／『大正新教育の受容史』（編著），東信堂，2018年／『大正新教育の実際家』（編著），風間書房，2024年

> **メッセージ**
>
> どんな時代にもどんな地域にもすぐれた実践家がいるのに，なぜすぐれた教育実践はなかなか一般化しないのだろう，という疑問から教育の理論と実践の関係を歴史的に研究するようになりました。教育思想はどのような教育方法を生み出し実践へと具現化されたのか，また，実践のなかから生まれた実践知はどうやって伝えられてきたのか，これまで重ねられてきた思想と実践の歴史から教育方法のエッセンス（本質）をつかんでいただければと思います。

藤村　宣之（ふじむら　のぶゆき）　　執筆担当：第4, 5, 6章
東京大学大学院教育学研究科教授
主著：『数学的・科学的リテラシーの心理学——子どもの学力はどう高まるか』（単著），有斐閣，2012年／『協同的探究学習で育む「わかる学力」——豊かな学びと育ちを支えるために』（共編著），ミネルヴァ書房，2018年／『発達心理学——周りの世界とかかわりながら人はいかに育つか』第2版（編著），ミネルヴァ書房，2019年／『国際的に見る教育のイノベーション——日本の学校の未来を俯瞰する』（共著），勁草書房，2023年

> **メッセージ**
>
> 小中学生に対してインタビュー調査を行うと，大人に比べると知識の量が少ないにもかかわらず，子どもたちが，自分のもっている知識を柔軟に組み合わせて，大人が思いつかないような多様な考えを構成し熱心に話すということがよくあります。そのような能動的な学習者としての子どもについて心理学の視点から把握し，子どもが理解を深めていくことを支援するような教育の方法について考えていただけたらと思います。

目　次

序　章　今なぜ，教育方法の学なのか　　1

1　教育方法の学に流れるエスプリ　……………………………… 1
リアリズム（2）　ヒューマニズム（2）　ロマンチシズム（イディアリズム）（3）

2　教育方法の学が解き明かす課題　……………………………… 4
学力と集団（自治）と発達の保障（5）　教育と生活の結合（5）　教育と科学の結合（6）　「授業研究」の展開（6）

3　本書の構成　…………………………………………………… 7

第 I 部　教育方法の歴史と展望

第 1 章　西洋における教育思想と教育方法の歴史　　11

1　近代教育思想と教授学の成立　………………………………… 12
リアリズムと教育（12）　科学的思惟方法の成立（12）　コメニウスの教授学（13）　能力観の転換（15）　子ども観の転換と消極教育（17）　近代教授原理の確立（19）　フレーベルの自己活動と一体性（21）

2　教育学の体系化と授業の組織化　……………………………… 23
ヘルバルトの教育学と段階教授法（23）　構成的作業による

人間陶冶の試み（25）　協同的な学びのプロジェクト（27）
デューイのプロジェクト活動（28）

3　カリキュラム研究の成立と展開 ……………………………… 29
科学的測定運動の影響（29）　ボビットとチャーターズ（30）
生活適応教育（31）　単元思想の発展と単元の分類（32）　教育評価の誕生（34）　ブルームと「教育目標のタキソノミー」（35）　認知科学の応用（37）　ブルーナーの『教育の過程』と螺旋型カリキュラム（38）

第 2 章　*日本における教育改革と教育方法の歴史*　43

1　近代学校制度と授業の成立 …………………………………… 44
前近代の教育方法（44）　西洋式教育方法の導入（46）　学制の教育理念と特徴（47）　教室と授業の変化（47）　近世教育方法との連続・非連続（51）　ペスタロッチ主義教授法の受容（51）

2　授業の定型化 ……………………………………………………… 52
近代教育制度の確立（52）　日本型教師像の形成（53）　ヘルバルト主義教育学の受容（54）　学級の成立（56）

3　授業改造の試み ………………………………………………… 57
大正新教育運動（57）　「新教育」の受容（58）　私立学校の創設と実験（59）　方法意識の成立（60）　カリキュラム開発の萌芽（61）　公立小学校の試み（63）　教師の意識改革と役割の変化（64）　戦後の新教育実践（66）

第 3 章　*現代教育方法学の論点と課題*　73

1　「学力」の登場と学力論争 ……………………………………… 74
基礎学力論争（74）　学力における基礎（76）　学力モデル論

争（77）

2　「問題解決学習」論争 ·· 80
　　　　　　　　　　● 問題解決学習か系統学習か
　　論争の背景（80）　論争の争点：何が問われたか（82）

3　「たのしい授業」論争 ·· 87
　　　　　　　　　　●「わかる」と「たのしい」の関係
　　論争の背景（87）　「たのしい授業」の主張（90）　「たのしい授業」の展開（91）　「たのしい授業」の検討（93）

4　「教育技術」をめぐる論争 ··· 94

第II部　教育の方法

第4章　子どもは何を学ぶか　　103
　　　　　　　　　　　　　　　　　　教育目標・内容論

1　**教育目標に関する基本的な考え方** ························ 104
　　授業を構成する要素（104）　教育目標の設定：内容カテゴリーと能力カテゴリー（104）　教育目標の起源・特質・性格（106）

2　**教育目標・内容の諸相** ·· 108
　　形式を学ぶか，内容を学ぶか：形式陶冶と実質陶冶（108）
　　教育の目標を構造化する：カリキュラム開発と評価（111）
　　教育の目標を分析する：課題分析と目標分類（113）　教育の目標を具体化する：教科内容と教材・教具（116）

第 5 章　学習とは何か　　121

学　習　論

1　学習をめぐる3つの理論 …………………………… 122
連合説による学習の考え方（122）　認知説による学習のとらえ方（123）　状況理論による学習のとらえ方（124）　学習論と発達論：学習者に対する見方の関連性（125）

2　学習理論に基づく学習方法 …………………………… 130
プログラム学習（130）　発見学習（131）　有意味受容学習（132）

3　学習における他者の役割 …………………………… 132
他者との相互作用の内化（132）　最近接発達領域（134）　他者との関わりが学習に及ぼす影響（135）　教育による発達の促進可能性（137）　学校場面での学習と日常場面での学習（139）　ICTを活用した学習の可能性と課題（140）

第 6 章　学力をどう高めるか　　147

学　力　論

1　学力をどうとらえるか …………………………… 148
日本の子どもの学力の特質（148）　心理学の観点からの学力モデル（149）

2　「できる学力」を高める …………………………… 152

3　「わかる学力」を高める …………………………… 154
国際比較にみる日本の授業の特徴（154）　教室場面における探究と協同の重要性（158）　協同的探究学習による授業のデザイン（160）　「主体的・対話的で深い学び」を実現する「協同的探究学習」（163）　協同的探究学習の具体的事例とその効果（165）「わかる学力」を高めるには（167）

第7章　授業をどうデザインするか　173

1　授業をデザインすること ……………………… 174
教師・子ども・教材（174）　教科内容と教材（175）　「教材を教える」と「教材で教える」（176）

2　教科内容と子どもの学び ……………………… 177
教科内容論の動向（177）　教科内容論的アプローチと社会文化的アプローチの統合（180）

3　対話的・協同的な学び合いのために ……………………… 182
「学び」と「勉強」の違い（182）　「出来事」に開かれていること（184）　「ズレ」から出発する生産的な対話であること（185）　「アプロプリエーション」としての学び（189）　「アプロプリエーション」としての学びの実例（191）

4　学びのための指導・支援のあり方 ……………………… 193
学びにおける水平的な関係と垂直的な関係（193）　発見や思考を促す発問・板書の技術（195）　全員参加の授業5原則（197）

第8章　教育の道具・素材・環境を考える　205

1　教材づくりの発想 ……………………… 206
教科書以外の自主教材づくりへ（206）　「上からの道」と「下からの道」（206）　「下からの道」による教材化（209）

2　メディアとしての教材 ……………………… 212
教科書というメディア（212）　「スイミー」の授業（213）　メディア教育の課題（215）

3　教材概念の拡張 ……………………… 216
　　　　　　　　　　　● 教材から学習材へ

4 学習環境としての時空間 …………………………………… 220
学校の空間:学校建築と教室構造にみる教育思想(220) 学校の時間:生きられた時間の意味(222) 時空間を解放する新しい試み(223)

第9章　何をどう評価するのか　229

1　「目標に準拠した評価」の意義と展開 ………………… 231
「目標に準拠した評価」と「相対評価」の相違(231) 「真正の評価」論の登場(233)

2　「形成的評価」と「自己評価」………………………… 237
評価機能の分化:診断,形成,総括(237) 形成的評価から形成的アセスメントへ(239) 自己評価の重要性(241)

3　「パフォーマンス評価」と「ポートフォリオ評価」…… 242
「活用」する力と「パフォーマンス評価」(244) 自己評価と「ポートフォリオ評価」(244) ルーブリックの開発(246)

4　教育評価論としての「実践記録」 …………………… 248

第10章　教科外教育活動を構想する　253

1　教科外教育の源流 ……………………………………… 254
「特別活動」の源流:「フレットウェルのテーゼ」(255) 「生活指導」の源流:「協働自治」と「生活綴方」(256)

2　教科外教育の分野と方法 ……………………………… 259
集団づくり・自治活動(260) 文化活動(263) 相談活動(264)

3　教科外教育の今日的な課題 …………………………… 266

第11章　どのような教師をめざすべきか　271

1　序　説 …………………………………… 272
　● すぐれた教師になるために

人間としての知識や教養を深める（272）　自分のコミュニケーション能力やパフォーマンスを高める（274）　授業研究を通して実践的力量を高める（275）　教師としての視野を広げる（277）

2　2つの教師モデル …………………………………… 279
　技術的熟達者モデル（279）　反省的実践家モデル（281）　2つのモデルの関係：二者択一を越えて（282）

3　教師としての成長に向けて …………………………………… 283
　教師養成政策の動向と問題（283）　教師の語りに注目することの意義（286）　インフォーマルな力量形成：学び続けること・学び合うこと（288）

4　結　論 …………………………………… 291
　● 学び続ける・学び合う教師となるために

巻末資料 ──────────────── 295
事項索引 ──────────────── 300
人名索引 ──────────────── 310

*Column*一覧

① 陶冶と訓育 …………………………………………………… 16
② 近代の学校建築 ……………………………………………… 68
③ 変化のプロセスをとらえる方法 …………………………… 127
④ 協同的探究学習による算数授業──プロセスと効果 ……… 168
⑤ 学校教育における ICT 活用の展開と課題 ………………… 217
⑥ 素朴概念と教育評価 ………………………………………… 235
⑦ アイスナーの教育評価論 …………………………………… 250
⑧ 教科教育と教科外教育の関係について …………………… 258
⑨ 『学級革命』をめぐって …………………………………… 261

| 序　章 | 今なぜ，教育方法の学なのか |

　教育方法の学とは，教育実践を対象として，教育実践を生き，ともに発達する子どもたちや教師たち，さらにはそれを支える人々への応援歌である。しかしながら，「学びからの逃走」に象徴される学習意欲の低下や学校や学級の崩壊といった深刻なさまざまな教育問題が発生している。たとえば，直近の調査結果では，不登校児童生徒数 29 万人を超え，在籍する児童生徒の 3.2% にあたると報告されている（文部科学省「令和 4 年度　児童生徒の問題行動・不登校調査」）。はたして，その応援歌は教育実践の現場に届いているのだろうか。否，たとえ届いていても，誰の心にも響かないほどに，その応援歌そのものが陳腐なものになっているのかもしれない。私たちは，このような問題意識をもって，過去のすぐれた応援歌から多くを学びながら，今日の問題状況を切り拓き，教育実践を励ます，新しい応援歌を創造しようと考えた。

1 教育方法の学に流れるエスプリ

　それでは，応援歌と自らを鼓舞する教育方法の学に深く流れるエスプリ（精神）とは，何であろうか。それは，「リアリズム」と「ヒューマニズム」と「ロマンチシズム（イディアリズム）」で

ある。

リアリズム かつて，第二次世界大戦前の日本の教育学をさして，「講壇教育学」と批判的に呼ばれたことがある。一般の聴衆からは見上げるような「講壇」に立って，信念や理念に依拠して「高説」を垂れる教育学者の高踏的な態度への揶揄であった。

しかし，戦前の教育学をすべて「講壇教育学」と断定するのは明らかな誤りである。この「講壇教育学」に不満を感じた教育学者たちのなかから，やがて教育方法の学をめざす人たちが立ち現れてくる。第二次世界大戦後の教育改革は，この教育方法の学を本格的に駆動させる大きな礎となった。

そこでは，教育方法の学は，何よりも教育実践の事実や経験に即して考えることを重視しようとした。そのためには，教育方法の学を確立しようとした研究者たちは，象牙の塔から号令を発するのではなく，教育実践の現場に足を運び，子どもたちや教師たちとともに，さらには保護者や地域の人々とも交わりながら，ともに教育の方法を考え，ともに責任を分かとうとした（日本教育方法学会，2009）。そのエスプリをここでは「リアリズム」と呼んでおこう。この「リアリズム」は現実を追認するためではなく，まさしく現実を改革するための志向性をもっていた。

ヒューマニズム 教育方法の学を志向した始原にさかのぼってみると，そこから今日に連綿と続く，もう1つのエスプリを見いだすことができる。教育方法の学は，貧富や出自や性による差別，民族や人種による分断，能力による

選別などに立ち向かい，常に弱者の視線から教育実践のあり方を構想し，そこに教育的価値の源泉を見いだそうとしてきた。ここでは，そのエスプリを「ヒューマニズム」（「人権と民主主義」の尊重）と呼んでおこう。

　そのために，教育とは強者と弱者を差異化することであるとする考え方や仕組みに対して，教育方法の学は闘いを挑み，自らを鍛えてきた。もちろん，そのあゆみは，数々の論争史に示されるように，常に進歩と発展の道行きではなく，時には跛行する場合も散見された。しかし，その場合にも「ヒューマニズム」のもつ復元力によって，教育方法の学は，その確かなあゆみを止めることはなかった。

　「つまずきを活かす授業」とは，第二次世界大戦後の日本の教師たちが編み出した授業の思想である（東井，1958）。授業でつまずくことは，子どもたちにとっても教師にとっても忌み嫌うことである。そのときに，つまずく子どもたちに粘り強く寄り添う教師たちによって，その「つまずき」のなかに授業を構想する豊かな鉱脈が発見されることになった。「つまずきを活かす授業」とは，まさしく「逆転の発想」であり，それを可能にしたのは「ヒューマニズム」であった。

ロマンチシズム（イディアリズム）

　教育問題が深刻化するにつれて，それを語る教育の言葉も重く，その原因を探る「解釈」の言葉も告発と絶望に満ちるようになる。もとより，「リアリズム」をエスプリとする教育方法の学も，その現実をしっかりと直視して，自らの言葉を編み出す必要がある。ここで述べようとする，もう1つのエスプリである

「ロマンチシズム」(イディアリズム)とは,その現実を回避して語られる夢物語ではなく,その現実に立脚して,さらにはその現実を突き抜けよう(内破しよう)とする意欲と展望を意味する。

教育方法の学は,それぞれの時代において,子どもたちや人間を脅かす現実を前にして,ニヒリズムの誘惑を断ち切り,その「ヒューマニズム」のもとに,教育の矛盾と困難に具体的に関わり,その解決や克服の方途を探ろうとしてきた。その関わりと方途を探る行為は,苦難の連続ではあったが,それこそが現実を確かに変えることであり,教育方法の学徒たちは「ロマンチシズム」(イディアリズム)のもとに,その営みのなかに醍醐味と魅力を見いだしてきた。

もちろん,実践に素手で立ち向かって現実を変えられるほどに,甘くはない。困難な現実に向かって確かな一手を打つためには,それにふさわしい「熟慮」と「想像力」が必要となる。そして,「熟慮」と「想像力」を鍛えるには,古今東西の理論と自他の実践の蓄積に学んで,概念装置を粘り強く創り上げなくてはならない(田中,2005)。教育方法の学とは,その営みを総括する試みであり,そのことによって応援歌たろうとする。

2 教育方法の学が解き明かす課題

教育方法の学は,その固有な意味において,人間形成のための文化を伝える「媒介の学」である。そして,その「媒介」を行うさまざまな仕掛け(アート)を構想し,実践するなかで,文化とそれを取り巻く子どもたちや教師たち,さらにはそれらを支える

人々のあり方を問い直し，編み直していこうとする。「媒介の学」とは，その効率性や娯楽性のみを競う営みではない。

このようにして教育実践のための応援歌たろうとする教育方法の学が取り組み，解き明かしてきた課題は，戦後日本の成果を念頭においても，主には次のように整理することができよう。

> 学力と集団（自治）と発達の保障

「ヒューマニズム」をエスプリとする教育方法の学がまずはめざそうとするのは，学力と集団（自治）と発達の保障である。学力の格差や「病める学力」に取り組むなかで，それこそ本物の学力をすべての子どもたちに身につけさせること。暴力やいじめ，さらには不登校に現れる子どもたちの心と生活をめぐる問題状況に直面して，豊かな集団による自己肯定感や自治能力の形成をめざすこと。

そして，「この子らを世の光に」（糸賀，1965）と訴え，社会の逆境と矛盾を一身に背負う障害児教育から提起された発達を保障する取り組み。この学力と集団（自治）と発達の保障は，それぞれに固有の課題と論点をもちつつも，それらが総合されてこそ力強い応援歌となる。

> 教育と生活の結合

近代の学校が誕生して以来，教育方法の学が取り組まなくてはならない，ある意味では宿命的な課題が生まれることになる。それが，「教育と生活の結合」の課題である。

なぜならば，近代以前の子育ては家族や地域の教育力に多くを依存していたのに対して，近代の学校は子どもたちを家族や地域

からいったんは切り離して，組織的・系統的に教育を行おうとしたからである。そのために，その組織的・系統的な教育は，家族や地域の現実を生きる子どもたちにとって，疎遠なものであり，それゆえに形骸化の危険を伴うことになった。

　教育方法の学を立ち上げようとした古典家たちから現代の担い手に至るまで，この「教育と生活の結合」をいかにそれぞれの時代や社会の条件や要求に応じて具体化するのかが問われている。

教育と科学の結合

近代の学校は，誰にでも分かち伝えることが可能な近代科学の成立をもって始まった。その認識内容は，職業の区別，男女の区別，地域の区別を超えたユニバーサルな性格をもつものであった。

　しかし，現実の学校は近代の国家によって設立され，その国家意思は科学とそこに含まれる科学的精神との相克を繰り返してきた。「教育と科学の結合」は，今日に至る学校においても，予定調和的に成立するものではなく，この公共社会を生きるために必要とされる科学や文化とは何かをめぐる論点や課題を，教育方法の学に常に問いかけている。

「授業研究」の展開

「授業研究」は，上記した「学力と集団（自治）と発達の保障」と「教育と生活の結合」と「教育と科学の結合」の3つの課題が凝縮されて取り組まれていくものである。とりわけ日本の教師たちは，「授業で勝負する」（斎藤，1958）と唱え，「短期的で集中的に取り組むのではなく，長期的で持続的に取り組み」，「孤立的ではなく，協同的に取り組み」，「研究者の単なる下請けではなく，自らを研究的

実践者」として取り組んできた（スティグラー，2002）。その豊かな成果は，先の3つの課題を質的に向上させるとともに，教育現場への力強い応援歌となっている。

以上，教育方法の学に流れるエスプリと教育方法の学が解き明かす課題を整理してきた。

3 本書の構成

本書は，以下のように構成されている。

まず，第1章と第2章で，西洋と日本における教育思想と教育方法の歴史が，詳しく興味深く解説されている。そして，第3章では，現代の教育方法の学が直面している課題が論争史をふまえて整理されている。読者は，この3つの章を読むことによって，近代から現代に至る教育方法の歴史とその論点を的確に理解することができるだろう。

次に，第4, 5, 6章においては，授業実践を展開するための前提であり，授業実践のあり方を規定することになる，教育目標・内容論，学習・発達論，学力論が懇切に解説されている。そして，第7, 8, 9章において，授業実践を構想し，展開し，評価するための仕組みや工夫がダイナミックに提示される。読者は，以上の章を読むことによって，まさしく「授業研究」の醍醐味を味わうとともに，明日の授業づくりへのヒントをつかむことになるだろう。

第10章は，その重要性にもかかわらず，従来の教育方法の学では十分な位置づけがなされてこなかった教科外教育のあり方を整理している。さらには，第11章では，教育実践を担う教師像

が提示され，第 10 章とともに教育方法の学に堅固な肉づけがなされる。

　以上のように本書は構成されている。読者は章に従って順番に読み進めてもよいし，興味ある章から読み始めてもよいだろう。本書の全体を通じて，教育実践の応援歌として教育方法の学への魅力が伝わることを期待したい。

引用・参考文献

糸賀一雄『この子らを世の光に――近江学園 20 年の願い』柏樹社，1965。
斎藤喜博『未来につながる学力――学校中でその創造に取組んだ島小の記録』麥書房，1958。
スティグラー，J. M. ほか／湊三郎訳『日本の算数・数学教育に学べ――米国が注目する jyugyou kenkyuu』教育出版，2002（原著 1999）。
田中耕治編『時代を拓いた教師たち』Ⅰ・Ⅱ・Ⅲ，日本標準，2005・2009・2023。
田中耕治「戦後日本の教育方法論史の課題と展望」『日本教育史研究』38，74-88，2019。
東井義雄『学習のつまずきと学力』明治図書出版，1958。
日本教育方法学会編『日本の授業研究』上・下，学文社，2009。

第Ⅰ部

教育方法の歴史と展望

第1章　西洋における教育思想と教育方法の歴史
第2章　日本における教育改革と教育方法の歴史
　　　第3章　現代教育方法学の論点と課題

第1章 西洋における教育思想と教育方法の歴史

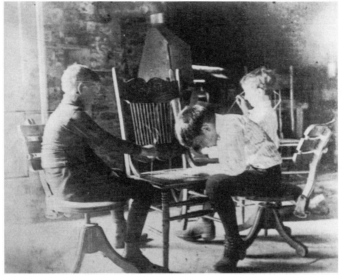

▲シカゴ大学実験学校（デューイ・スクール）で協同して椅子を製作する子ども。座面を編んで仕上げている（1900年頃）。
（出所）Mondale & Patton, 2001, p. 77.

　西洋に起こった近代教育思想は教育の目的をどのようにとらえ，その実現のためにどのような教授理論や教育方法が考え出されてきたのだろうか。本章では，現在の学校教育のなかで自明のこととして行われている授業実践の成立過程とその特徴について，背景にある教育思想との関係に注目しながら考察していこう。

1 近代教育思想と教授学の成立

リアリズムと教育　ヨーロッパの16世紀・17世紀は、新しい技術・科学を背景としたリアリズム（実学主義）ないし経験主義が広まった時代である。近世以前のスコラ学において重視された知識は、神の啓示によって与えられるものであり、人が「経験」すなわち「感覚」から学びとるものではなかった。しかし、この時代においては「有用」の知識が重視されるようになり、活版印刷、望遠鏡、顕微鏡、蒸気機関などが発明され、新航路、新大陸が発見された。また地動説、万有引力説、ケプラーの法則などの科学的知見も生まれた。こうした実際の問題解決に有用な知識を重視するリアリズムは、教育の考え方にも大きな影響を及ぼした。

科学的思惟方法の成立　イギリスの哲学者ベーコンは、哲学における科学的思惟方法を確立し、教育方法の確立に大きな示唆を与えたという点で、教育方法史上重要な人物である。ベーコンによれば、「自然は従われること以外には命令されないもの」であって、人間が自然を征服し利用するのは「自然の法則を知ってこれに従うこと」にほかならない。彼はこのことを「知は力なり」と表現したのである。彼は、自然を知るためには、4つのイドラ（idola）、すなわちいっさいの偏見や俗見を捨て去って素直に自然を観察し、その結果に基づいて帰納的に理解するべきであると説いた。ベーコンは、スコラ学が前提に

していた神の意図のような普遍原理から事象を説明する**演繹法**と違い、事象について可能な限り多くのデータを集め、そこから仮説を引き出し、その仮説をまた検証するという**帰納法**を主張した。

実証科学としての現代科学も、可能な限り事象についての客観的なデータを集め、そこから暫定的な仮説を導き、その仮説を実験や観察によって検証するという方法を採用しており、ベーコンの科学的思惟方法はその原型といえるであろう。

コメニウスの教授学

ベーコンが科学の領域においてなした成果を教育の領域で発展させたのが、チェコの宗教家・教育者**コメニウス**である。コメニウスは、自然は経験的な帰納の形式によって知られるとした点でベーコンの影響下にあり、特に知識の習得における感覚の意義を強調した。しかし、ベーコンが、自然を知るのはこれを征服して人生のために利用しようとする功利主義であったのに対し、コメニウスは、自然を知る究極の目的は神を知る（神に近づく）ためであると考えていた。

ヨーロッパで絶えず戦乱が続くなか、彼は「世界平和」の実現のために学校を創ろうとした。学校は**パンソフィア（普遍的知識）**、すなわち正しい信念・道徳・知識を体系化したものを教える場であった。彼は、異なる信念・道徳・知識が相対立するから、憎悪・戦乱が起こり続けるのであり、正しい単一の信念・道徳・知識を万人が抱くなら、憎悪も戦乱もなくなると考えた。

コメニウスがパンソフィアを求めたのは、その内にある神性（神の意図）を見いだそうとするためであった。彼は、「あらゆる人にあらゆる事を教える」と述べて、方法さえ工夫すれば、だれもがこのパンソフィアを学ぶことができると考えた。コメニウス

『世界図絵』に描かれた「世界」のページ

世界

¹天は火,つまり星をもっています。
²雲は上空にただよっています。
³鳥が雲の下を飛んでいます。
⁴魚が水中を泳いでいます。
大地には⁵山,⁶森,⁷畑があり,⁸動物,⁹人間がいます。
このように世界という大きな身体は四つの**要素**から成り,居住者で満ちています。

▲「世界」の構成要素が言葉によって説明されている。説明文章の「天」や「人間」といった単語に数字が付けられ,描かれた「天」や「人間」にも同じ数字が付けられている。
(出所) コメニウス,1988,12頁。

の教育方法は「自然の方法」と呼ばれている。それは,「だれに対しても権威だけで教えてはならない。すべてを感覚と理性によって教えよ」と述べられているように,子ども自身に事物を「観察」させることで「自発的」に理解させるという方法である(**『大教授学』**1657年)。このときコメニウスは,段階を追って知識を与えること,子どもの成長に従い充実させることを強調した。

最初の絵入り教科書として有名な**『世界図絵』**(1658年)は,この世界の基本的な事物を図像と言葉で示すことで,子どもの感覚

と理性に訴えようとした教材であった。そこに記されている言葉は、絵の内容と正確に対応しており、視覚を通じた事物のイメージと言語との統一が意図されていた。コメニウスは、知識は書物や講義から学ぶよりも事物を通して学ぶべきだと主張したのである。

能力観の転換

19世紀以降の近代社会を用意した啓蒙思想は、概括的にいえば、超自然的な力（魔力・呪力）を退け、リアリズムのように経験を重視しつつも、「自然（理性）の光」によって世界を見通し、よりよい世界を創り出そうとする思想である。この思想は、能力を問題解決に結びつけているという意味で、機能的能力を重視する思想である。18世紀後半から19世紀にかけて、教育は、この啓蒙思想と切り離せない営みとして位置づけられるようになった。

ロックは、人の心には何らかの生得的観念が刻まれているという考え方を退け、人の心は「白い画板（**タブラ・ラサ**）」のようなものであり、経験が意識内容としての認識を与えるという、後に**白紙説**と呼ばれる考え方を示した。ロックは、『人間知性論』（1689年）において、経験は、外的経験としての「感覚」（sensation）と内的経験としての「反省」（reflection）からなり、認識はまず感覚を通した経験から始まり、反省との統一によって成立すると説いた。彼の認識に関する学説は、知識を習得させること（教育）は、白紙のような子どもの心に、外からいろいろな刺激を与えることで観念を構成していくというものである。ここで注目すべきことは、ロックは、獲得された知識の分量よりもそれを獲得する**能力**を重視し、いわゆる**形式陶冶**の考え方を示したこと

Column① 陶冶と訓育

　現在，多くの教育辞典では，「陶冶」(Bildung) が知識や技術を教授することを通じて学力を形成する働きであるのに対して，「訓育」あるいは「教育」(Erziehung) は世界観や信念，態度，性格などの形成を通じた人格形成をはかる働き，とされている。日本では，「陶冶」と「訓育」という言葉はドイツの教育学を受容した明治期に翻訳語として多用され，今日に至るまでその時代の社会的文脈や歴史的背景によってさまざまな意味で用いられている。

　ドイツの教育思想においては，「陶冶」(Bildung) と「教育」(Erziehung) とは区別されてきた。元来，「陶冶」は人間の内発的・自発的な力を前提とし，人間が自分で自分を形成していくことであり，「教育」は，こうした陶冶の可能性を前提にしつつも，「教授」(Unterricht) と「訓練（訓育）」(Zucht) という，外からの働きかけによって，人格が形成されることを意味している。教授は子どもの知的な興味関心を拡大していく教師の働きかけであり，訓練（訓育）は子どもの道徳的な人格を強化していく教師の働きかけである。科学としての「教育学」を樹立したヘルバルトによれば，この教授と訓練（訓育）を両輪とする陶冶促進の営みが「教育」である。現代においては，大雑把にいえば，「陶冶」はもともと哲学（観念論）の概念であったのに対し，「教育」はいくらか科学的なニュアンスを伴って用いられる。

　また，ドイツ教育思想の「教授」はフランスの教育思想における「教授」(instruction) に，また「訓練」と「陶冶」はフランスの教育思想における「教育」(éducation) に類似している。「教授」(instruction) がおもに理性的知識の伝授を意味し，「教育」(éducation) が道徳的人格の形成を意味するからである。ただし，フランスにおいては，理性的知識の伝授と道徳的人格の形成を包括する営みもまた「教育」(éducation) と呼ばれる（ヘルバルト，1960；コンドルセ，1962）。

である。この点が，同様に観察による学習方法を重視しながら百科全書的な知識内容の獲得を重視したコメニウスとは相反する点であった。

一方において真に鍛錬された知性的な力はあらゆる方面にその能力を発揮しうるという形式陶冶の考え方は，ロックによって理論的に基礎づけられたといえる。知識や技能の習得によって被教育者の精神内容を豊富にすることを目的とする**実質陶冶**の考え方に対して，記憶，推理，想像などの精神作用を錬磨し，一定の精神的態度を形成させることをめざす形式陶冶は，古典語や数学を重んずるギムナジウムやパブリック・スクールなど中等学校の教育を基礎づける原理となった。

ロックは英国紳士の教育理想を構想した『教育に関する考察』（1693年）において，体育においては厳格な鍛錬を，徳育においては良い習慣の形成を説いた。ロックは，経験を拡大深化させることを基本とし，そのための契機を身体（感覚）に見いだし，習慣の形成を重視した。すなわち，命令や規則で拘束する代わりに，行為の反復によって形成される習慣によって言動を方向づけ，子どもを自律させることを重視したのである。

子ども観の転換と消極教育

「近代教育思想の祖」「**子どもの発見者**」と呼ばれるスイス生まれの思想家**ルソー**は，『**エミール**』（1762年）において「万物は創造主によって創られたときは善であるが，人間社会によって堕落する」と述べ，本来子どもの内面に宿っている自然性が損なわれることなく成長していく「環境」を重視した。このときの自然性は，すべての人間に神がそれぞれ与えた本質的属性，いわ

ば自然本性を意味していた。

　ルソーは，個々人の自然本性を十全に具現させる方法を**消極教育**と呼んだ。ロックは白紙説を唱え，教育は外から力を加えること，すなわち良い習慣の形成にあると考えたが，これに対してルソーは「ただ1つ子どもにぜひともつけさせねばならない習慣は，いかなる習慣にも染まらないという習慣である」と説いた。ルソーにとって教育の目的とは，自らの行為を自らが決定する自律的な主体形成であり，その方法は人間が生まれながらもっている自然本性が発現しようとするのを保護することであって，これに手を加えたり干渉したりすることではなかった。たとえば，ルソーは，子どもが普段自由に使っている道具を壊したら，すぐに代わりの物を与えてはならないという。その道具がなくなったことの不便さを感じられるそのときこそが，その道具の役割（本質）を理解させる好機だからである。彼は，「もし子どもが自分の部屋の窓ガラスをこわしたら風邪をひいてもかまわないで，昼も夜も風が入り放題にしておくのがよい。子どもが馬鹿になるよりも風邪をひいたほうがましだ」とし，懲罰は常に子どもの行為の自然の応報として与えられるように仕向けなければならないと説いている。つまり，消極教育とは人間の言葉や技巧などが消極的に働く教育のことであり，それは**事実の教育**，あるいは**必要の教育**ということもできる。

　このように，消極教育とは子どもを中心とする教育にほかならない。ルソーは，子どもの知識に対する興味は自己に関係あることに限られるという子ども時代の特性に注目して，子どもの現在の生活を中心とする教育を重視した。彼は，教育の歩調を子どもの成長に合わせること，すなわち大人の価値体系を教えるのでは

なく，子どもにふさわしい教育をする必要を訴えたのである。

近代教授原理の確立

ヨーロッパの18世紀後半から19世紀前半は，教育への関心が高まった時代である。フランスにおいて「公教育」が実現されたことを嚆矢とし，公教育は西欧諸国に広がっていった。また，この時代には「近代教育学」の基礎が形づくられた。

ペスタロッチは，子どもの自発性，自然本性を重視したルソーの教育思想の影響を受けた，スイスの教育家である。ペスタロッチの教育活動の基本的な動因は，産業革命の影響下，市場経済に巻き込まれ，借金を重ね，土地を失い，貧窮にあえいでいた民衆を，その貧窮から脱出させることであった。彼は，人間に対する最大の愛情は人間を人間にすることであると考え，貧しい人々を教育し心豊かにすることによって人々を愛そうとした。そして，人間を教育するための普遍的な「教育方法の探求」が彼の人生を貫く関心事となった。

彼の主著『隠者の夕暮』(1780年) で述べられているように，ペスタロッチにとって人間の本質は，神がすべての人に与えた「人間性」であった。人間性を構成する3つの根本力は精神力，心情力，技術力であり，それは頭，心臓（胸），手によって象徴される。「まだ開いていない芽」として与えられているこれらの諸力を調和的に発達させることが，ペスタロッチがかかげた人間教育の課題であった。

ペスタロッチは**調和的な人間完成**のための方法として**メトーデ**,すなわち自然の法則に従って発展する根本力を育成する技術が必要だと考えた。最も単純で本質的な要素を選び出し，これを徹底

ペスタロッチの算数の授業

▲シュタンツでペスタロッチから算数と幾何学図形の描画を学ぶ子どもたち。学習には壁に貼られた図表が用いられた。
(出所) Wolfe, 2000, p. 65.

的に完全に習得させて、その基礎のうえに連続的な発展をさせようとするところに、ペスタロッチの基礎教育の特徴がある。彼のメトーデの中心となったのは、**直観教授**、すなわち、知識技能を言葉によって教えるという方法ではなく、眼や耳や手といった感覚器官を通じて経験させ習得させるという方法であり、「朦朧たる直観から明確な概念へ」がメトーデの標語となった。ペスタロッチにとって直観は、実際に見て感じて理解することであり、すべての認識の基礎であった。彼は頭の力の基礎教育のために、「**直観のABC**」として人類の知識の最も単純な形である「数・形・語」を提示したが、一方で手の力の基礎教育である「**技術のABC**」を重視して直観教授を深化させ、彼の労作教育・生活教育に具現化させた。

またメトーデは，日々の生活と不可分であった。**『白鳥の歌』**(1826年)の「生活が陶冶する」という言葉に象徴されるように，ペスタロッチは，子どもたちに，生活のなかで，生活によって，生きることを学ばせようとした。教育は，たとえば，子どもたちに麦を栽培させたり，布を織らせたりするような作業と労働のなかに融け込んでいた。彼の最初の著作であり，息子ヤーコプの育児経験を綴った『育児日記』(1774年)には，「自然はあなたが歩み行く路傍の溝の幅を判断することなど求めはしない。自然があなたに求めるものは，あなたの途上にあってあなたが横切らねばならない溝の幅である。そこでこそ，あなたは判断せずにはいられない」と記されている。すべての教材は，単なる「路傍の溝の幅」としてではなく，「横切らねばならない溝の幅」として子どもに提示されねばならないという生活教育の原理を彼は体得し，実践した。彼の経営した実験学校では，子どもに寛容と愛情をもって接し，宗教的情操の涵養が重視された。また，読・書・算が普通であった当時の初等教育の内容に，地理・理科・図画・音楽などの教科を加えて教育内容の近代化がはかられた。

フレーベルの自己活動と一体性

　ドイツの教育家であり幼稚園の創始者である**フレーベル**は，『**人間の教育**』(1826年)において「教育は人間を神との一体性にまで導かなければならない」と述べている。フレーベルは，子どもの使命は自分の内にあるもの(神性)を自覚することであり，教師の使命は子どもの神性を外化(体現)させることであると考えた。フレーベルは，こうした思想を基礎としつつ，幼児期の教育を重視して，自分の幼稚園を**キンダーガルテン**(Kindergar-

恩物を使って遊ぶ子どもたち

▲1890年頃にスウェーデンで出版されたフレーベル遊具の本より。ブロック状の恩物を使って思い思いの形を作っている。
（出所）　荘司，1985，174頁。

ten；子どもの庭）と名づけた。フレーベルにとって幼稚園は「子どもの育つ庭」でなければならなかったからであり，また教師は，花の成長を助ける庭師のように，子どもの成長を助け，開花に導く者であったからである。

　フレーベルは，「自己活動」と「一体性」（あらゆる存在がつながり合っているという世界観）を，幼稚園の中心に位置づけた。フレーベルはペスタロッチが説いた直観を基礎としつつ，子どもの自己活動を構成的創造的活動にまで展開した。フレーベルによれば，幼児の遊戯はその内面的生活の表現であり，彼らの自己活動の衝動を育み表現として表出させていくには適切な指導が必要である。それゆえフレーベルは遊戯の教育的意義を強調してその指導に力を注ぎ，**恩物**（Gabe）という遊具を考案した。恩物は球，立方体，円のような単純な形状をもち，宇宙万有の法則を象徴的に表現した作業材料であるが，それらは単なる認知能力向上や感覚陶冶のための手段ではなく，人と他者・世界・神との「一体性」の了解へと，子どもたちを導く契機と考えられていた。

2 教育学の体系化と授業の組織化

ヘルバルトの教育学と段階教授法

近代学校の制度化と普及が始まる19世紀前半のドイツにおいて，学校教育の理論的な土台となる「教育学」を体系化した人物が，**ヘルバルト**である。ヘルバルトは，教育学の目的を倫理学に，方法を心理学に求めて教育学を樹立したが，その特色は「教職の科学」として教育学が発展する礎を築いたことにある。

ヘルバルトは，教育の目的を**品性の陶冶**（道徳的な品性を強めること）であるとした。ヘルバルトによれば，教育には「管理」「訓練」「教授」という3領域があり，品性の陶冶のためには管理を前提としながら，教授と訓練とを両車輪とする働きかけが必要である。実際の教育では教授が中心的な位置を占めるが，教授も品性の陶冶という教育目的を達成するための**教育的教授**であると主張されている。

ヘルバルトは，ブルクドルフにあったペスタロッチの実験学校を視察して大きな影響を受け，ペスタロッチの「直観から概念へ」という認識過程を，自身の**連合心理学（表象理論）**を用いた「興味」の理論によって深めようとした。ヘルバルトによれば，興味は既有の表象（観念）群が新しい表象と結びついて**類化（統覚）**するところに生じるが，「専心」と「致思」がその条件となる。「専心」は自発的に没頭することであり，「致思」は専心がもたらした経験を意味づけること，つまり認識活動である。ヘルバルトは，教授の過程は認識の過程に即して段階づけられなければ

ならないと考え，人間の認識が，明瞭（対象を明瞭に見る），連合（心に生じた表象を結びつける），系統（連合した表象を秩序づける），方法（秩序づけられた表象を分節化し，応用する）という4段階を経て獲得されるという学習の心理的過程を提示したのである。つまり，この認識の過程に応じた教授の過程（指示・結合・教授・哲学）を展開することこそが，教師の重要な役割にほかならない。教師は生徒をよく観察しながら，その認識の状況を把握し，教授をどう展開するかを判断しなければならない。ヘルバルトは，こうした技能，**教育的タクト**を教師に要請したのである。

以上のようなヘルバルトの教育理論は，彼の弟子の**ツィラー**や**ライン**などの**ヘルバルト派**の人々に継承され，学校教育に応用できる教育方法のパターンが提示された。ヘルバルトの4つの教授段階は，ツィラーによって，「分析→総合→連合→系統→方法」の5段階とされ，それをもとにさらにラインは，教師の教授手続きとしての「予備→提示→比較→総括→応用」という**5段階教授法**を展開した。当時，ドイツ国内外の学校ではこの5段階教授法を用いて授業を構成することが広く試みられた。

同時に，ヘルバルト派の貢献として看過できないものに，ツィラーが提唱した**中心統合法**がある。これは，文学と歴史を中心教科として設定し，民族文化の発展段階に即してその他の教科内容を統合することによって，教育内容を組織するというカリキュラム構成法であり，「個体発生は系統発生を繰り返す（人間の成長発達は人類の類的発達に似ている）」という**文化史段階説**に基づくものであった。ヘルバルト派は学級における教授法の重要性を強調し，その段階教授法は世界の教育界に多大な影響を与えたが，やがてその形式主義の弊害が批判されるようになった。しかし，既存の

教科ごとに機械的記憶が中心に行われていた従来の教授に対して，一定の規範と教育内容の再構成の可能性を提示したことは大きな功績であった。

構成的作業による人間陶冶の試み

2006年にOECDが実施した国際学力調査（PISA）で学力世界一との評価を受けたフィンランドは，世界ではじめて義務教育制度のなかに男女別なく正科必修として**手工**を位置づけた国であり，現在も初等教育のカリキュラムにおいてその伝統が踏襲されている。この偉業を成し遂げたのは，「フィンランド国民学校の父」といわれている**シグネウス**であった。彼が教育内容に手工を導入した理由は，職業準備的な理由からではなく，人間陶冶的な理由からであった。学校生活全体を通してすべての子どもが精神と身体の一体性（調和），個人と世界の一体性（調和）を把握し具現するべきであると考え，すべての教科は人間発達の材料であり，それを通して形式陶冶的に人間教育を行うことが学校の目的である，と主張した。シグネウスにとって手工は，手を使いつつ，手とともに深く考えることであり，世界の成り立ちについての最も深い了解につながる営みであった（田中・橋本，2012）。

シグネウスがこのような教育思想を形成したのは，彼がペスタロッチやフレーベルらの教育思想を学び，またペスタロッチの実験学校を実際に視察し，その教育実践に深く共感したことによる。ペスタロッチは，手先の訓練ではなく，人間性の発展こそが教育の目的であるとし，精神（頭），心情（胸），技能（手）の調和的発達を重視した。特に，ペスタロッチが『白鳥の歌』で述べた「生活が陶冶する」という言葉に込められた意味というのは，あ

くまで「必要」を伴う具体的な経験による成長発展が重要であるということである。そのために有効なのは技術的表現を含む児童の「労作」であると説いたペスタロッチの思想は、子どもは生来、構成的作業による自己表現の欲求をもっているというフレーベルの思想と響き合い、シグネウスに手工を学校教育のなかに位置づけさせることになった。

シグネウスが実際に学校教育のなかに取り入れた手工という活動は、フィンランドの伝統文化「カシテュオ」(käsityö)に由来するものである。カシテュオは、簡単な手作業用の道具を利用して、椅子やテーブル、斧の柄、フォークやスプーンなどの家庭用品を作ったり、糸紡ぎや織布、裁縫をしたりすることである。このカシテュオにあたる文化は、スウェーデンにもあり、「スロイド」(slöjd)と呼ばれてきた。**サロモン**は、シグネウスの手工思想に共鳴し、このスロイドを**教育的スロイド**として教材化した。教育的スロイドは、新教育の普及とともに世界的に有名になって普及し、明治後期の日本にも「手工科」として伝えられたが、多分に実業的教科として理解され、シグネウス、サロモンの真意はうまく伝わらなかった。

また、シグネウスが学校教育に導入した手工教育の思想は、ドイツの**ケルシェンシュタイナー**やアメリカのデューイによって、別の形で多くの学校カリキュラムに影響を与えていくことになった。ケルシェンシュタイナーについていえば、彼はペスタロッチの「労作は生産を主目的としたものではなく自発的活動として導くことが重要であり、この活動が勤労にまで訓練されるときに、善き道徳的陶冶ができる」という思想に基づいて、ミュンヘン・プランと呼ばれる**労作教育論**を展開し、「労作学校」を提唱した。

また，デューイは次項でみるように，シグネウスが手工において実現しようとした活動を「オキュペーション」として再構成し，デューイ・スクールで実践した。

> 協同的な学びのプロジェクト

19世紀末の欧米先進諸国に生起した**新教育**運動は，教育方法史上特筆すべき革新をもたらした。静的で画一的な一斉教授の方法が批判されるようになり，子どもの興味や関心に基づく主体的な活動や作業を中心とする学習形態が開発され，知育だけでなく徳育や体育に関する教育内容や芸術的な自己表現が重視されるなど，教師と子どもがともに創り出す授業実践が展開された。この運動の初期において独自の教育理論をシカゴ大学の実験学校で実験し，アメリカで勃興した教育革新運動である**進歩主義教育**運動の主導的な役割を果たしたのが**デューイ**である。

「新教育」とは**子ども（児童）中心主義**であるといわれているが，デューイ自身は，自分の教育思想を新教育のなかに積極的に位置づけていないし，子ども中心主義の立場をとらなかった。デューイは子どもの自然本性を原理とし，子どもの「成長」と社会全体の「デモクラシー」を目的とし，教育者と子どもとの「相互活動」，カリキュラムと子どもとの「相互作用」を強調していた。とりわけ，教育者を「デモクラシーを体現する存在」と位置づけ，デモクラシーを体現するカリキュラムの中核に，互いに相手を思いやり，啓発し合い，支援し合う相互活動をすえていた。デューイのいうデモクラシーは統治の形態を超えたものであり，基本的に相互に助け合う**協同的な生**（associated living）の一形態であった（田中・橋本，2012）。

デューイにとって成長は，既存の社会に職業人として参入するための準備を整えることではなく「たえまなく未来に進んでいく過程」である。その過程は，事前に子細に確定された目的に到達する営みではなく，基本的にデモクラシーすなわち相互扶助の関係に基礎づけられた過程であった。

このような協同的（デモクラティック）な生と社会の実現のための教育理論とその方法を，デューイはシカゴ大学の実験学校（**デューイ・スクール**）において自ら実験し，その基礎のうえに樹立した。

デューイのプロジェクト活動

デューイによれば，子ども中心主義が看過したものは，子どもの成長にカリキュラムが不可欠であることだという。言い換えるなら，子どもの成長そのものが，社会的・歴史的に蓄積された知識技能を養分としているという事実であり，この知識技能は本来的に協同的（デモクラティック）であった。デューイにとって，カリキュラムとは，教科書の内容ではなく，いろいろな経験のなかでそれぞれの子どもにおいて培われる知識技能である。デューイが子どもをデモクラシーに導く最もよい経験として提唱したものが，学習者同士が協力して共通の目的を達成しようとする**オキュペーション**（occupation；専心活動）ないし「プロジェクト活動」である。彼は，木工，園芸，料理，裁縫のような人間の生に結びつき，他者との協同を含みもつ活動を実験学校のカリキュラムとして実践した。デューイにとって知識・経験は，基本的に子どもたちの協同的で主体的な構築物であり，それは五感を充分に使いつつ絶えず思考する「試行錯誤」を要するものだった。

こうしたデューイのプロジェクト活動論は、その弟子の**キルパトリック**によって、**プロジェクト・メソッド**として定式化され、先進的な学校の教育活動や、幼小連携カリキュラムの中心に位置づけられていった。キルパトリックは、デューイの**反省的思考**に基づく問題解決的な学習活動を理論化し、その活動を「全精神を打ち込んだ目的をもった活動」(wholehearted purposeful activity)と定義した。プロジェクト・メソッドは、具体的な授業における単元展開として、「目的設定」「計画立案」「実行」「判断（評価）」という一連の過程をとることから、経験主義の単元学習の典型となり、進歩主義教育の普及に貢献した（単元については32頁で詳しく述べる）。

　デューイやキルパトリックに代表される進歩主義教育においては、個人の成長と社会改造の主体形成の関係が統一的に把握され、それを実現するための具体的な実践方法を実験的に開発しており、この点で、今日の教育改革に重要な示唆を与えるものである。

　一方、カリキュラム研究そのものには、プロジェクト活動論の系譜とは異なるもう1つの系譜があった。それは科学的測定運動から教育評価論に至る行動主義の系譜である。

3 カリキュラム研究の成立と展開

科学的測定運動の影響

　心理学者・教育学者である**ソーンダイク**はアメリカにおける教育心理学の創始者であり、**学習の法則**として、刺激と反応が結合するためには報酬が必要であるという効果の法則や、学習が成立するためには反復

練習が必要であるという練習の法則などを主張した。また，彼は1910年代から30年代に広がった教育の**科学的測定運動**（教育測定運動）に深く関わっている。教育の営みは，客観的に把握することが困難であるが，その困難を乗り越えるために，ソーンダイクは「客観テスト」を教育界に導入した。それは，同一の評価基準に基づいてつくられた問題による能力の測定法である。この客観テストは，試験を行う者の主観を排することに成功したが，評価される能力を知識の記憶に限定し，推論・批判・創造の能力を看過するという問題を伴っていた。

しかし，この客観テストは，教育界に広く普及していった。その背景には企業組織・行政組織に広がった**官僚制**や**科学的管理法**がある。官僚制は，政治家の恣意や汚職を排除するために，法令遵守を重視する組織運営の方法であり，科学的管理法は，生産性（効率性）を高めるために，労働過程を職能によって分業化し，時間単位によって工程化し，生産目標と品質評価を設定するという労務管理の方法である。科学的管理法は，発案者の名前を冠して，「テーラー・システム」とも呼ばれ，工場のみならず，教育・福祉・救貧に関わるさまざまな社会的施設に適用されていった。

ボビットとチャーターズ

カリキュラムの科学的研究の創始者であるシカゴ大学の**ボビット**は，1910年代にこの科学的管理法を教育に適用し，学校のカリキュラムを工場の労働・生産過程とみなした。ボビットにとって教育の目的は，若者を特定の職業的役割，一般の市民的役割へと準備させることであり，そうすることで安定した社会秩序を効率的につくりだすことであった。こうした教育についての

考え方は、1920年代から30年代のアメリカにおいては**社会的効率**（social efficiency）という言葉で語られた。ボビットは「生産目標」をカリキュラムの「教育目標」と読み替え、「品質評価」をカリキュラムの「テスト」と読み替え、「労働者」を「教師」に読み替え、「原料」を「入学者」に読み替え、「製品」を「卒業生」に読み替えた。要するに、学校を工場と読み替えて、学校に目的合理的な経営概念を導入したのである。

ボビットはまた、教育内容の選択基準を有用性に求め、大人社会の**活動分析**（activity-analysis）を行って、子どもが社会化するために必要で有用な知識と技能を確定しようとした。同じく産業社会をモデルとして効率主義の立場をとった**チャーターズ**も、「カリキュラム構成法」の中心に学問ではなく活動分析をおいた。この方法は、「生活の諸活動」を分類し、それらをカリキュラムの構成要素すなわち「単元」（unit）とすることであった。（『カリキュラム構成』1923年）。チャーターズのカリキュラム構成法は、デューイのプロジェクト活動論の影響を少なからず受けており、教授過程を問題解決のプロセスとみる彼の機能的教授法は、形式化したヘルバルト主義教育を克服する方途として普及した。

彼らのカリキュラム構成法の普及により、社会的有用性と企業的な効率性が教育のあり方に影響を与え、学校教育のカリキュラムを大きく規定していくこととなった。

| 生活適応教育 | 1940年代のアメリカに、ボビットとチャーターズの社会的効率論をより「職業教育」と「生活管理」に傾斜させた考え方が登場した。それが**生活適応教育**（life-adjustment education）である。その主導者は進

歩主義教育協会（Progressive Education Association）であり，アメリカ連邦教育局（United States Office of Education）であった。生活適応教育において強調されたことは，職業と日常生活を営むうえで必要な技能の習得であり，そのためのテストとトラッキングの導入である。たとえば，健康を維持する方法，対人関係を円滑に営む方法，勤勉なパーソナリティなどが強調され，またテストの成績によって生徒の進路を振り分けることが強調された。こうした生活適応教育は，「反知性主義」とみなされ，知的訓練やエッセンシャリズムに基づく教育への回帰を求めるハッチンズやコナントらによって厳しく批判された。

単元思想の発展と単元の分類

単元とは，学習者の学習活動の内容のひとまとまりをさすものである。単元の概念をはじめて明確にしたのは，ヘルバルト派のツィラーである。彼は，教授の形式段階において取り扱われる教材の一区切りを**方法的単元**（methodische Einheit）と呼んだ。

単元は，大別すると**教材単元**と**経験単元**の2種類に分けられる。教材単元は，教材の論理性・系統性に基づく教材の一区切りであり，経験単元は生徒の生活経験あるいは興味や関心を中心として構成されたものである。

1910年代のアメリカでは，教材単元を用いながら，画一的な一斉教授の弊害を改革しようとする多くの試みがみられた。それらは教科内容を小さな単元に分割することによって学習の個別化を意図しており，その典型として普及したのが，パーカーストが考案した**ダルトン・プラン**と，ウォシュバーンが考案した**ウィネトカ・システム**であった。これらは，子どもに自学自習のための

リンカーン・スクールの作業学習の様子

▲コロンビア大学ティーチャーズ・カレッジの実験学校第1学年の作業学習。大きな部屋で街並みの模型を作るプロジェクト活動の様子（1925年頃）。
（出所）堀，1930，第31図。

学習材料を与え，各子どもの学習をそれぞれの能力や要求に応じて進めさせるものであった。ただし，両者は教授の個別化のみを追求したわけではなく，同時に集団による共同的な活動を通して子どもの社会性を育むことを重視していた。

同じ時期に，進歩主義教育運動で生起した経験単元思想は，子どもの興味や関心に基づく生活経験上の課題を学習活動の単位としており，プロジェクト・メソッドにおいてその単元学習のモデルが提示されたといってよい。キルパトリックによるコロンビア大学ティーチャーズ・カレッジの実験学校における実験は，**作業単元**や活動単元と呼ばれる経験単元の開発に結実し，多くの進歩主義の学校で多様なカリキュラム実践を展開させていった。なか

でも、キャズウェルらが作業単元を基礎に開発した**ヴァージニア・プラン**は、「社会機能法」によってカリキュラムを構成するもので、戦後の日本における社会科の成立とそのカリキュラムに大きな影響を与えた。

　また、モリソンが創始した**モリソン・プラン**は、ダルトン・プランなどの個別化教授法やプロジェクト・メソッドの要素を取り入れながら、ヘルバルト派の形式段階を現代的に発展させて学習単元を設定したものである。モリソンの**学習単元**は教科単元であったが、提示された「探索→提示→同化→組織化→反復」というプロセスは、単なる教授段階ではなく、教師の指導と生徒の学習活動によって構成されていた。モリソンは、こうした過程を経て、習得した知識が学習者の環境との関連において位置づけられると考えており、同時にテスト、評価、指導を繰り返すことで完全習得による学力向上をはかろうとした。モリソン・プランは種々の教授法の基本原理を包括し、既存の学校組織や施設を維持しながら教授法の改善のみで教育効果を上げる方策として、アメリカの中等学校に広く普及した。

| 教育評価の誕生 |

　ボビットが提唱した「教育目標」という概念を教育に定着させ、教育測定から教育評価へと明確な展開を促した人物が、アメリカの教育学者**タイラー**である。タイラーは、単なる知識の伝達を教育目的として定めるのではなく、「かけ算ができる」「正しくつづることができる」といった、問題解決能力としての「行動」(performance) の習得を教育目標として定めることを説いた。そして彼は、教師の仕事として、この教育目標、すなわち**行動目標**にふさわしい「教

育的経験」を子どもたちに提供すること，それらの「教育的経験」を相互に結びつけること，そしてその「教育的経験」がもたらした「教育的成果」を測定することを説いた（『カリキュラムと教授の基本原理』1949年）。彼はカリキュラムを固定したものと考えず，連続的に改良を要する合理的なシステムであると考えたのである。

タイラーの原理と呼ばれるこのシステム的なカリキュラムモデルは，1950〜60年代のカリキュラム研究や授業研究の基底となった。タイラーは，学校カリキュラムにおける教育評価の基準をその目標の実現の度合いに求めた。また，評価対象も教育目標の実現のために行われるあらゆる活動に広げ，多様な評価手法による多面的な評価を行う必要性を説いた。その結果，教育者の間には学力の測定に力をそそぐ伝統的な評価観に加えて，教育計画評価・カリキュラム評価・授業評価など，教育実践を組織的に点検する教育評価観が広まった。このような教育評価観・教育評価手法の拡大は，日本の戦後教育改革にも影響を与え，「カリキュラム評価」「アセスメント」「学校評価」「行動評価」などのさまざまな目的・対象を有する評価が行われるようになった。

ブルームと「教育目標のタキソノミー」

教育評価の拡大のなかで，何のために何をどのように評価するのかという実践の筋道を立てる，いくつかの重要な理論が1950年代以降に登場した。そのなかに，**ブルーム**が1950〜60年代に発表した「教育目標の分類体系」（**タキソノミー**）がある。ブルームは，学校の教育活動における目標を「認知領域」「情意領域」「精神運動領域」の3領域に分け，それぞれの領域でどのよ

うに授業を組織化していくべきか，その手順すなわち「教育目標」の連なりを示した。たとえば，認知領域の場合，「知識を受け取る→知識を理解する→知識を応用する→知識を分析する→知識を総合する→知識を評価する」といった6つの手順が提示された。このように，ブルームは各領域内部をいくつかのカテゴリーに分けて，教育目標を体系的に記述する枠組みとしての分類体系（タキソノミー）を提案した。このタキソノミーの考え方は，当時の初等中等教育関係者が，学校の教育目標や計画を立てたり，それらを評価につなげたりする際の，教育内容の選択・配列方法の参考にされた。

　その後ほどなく**形成的評価**の理論が登場した。これは，シカゴ大学のスクリヴァンがカリキュラム評価の文脈のなかで提案し，ブルームが教授・学習過程の用語として広めた考え方である。ブルームは，評価をその目的と時期の違いから，新たな指導に入る前に事前情報収集のために行う「診断的評価」，指導の途中でその効果を確かめてその後の工夫に用いるために行う「形成的評価」，学期末・学年末や課程終了時の試験など，指導過程の終了後にその効果をみるために行う「総括的評価」に区別し，形成的評価を最も重視した。学びの途上における1人ひとりの状態の把握こそが，1人ひとりの学びの成否を決定づけるからである。形成的評価の考え方が示されたことによって，教育方法，教育課程，学級経営などの改善につながる評価の意義が明らかにされ，従来から教師によって行われていた授業や単元の途中における観察や小テストなどにも，新たに理論的な位置づけが行えることとなった。

　ブルームは，形成的評価を通して子ども1人ひとりの学びの状態を不断に個別的に把握することは，すべての子どもが，すべて

の内容を,すべて習得する学習,すなわち**完全習得学習(マスタリー・ラーニング)** を実現するだろう,と考えていた。完全習得学習の基礎となったのは,学習能力の個人差は学習時間の差であるという,キャロルの学習に関する時間モデルであった。ブルームはこの考え方を発展させて,子どもに最適な教材を用い,教授法を工夫して学習時間の短縮を実現すれば,一斉教授においても完全習得学習は可能であると考えたのであった。

完全習得学習に基づく授業においては,目標に対する達成度合いの評価が重視されるため,集団のなかにおける個人の位置を明確にするための「集団準拠評価」などの相対評価方式よりも,「目標準拠評価」が有効な評価方式であるとされている。

こうした行動主義の教授理論は,現在も教育界に深く浸透しているが,近年あらためて注目されている教授理論は,行動主義のそれから区別される,認知心理学を基礎としたものである。

認知科学の応用

プロジェクト活動(専心活動)を語るときにしばしば言及される旧ソビエトの心理学者**ヴィゴツキー**は,プロジェクト活動に見いだせるような学びの特徴を,遊びのなかに見いだしている。彼は,『ごっこ遊びの世界』(1933年)において遊びは発達の源泉であり,**最近接発達領域**であると考えた(第5章も参照)。子どもは,遊びにおいて自分の認知的・身体的な限界を越えようとする存在であり,この認知的・身体的な限界を越えたところを最近接発達領域と呼んだ。

彼の「最近接発達領域」の考え方は,長い間カリキュラムの階梯に理論的基礎を与えてきたピアジェの発達段階説に疑問を投じた。最近接発達領域は,子どもが1人でできる領域と,だれかの

支援や何か道具を使用すればできる領域との間の領域のことである。ピアジェは，子どもの自然な成長過程のなかに認知発達の論理性があるという発生的認識論を展開したが（第5章1節を参照），ヴィゴツキーは社会文化的な働きかけを重視して，学習が発達に先行して組織されるべきだと主張した。

　この最近接発達領域を，「足場かけ」（scaffolding）という概念に発展させたのが，ブルーナーであった。「足場かけ」は，最近接発達領域における言葉と道具を媒介とした援助のことであり，学習を社会的に組織する際の理論的基礎となった。

　遊びにおいては，子どもたちは，プロジェクト活動のときのように，想像力をかきたて，虚構の場面にふさわしく行為し，臨機応変に新しい計画を立てなければならない。ヴィゴツキーによれば，その専心的で試行錯誤に満ちた営みが子どもに適度な負荷を与え，新しい「生活的概念」を生みだし，その「生活的概念」をもとに，より高度な「科学的概念」が形成されるという。

ブルーナーの『教育の過程』と螺旋型カリキュラム

アメリカの認知心理学者である**ブルーナー**は，**『教育の過程』**（1960年）において「学問中心のカリキュラム」を提案した。このカリキュラムの編成原理の特色は，第1に学問の構造を反映させることにある。学問構造の教授は，まず科学・学問の基本的観念，基礎的概念，一般的原理を習得させるために，教育内容や教材が学問的探究の論理をふまえて構成される。その授業では，子どもは科学的な概念や原理，知識を学問探究の論理をたどりながら発見的，探究的に学習していくことを求められる。第2の特色は，子どもに科学的認識の方法や学問的探究の方法を習得させ

るために，学問の構造を子どもの認知構造にかみ合うように「翻案」することである。それは事物を認識する仕方が研究者においても子どもにおいても同一であって，差異は質的なものではなく程度によるという考え方に基づいていた。

　また，ブルーナーは学ぶという営みを「表象モード」の螺旋的展開とみなし，学びは，活動的表象→形象的表象→象徴的表象という順で表象モードを進行させるときに最もすみやかに進むと考えた。この表象構造の発達理論に依拠して提案されたカリキュラムは，「基礎的諸観念の理解は螺旋的な様式をとって繰り返し展開されることによって深まり高まる」という考え方で構成されたため，**螺旋型カリキュラム**と呼ばれている。

　教育内容がそれぞれの表象構造に翻案され，組織的に配列されて教授が行われるならば，「どの教科も，知的性格を保って，発達のどの段階のどの子どもにも効果的に教えることができる」というブルーナーの提言は，原理的には実現可能であると考えられた。彼の「学問の論理」と「教授・学習の心理的論理」の同一性の主張は，子どもの知的潜在能力の開発と知的生産性の向上を可能にすることとなった。そこには，教育は認知発達の自然的展開に追随する必要はなく，発達に先行して学習を方向づけ，推進するものでなければならないという，ヴィゴツキーらソビエト心理学を基盤として形成された教育観が存在している。

　以上のようなブルーナーの見解は，スプートニク・ショック（1957年）を受けた諸国の教育界において「**教育の現代化運動（「現代化」とも称される）**」を方向づけるものとなった。1960年代にアメリカや日本，旧ソ連などにおいて展開されたこの運動では，初等・中等教育における数学や自然科学などの教育内容を科学・技

術革新の時代的要請に応えて根本的に改造することがめざされた。しかし,「現代化」は科学の体系性や学習効率を重視し,子どもの経験や問題意識を軽視する傾向にあったことが指摘され,子どもの人間性の尊重に欠けるという批判を招いた。そのため,1970年代に入ると,1人ひとりの興味・適性・能力などを尊重し,それぞれに適切な学習機会を保証するという「**教育の人間化**」が求められるようになった。

読書案内

細谷俊夫『教育方法』第4版,岩波書店,1991。
　●伝統的な教授理論について,トピックや領域ごとに詳しい解説がなされた教育方法の基礎理論書。教育方法史のキーワードの理解を深めることができる。

田中智志・橋本美保『プロジェクト活動――知と生を結ぶ学び』東京大学出版会,2012。
　●プロジェクト活動の思想的系譜や実践的展開に言及しつつ,その教育学的意義について論じた書。活用型学習や探究型学習の基礎理論について学ぶことができる。

引用・参考文献

安彦忠彦編『カリキュラム研究入門』新版,勁草書房,1999。
今井康雄編『教育思想史』有斐閣,2009。
ヴィゴツキー,L. S. ほか／神谷栄司訳『ごっこ遊びの世界――虚構場面の創造と乳幼児の発達』法政出版,1989(原著1933)。
梅根悟『世界教育史』新装版,新評論,1988。
コメニュウス,J. A.／鈴木秀勇訳『大教授学』明治図書出版,1962(原著1657)。
コメニウス,J. A.／井ノ口淳三訳『世界図絵』ミネルヴァ書房,1988(原著1658)。
コンドルセ／松島鈞訳『公教育の原理』明治図書出版,1962。

佐藤学『米国カリキュラム改造史研究——単元学習の創造』東京大学出版会，1990。
佐藤学『教育方法学』岩波書店，1996。
庄司他人男『ヘルバルト主義教授理論の展開——現代教授理論の基盤形成過程』風間書房，1985。
荘司雅子『フレーベル教育学への旅』日本記録映画研究所，1985。
白川蓉子『フレーベルのキンダーガルテン実践に関する研究——「遊び」と「作業」をとおしての学び』風間書房，2014。
田中耕治『教育評価』岩波書店，2008。
田中智志・橋本美保『プロジェクト活動——知と生を結ぶ学び』東京大学出版会，2012。
玉川大学教育学科編『教育の名著80選解題』玉川大学出版部，1983。
デューイ，J．／市村尚久訳『学校と社会——子どもとカリキュラム』講談社，1998（原著 1899・1902）。
日本教育方法学会編『現代教育方法事典』図書文化社，2004。
ブルーナー，J. S．／鈴木祥蔵・佐藤三郎訳『教育の過程』新装版，岩波書店，1985（原著 1960）。
フレーベル，F. W. A．／荒井武訳『人間の教育』岩波書店，1964（原著 1826）。
ペスタロッチ，J. H．『育児日記』1774（長田新編／佐藤守訳『ペスタロッチ全集』1，平凡社，1959 所収）。
ペスタロッチ，J. H．『隠者の夕暮』1780。
ペスタロッチ，J. H．『白鳥の歌』1826（長田新編／佐藤正夫訳『ペスタロッチ全集』12，平凡社，1960 所収）。
ヘルバルト，J. F．／三枝孝弘訳『一般教育学』明治図書出版，1960。
細谷俊夫『教育方法』第4版，岩波書店，1991。
堀七蔵『欧米の幼稚園及低学年教育の実際』三元堂書店，1930。
モリソン，H. C．／武藤清訳『モリソン・プラン』明治図書出版，1983。
ルソー，J. J．／今野一雄訳『エミール』岩波書店，1962（原著 1762）。
ロック，J．『人間知性論』1689。
ロック，J．『教育に関する考察』1693。
Kliebard, H. M. *The Struggle for the American Curriculum, 1893–1958*. Routledge, 1986.
Mondale, S. & Patton, S. B. Eds. *School: The Story of American Public Education*. Beacon Press, 2001.
Wolfe, J. *Learning from the Past*. Piney Branch Press, 2000.

第2章 日本における教育改革と教育方法の歴史

▲東京市富士小学校の合科学習。谷岡市太郎訓導が指導する地理を中心とした合科学習の授業。子どもたちがそれぞれの課題に生き生きと取り組んでいる（1930年）。
（出所）個人蔵（上沼舜二氏所蔵）。

　　近代以降，日本は西洋のモデルに倣って教育改革を繰り返してきた。日本では教育現場からの要請や反省に基づいて改革が行われるというよりも，教育改革の動因は国外にあることが多く，常にその影響を受けて改革が行われてきたといえるだろう。
　　本章では，日本の教育理念や教育制度が近代化していく過程で，西洋から受容された教授理論や教育方法，そして教師の役割がどのように変化したのかを考察しよう。

1 近代学校制度と授業の成立

> 前近代の教育方法

日本にはじめて近代的な学校制度が導入されたのは1872（明治5）年のことであったが，それ以前にも組織的な教育を行う教育機関は存在しており，江戸時代にその数は飛躍的に増加した。

庶民教育の機関であった寺子屋（手習塾）は，19世紀に入って急速に普及した。その数は，1850年までに6000以上が，1870年頃にはその2倍近くが存在したとか，幕末期には7万を超えていたという説があるが，正確な数は定かでない。しかし，少なくとも，江戸時代後期には都市でも村でも，子どもが歩いて通える手近なところに寺子屋は普及していた。このことは，就学が制度でも義務でもない当時にあって，いかに多くの庶民が学習要求をもっていたのかを表している。

寺子屋での学習内容は，庶民の日常生活に必要な読・書・算を中心としたものであり，手習いが主要な部分を占めていた。寺子屋は熱意のある師匠が開設し，異年齢の子どもたちを対象に，**個別教授**を行った。「往来物」と呼ばれる教材が，子どもの能力や家の職業に応じて師匠から与えられ，子どもはそれぞれの進度に合わせて学習した。また，寺子屋での読み書きは，単にいろいろな知識を与えることだけを目的としたのではなく，その学習作業を通して師匠や兄弟子らとの人間関係のなかで生活全般にわたる躾や道徳教育が実践されていた。

寺子屋の学習内容は3R's（スリーアールズ）（読むこと〔read-

寺子屋の様子

▲寺子屋は個別教授のため、いろいろな向きに机を並べた。右上の立っている若者が助手として学習を補助している。師匠に謝っているのは、この日の「アヤマリ役」の子ども。
（出所）唐澤，1977，10頁（唐澤博物館蔵）。

ing〕・書くこと〔writing〕・計算すること〔arithmetic〕）と総称されることが多く、それは現在まで、学力の基礎基本と考えられてきた。しかし、江戸時代の庶民に必要であったのは、単なる3R'sという技術ではなく、その技術をそれぞれの生活上の実践的課題に結びつけて活かしていくことであった。すなわち、それを使いこなせる能力として3R'sを獲得すること、それが彼らにとっての生きる力だったのである。

一方、武士教育を行った幕府の学校昌平黌（しょうへいこう）や諸藩の藩校では、教育内容として儒学が採用され、四書五経をはじめとする漢籍の

素読，講釈，会読といった，**一斉教授**とゼミナールを組み合わせた教授形態がとられていた。そこでは，書物の講読とその記憶を主とする学習が行われた。武士教育においては，寺子屋における実用的な生活技術の習得とは異なり，儒学という外国の哲学を通して形式陶冶的な支配者教育が行われていたといえる。また，幕府で成立した試験制度である「学問吟味」は，立身出世のために学習するという武士の功利的学問観を形成し，支配者道徳としての儒学の学習を形式化させていった。

西洋式教育方法の導入

西洋の学問を新しい方法で教育する試みは，幕末に盛んになった洋学研究とともに始まり，近代教育に直接つながる教育実践は専門教育の分野から導入されていった。なかでも注目されるのは，1855（安政2）年から始まった長崎海軍伝習所における，オランダ人による組織的な伝習である。従来，西洋の軍事技術は蘭書を通して研究されてきたが，この海軍伝習はオランダ人の専門家から直接西洋学術と軍事技術を学んだことに意義があった。

その意義は，第1に，基礎教育・専門教育・実習を組み合わせたカリキュラムが編成されていたこと，第2に，詳細な**時間割**が作成されたこと，第3に，一斉教授を主体としていたこと，第4に，**黒板**などの教具が用いられたことなどにあり，近代学校教育の諸方式をはじめて実施した伝習であったといわれている（三好，1986）。

明治維新期を迎えると，幕府や諸藩は西洋の教育情報を収集して，従来の教育機関における教育内容や教育方法の改革を進め，時代の変化に対応しようとさまざまな試みを行った。しかし，武

士による支配構造の枠組みを前提とした改革には限界があり，本格的な教育の近代化は「学制」の頒布を待たねばならなかった。

> 学制の教育理念と特徴

日本初の近代教育法令である「学制」がめざす教育の理念は，1872（明治5）年に頒布された学制の序文といわれる「被仰出書(おおせいだされしょ)」にみられる。その第1は「学問は身を立るの財本」であるとする立身出世的な教育観であり，第2は，すべての国民に平等に教育の機会を与えるという教育における四民平等であり，第3は，日常生活に必要な基礎学力の習得に始まり近代科学を中心とした学問を興すべきだとする実利主義的な学問観である。

学制では，**単線型学校体系**を構想し，学校の種類を大学，中学，小学の3段階に区別したほか，地方教育行政単位として学区制を採用した。それにより，全国に8つの大学校，256の中学校，5万3760の小学校が設置される計画であったが，その数は非現実的な机上の空論であった。

> 教室と授業の変化

小学校ができたことによって教育に関する事物の名称や授業の形態は大きく変化した。まず，教育機関の名称が，「寺子屋」や「手習塾」から「小学校」となり，「師匠と寺子」も「教師と生徒」と呼ばれるようになった。小学校では，寺子屋で行われていた個別教授ではなく，一斉教授の形態が普及した。使用する書籍は「往来物」と呼ばれていたものから「教科書」へ，教具も「筆と紙」が「石筆と石盤」となった。

こうした変化は文部省が師範学校に雇い入れたアメリカ人**スコ**

明治初期小学校の授業風景

▲教師・生徒ともに身なりがよく，和装，洋装両方の生徒がみられる。輸入物とみられる蓋が開く大きな机を使用。新旧混交が印象的。
（出所）　唐澤，1977，253頁（唐澤博物館蔵）。

ットがもたらした情報によってアメリカの小学校教育を模倣したことによる。当時，文部省には地方を巡回して「畳の上では授業はできぬぞ。なにがなんでも西洋館だ。その中に机と椅子を入れるのだ」と校舎の新築を奨励した役人もいたという（橋本，2017）。

　上の図は明治初期における小学校の授業風景である。この図では，生徒数は少なく，男女は別の部屋で，いずれも椅子に腰掛けている。教師は「掛図」を鞭でさしながら授業しており，生徒は石筆と石盤を使っている。

　学校に通った子どもたちが学んだ内容はどのようなものだった

のだろうか。学制に示された下等小学の教科は,「綴字, 習字, 単語, 会話, 読本, 修身, 書牘(しょとく), 文法, 算術, 養生法, 地学大意, 理学大意, 体術, 唱歌」, ただし唱歌は「当分之ヲ欠ク」というものであった。上等小学ではさらに「史学大意, 幾何学罫画大意, 博物学大意, 化学大意」が加えられ, そして「外国語学ノ一二, 記簿法, 画学, 天球学」を地域の状況によって加えてもよいことになっていた。文部省はこれらを教授するための実施細則である**小学教則**を定め, 各級で扱う内容や方法を詳細に示した。文部省の小学教則のおもな特徴は, 自然科学, 数学の内容を重視し, 全授業時間の40%を当てていることである。また, 海外の知識あるいは市民道徳の受容を志向しているという特徴もある。しかし, 科目は煩雑で内容の程度が高く, 一般の小学校で行えるものではなかったため, 実際に多くの小学校に普及したのは東京師範学校がスコットの助言と実験によって作成した小学教則であった。

　師範学校が1873年5月に制定した師範学校の「小学教則」の教科は次のようであった。

　　下等小学…読物, 算術, 習字, 書取, 作文, 問答, 復読, 体操
　　上等小学…読物, 算術, 習字, 輪講, 諳記, 作文, 罫画, 体操

　この教則の特色は, 第1に地理, 歴史, 修身, 物理, 化学などの内容を扱う「読物」という総合的内容科目, 第2に読物で扱う内容を問答の形式で教授する「問答」という科目を設けたことにある。全体としてのカリキュラムはすっきりとしてわかりやすく整理されている。

　これらを教授するための教科書は, 『ウィルソン・リーダー』などアメリカで広く用いられていた教科書を翻訳した『小学読本』などの翻訳教科書が用いられた。また, スコットが導入した

『ウィルソン・リーダー』と『小学読本』

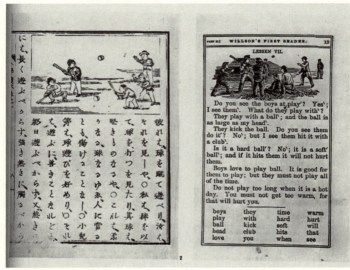

▲『小学読本』の挿絵にはバットを持った複数の人が描かれている。「野球」を理解していない訳者による翻訳が教科書として用いられていた。
（出所）唐澤，1977，82頁（唐澤博物館蔵）。

教授法は，アメリカの小学校で盛行していた**オブジェクト・レッスン**（object lessons）によるものであり，その教材として多くの「掛図」が用いられた。スコットが紹介したオブジェクト・レッスンは当時，庶物指教(しょぶつしきょう)と訳され，五感を働かせて実物と接する授業が勧められた。師範学校の小学教則にみられる問答科は，この庶物指教を行う時間であった。

近世教育方法との連続・非連続

このように小学校への西洋式学校教育の導入によって寺子屋での学習風景は大きく変化したため，小学校は近世の教育と断絶したかのようにみえる。しかし，明治前期の学校教育の近代化を担った学務吏員や教師たちの多くは士族であり，多くの場合彼らが受けた武士教育の教育慣行が西洋教育を受容する下地となっていた。たとえば，小学校の教授法として普及した「一斉教授」は，藩校や私塾における講義としてしばしばみられた教授形態であったし，明治期に西洋から受容されたといわれる「試験」もすでに江戸期の武士教育に成立していたシステムであった。こうした近世の武士教育にみられる疑似近代性が西洋化のスローガンのもとで庶民教育に拡大していく過程が，日本教育の近代化であり，西洋の教育方法も士族の教育慣行をフィルターとして受容されていった。

ペスタロッチ主義教授法の受容

文部省は，西洋からの応急的な教育方法の移入・普及をはかるとともに，その背景にある教授理論の紹介を行った。その大半はアメリカの教授法書であり，師範学校の教科書として広く利用された。先述のスコットがもたらした『塞児敦氏庶物指教』（シェルドン）（1878年）は，**ペスタロッチ主義**に基づく実物教授の具体的な方法を示したものであり，当時の先進的な教授法書であった。

　1878（明治11）年，オスウィーゴー師範学校で学び帰国した**高嶺秀夫**は，**伊沢修二**とともにアメリカで学んだペスタロッチ主義の理論と方法によって東京師範学校の教育内容および教育方法の改革を行った。その過程で，彼らによって同校附属小学校で研

究・実践された**開発主義教授法**は，明治前期の教育方法として広く普及した。開発主義教授法は，その源流であるペスタロッチの教授原理に関する理解は希薄であり，多くの場合，公定の内容を教授するための技術と理解され，実物の提示と問答という形式的な方法として普及した。

しかし，若林虎三郎・白井毅編『改正教授術』（1883年）によって「心性開発」が教授の目的であることが主張されるようになり，あらかじめ準備された教授案により，一定の手続きに沿って授業を行うという考え方が広まった。同書は，授業の方法や様式のほかに「批評の諸点」についても言及しており，当時，すでに教師の間で**授業研究**が行われていたことが看取される。

2 授業の定型化

近代教育制度の確立

1889（明治22）年2月，「大日本帝国憲法」が発布され，天皇制官僚主義を核とする立憲政治体制が成立した。天皇による統治がこの憲法に基づいて行われることが明示され，教育は，議会が立法する法律ではなく，天皇の命令としての勅令を基本として行われることが規定された。そして，翌1890年10月30日には「**教育ニ関スル勅語（教育勅語）**」が発布されて，天皇のもとに国民の精神と道徳を統一するという教育の基本理念と実践徳目が示された。

天皇制国家主義のもとで，国民教育制度の基礎を整えたのは，初代文部大臣森有礼であった。森は，1886年に「帝国大学令」「小学校令」「師範学校令」「中学校令」を制定し，諸学校制度を

根本的に改革した。彼は忠君愛国精神の養成を公教育の基本とし，このため，特に師範学校の改革を重要視し，また小・中学校に兵式体操や祝日儀式などを導入した。そして，森は国家のための教育という観点から，教育と学問を区別して考えたが，そのために学問の成果が初等教育の内容に反映されないという重大な問題を引き起こした。この学校教育の二重構造は，近代日本の学校構造の基本的枠組みとなった。

こうして明治後期には，日本の近代教育制度が確立したが，その過程で教育内容は国家によって規定されるようになった。学制期に文部省が制定し，モデルとして提示した小学教則は法的な拘束力を有していなかったが，1881年の「小学校教則綱領」以降，国が示す教育課程は強制力をもつこととなった。1904年には，**国定教科書制度**が敷かれ，学校は国民共通の文化と道徳を徹底するための装置と位置づけられた。

> 日本型教師像の形成

国家主義体制のもとで国民教育の実質的な担い手となったのは，師範学校の卒業生であった。初代文相森が重要視した師範学校には，公立小学校長および教師を養成する尋常師範学校と，尋常師範学校長およびその教師を養成する高等師範学校の2種があった。森の師範学校運営の特色の第1は，師範学校令第1条に「順良，信愛，威重」のいわゆる**三気質**を掲げて，生徒にこれを養うことを求めた点である。教育の基本法規に望ましい人物像を規定したことは異例のことであり，ここに森の人物重視の教育観がうかがえる。彼が教師に求めたものは，天皇制国家主義を支える「臣民」の育成に全力を尽くす献身的没我であった。第2に注目すべき点は，師範学

校に兵式体操や寄宿舎制，密告制が導入されたことである。服装から生活態度に至るまで徹底した軍隊化がはかられることによって，三気質が実践的に育成され，後に**師範タイプ**といわれる独特な教師像を生み出した。

ヘルバルト主義教育学の受容

ヘルバルトおよびヘルバルト主義教育学の日本への本格的な導入は，1887（明治20）年に帝国大学に招聘された**ハウスクネヒト**の来日に始まる。ハウスクネヒトの教育学の講義はヘルバルト学派のケルンによったものといわれている。ハウスクネヒトに学んだ**谷本 富**(とめり)，湯原元一らはヘルバルト主義教育学普及の担い手となった。1891年以降，ハウスクネヒト門下生によるヘルバルト派の著作の翻訳や紹介が活発に行われた。特に，谷本の『実用教育学及教授法』（1894年），『科学的教育学講義』（1895年）は理論的紹介とともに実践への応用法を示したものとして，ヘルバルト教育学の普及に大きく貢献した。これらの翻訳，紹介は，そのほとんどがヘルバルト自身の教育理論・教授理論を研究したものではなく，ヘルバルト派のそれによるものであった。

明治20年代のハウスクネヒト門下生たちによるヘルバルトおよびヘルバルト主義教育の研究では，特に道徳性の涵養という教育目的が注目されていた。ヘルバルトが示した教育目的の5つの近代的理念（内的自由，完全性，好意，権利，公正）は，湯原や谷本によって五倫五常に近いものとして儒教主義的に解釈されるなど，教育勅語の徳目に還元した解釈が試みられ，ヘルバルトの理論から離れて，徳育重視の教育政策のもとでその合理的手段として援用された。しかし，国家意識の高揚が目論まれるなか，明治30

尋常小学校6年生の一斉教授の授業風景

▲黒板に向かいきっちりと並べられた机で，整然と書き取りに取り組む子どもたち。
（写真提供）　共同通信社。

年代に社会的教育学説が台頭すると，ヘルバルト主義教育の個人主義的性格が批判されるようになり，教育目的論におけるヘルバルト主義の流行は後退した。

　明治30年代に入ると，ヘルバルト派のラインらによるヘルバルト主義教授法の紹介が盛んに行われ，**5段階教授法**を中心とする実践的な教授技術が広く普及していった。その主要な担い手となったのは東京高等師範学校の教師や卒業生などであった。東京高等師範学校におけるヘルバルト主義の導入に際しては，教育目的論の紹介は重視されておらず，同時に教育内容についても国家が定めた教則，教授細目，教科書が所与のものとして前提視され

ていた。ヘルバルトのいう思考の「形式」(形態) は, 本来, 子どもの認識過程に対応して, **方法的単元**という教材論と統一的にとらえられていたが, 日本にそれが受容される過程においては, 所与の教材を伝達する手続きに変容してしまったのである。

　明治30年代中頃になると, 定型的な教科教授法が形成され, 実践現場に浸透していった。明治30年前後から, 教育ジャーナリズムや教員養成, 検定などの諸制度や各種講習会を通して広まり始めたヘルバルト主義教授法は, やがて地域の授業法研究会を通して地方に普及した。その過程で, 5段階教授法は, 「予備→教授→応用」のような3段階に簡略化されて実践されるようになった (稲垣, 1966)。

学級の成立

　日本で**学級**の意義がはじめて公式に定義されたのは, 1891 (明治24) 年の「学級編成等ニ関スル規則」においてであった。その頃は, 現在のような学級の概念ではなく, 江戸時代からの進級方法, すなわち**等級制**によって教授のための集団が編成されていた。進級試験をもとに子どもの学力によって集団を編成する等級制の基本には, 学校を個別的な知識教授の場ととらえる考え方があった。このような状況のもとで, 「学級編成等ニ関スル規則」は, 1人の正教員が一教室で同時に教授を行う際の一団の児童を学級と呼ぶことと定義し, 学級は児童の数 (尋常小学校では70人, 高等小学校では60人) を基準として編成する方針を示した。児童数を基準にするという編成原理は, 何よりも経済的な理由からであった。その結果, 当時は学年学級制を編成できる学校はまだ少なく, 単級学校や複式学級編成の学校が多数であった。

厳格な試験の結果によって進級が決まる等級制と異なり，児童の数を基準とする学級編成は，年齢や学力の異なる児童を個別的に扱うことができないため，非効率な教授形態を生じさせた。しかし，当時は**訓育**の観点から，さまざまな児童による学級構成は生徒相互の関係を深め，家族主義的な協調の精神を養成できるという利点が強調された。この家族主義的協調を重視する背景には，学校教育を通して天皇制国家主義の基盤を形成し，国民統合をはかるねらいがあった。学級概念成立期における，こうした訓育重視の学級論の展開は，日本の学級経営の基本的性格に強い影響を与えたとみられる。

　1900年の第三次小学校令改正によって義務教育が規定されたことに伴い，単級学校や複式学級は次第に減少し，**学年制**の学級編成が一般化していった。就学率も1902年には90％を超え，全国の子どもが同じ内容を同じ方法で学習するという国民教育の空間が整備された。

3　授業改造の試み

　大正新教育運動　　第一次世界大戦後の日本では，経済発展と並行して自由主義思想が広まり，市民の権利意識を成長させていった。教育政策においては，天皇制を中心とした国家主義体制確立のための学校教育の整備がはかられ，明治後期までにほぼその基礎を完成させていた。教育勅語の発布と教科書の国定化が国家主義教育の二大柱となり，大正期の学校教育はこの二大柱による「臣民教育」の徹底が課題とされた。

そういった国家主義教育の徹底の動きに対して,「新しい」「自由」な教育を求める動きがでてくる。この時期の教育は,一般に**大正新教育**とか大正自由教育と呼ばれている。当時,体制側の価値を子どもに刷り込むために教育内容が画一的に統制されたことから,教育の形式化・形骸化に対する批判は徐々に高まり,ついに公教育の現場もこれを取り上げざるをえなかった。たとえば,1917（大正6）年に設置された臨時教育会議には小学校教育の改善策が諮問された。ただ,このような改革は絶対主義的な体制を揺るがせない範囲で部分的に行われた。すなわち,教育形態や教育方法などのように国家の教育目的や教育内容に抵触しない範囲においては,ある程度その画一的注入的方法を改めることが許されたのである。

　こうして「新しい」「自由」な教育方法を求める声は,主として都市市民であるブルジョワジーの権利要求を背景としながら,教授法改革を中心とする運動となって教育界に押し寄せた。

「新教育」の受容

　大正期の「新教育」は欧米諸国の教育理論や実践の紹介ないしは受容によって展開されており,現象的にはきわめて多様な実践が総花的に展開していた。この時期の多様な実践に共通していたのは,従来の画一主義,注入主義,暗記主義的な教育方法に対する批判と,子どもの個性,自発性の尊重を主張したことである。新教育はすでに明治末期に樋口勘次郎や谷本富らによって提唱されていた。彼らは,新時代に即応した人材養成のために,人間形成の新しい方法を模索していたのであった。

　こうした明治末期における新教育の台頭は,大正期の自由主義

的風潮と結びついてさらに活発化していった。奈良女子高等師範学校附属小学校の主事であった**木下竹次**は，教室や時間割から子どもたちを解放して「生活即学習」の考え方を徹底したし，東京女子高等師範学校附属小学校では，北沢種一が作業主義に基づく学校改革に着手した。さらに，この時期の新教育を象徴する議論は，1921（大正10）年に東京高等師範学校講堂で行われた講演会における**八大教育主張**である。樋口長市，河野清丸，手塚岸衛，千葉命吉，稲毛金七，及川平治，小原国芳，片上伸はそれぞれに個性的な教育論を唱え，その華やかさは全国の教育者を魅了した。これらのなかには，単に「論」に終わることなく自らその思想を実践した者も少なくなかった。

私立学校の創設と実験

新教育の実践は，その大部分が師範学校の附属小学校あるいは私立学校で行われていた。特に大正期には私立学校の創設がこの時代の教育の顕著な特徴をなしているといってよい。この時代に創設された多くの私立学校は，「自学」や「自治」を掲げて子どもの自由の尊重と個性の伸張をめざしていた。西山哲治の帝国小学校（1912年），中村春二の成蹊学園（1912年），**澤柳政太郎**の成城小学校（1917年），羽仁もと子の自由学園（1921年），赤井米吉の明星学園（1924年），小原国芳の玉川学園（1929年）は，「新教育」を標榜した新学校として有名である。この運動を特徴づける実践として有名な**成城小学校**では，「個性尊重の教育」「自然と親しむ教育」「心情の教育」「科学的研究を基礎とする教育」の4つの方針を掲げており，1学級30名以内の少人数指導や授業の1単位時間を低学年30分，中学年35分，高学年40分として，子どもの発達

段階を考慮した教育実践を行った。さらに、修身科は第4学年、算術は第3学年以上に教授することとし、英語と自然科を第1学年以上に特設するなど、ユニークな実践を展開している。

このような新教育の実践が私立学校や師範学校附属小学校など一部の学校に限定されたのは、公立学校に国家主義教育が深く浸透していたためである。新教育運動が、実践現場の教師たちによる自主的な取り組みであったため、その支持層の拡大は文部省や地方行政当局の警戒するところとなり、多くの公立学校においては国定教育を逸脱した新教育の弾圧が厳しく行われるようになったのである。

方法意識の成立

上記のような国家主義の行政施策を受けて、当時の教師には国家の教育理念を実現するために、国家が定めた教育内容を正確に教授するという役割が期待されていた。教師は教育目的や教育内容を問うことはせず、教授法の工夫のみに終始する、いわば「教授の機械」として働くことが求められていたといえる。

しかし、新教育の教育思潮が台頭し、自由主義的風潮が高まると、熱心な現場の教師たちのなかには、海外の教育情報を入手して欧米の教授理論を研究し、自身の教育実践にそれらを適応させることを試み始める人たちが現れた。新教育の実践校として注目された多くの学校では、校内に教師たちによる研究会が組織されて、独自の教授法を開発し、その成果を公表していった。

先述した成城小学校では、1923（大正12）年頃から**ダルトン・プラン**が導入された。ダルトン・プランは個別学習指導の方法で、アメリカの**パーカースト**が創案したものである。主要教科におい

て生徒の能力や個性に応じた学習進度表が作成され，生徒は各自の計画に従ってそれぞれの教科の研究室へ行って自学自習を行った。成城小学校の教育問題研究会は，こうした教師たちの実践や研究の成果を機関誌『教育問題研究』などに発表した。同校は，教師自身による自由な研究活動に基づく実験学校としての役割を自負しており，教育界への影響も大きかった。

　また，奈良女子高等師範学校附属小学校主事の木下竹次は，画一的で受動的な教育を批判して，学習主体としての子どもの自律性を保障するための「**学習法**」を提唱した。彼の「学習法」は，「独自学習→相互学習→独自学習」という定式化された方法体系をもっており，特設「学習時間」において行われた。彼の「学習法」を支える教授理論は，教育を「教授・訓練・養護」に分けず，子どもの主体的な活動を統一された「学習」としてとらえる，「学習方法一元論」であった（木下，1927）。木下の学習法は，それを実践に適用しようとする同校の訓導（今でいう教員）らによって研究され，**合科学習**という新たな指導形態を生み出していった。1923年に開催された講習会には，2401人の参加者があり，同年の学校参観者が2万人を超えたことからもわかるように，同校が当時の実践現場に与えた影響は大きかった。

|カリキュラム開発の萌芽|

　新教育運動を展開した教師たちによる授業改造の試みは，国家が許した教授方法改革という枠にはとどまらなかった。熱心な教師であればあるほど，うまく教える方法を工夫し，教授形態を工夫し，教材を工夫した。そして，彼らは，結果的に従来の教科の枠組みを越えた新しい実践を開発していったのである。

校庭で模型作りに取り組む池袋児童の村小学校の子ども

▲木材を使って大きなビルディングの模型を製作している（1930年代前半）。
（出所）　浜田・石川・寺崎，1978，66頁。

　1924（大正13）年，当時の教育改革の指導者の1人であった**野口援太郎**は教育の世紀社を結成し，自宅に池袋児童の村小学校を開校した。同校は徹底した自由教育を理想とし，開校当初，教室や教育課程，教師，時間割などがいっさい定められていなかった。同校の訓導**野村芳兵衛**は，学校や学級を社会組織や家庭に見立てた「**協働自治**」を提唱し，峰地光重は**生活綴方**を実践するなど，新たな方向性が開拓された。

　師範学校附属小学校においても教師たちの研究活動に基づく独創的な実践が試みられた。東京女子高等師範学校附属小学校では，1920年頃から東京女子高等師範学校教授兼附属小学校主事藤井利誉の主導により**プロジェクト・メソッド**の研究が開始された。そ

の研究は，藤井の後任となった北沢種一に引き継がれると同時に，北沢の指導を受けた訓導たちによって実践された（遠座，2013）。

　奈良女子高等師範学校においても，同校教授松濤泰巖によるプロジェクト・メソッドの紹介に依拠した同附属小学校訓導鶴居滋一，同附属幼稚園主事森川正雄らの研究によって，1921年頃からその導入が始まった。附属小学校では，「学習法」を提唱した主事木下竹次を中心とした合科学習の研究に取り組んでおり，これらの研究成果は1922年に創刊された機関誌『学習研究』に発表されていった。

　千葉県師範学校附属小学校では，篠原助市の理論的支援を得た主事**手塚岸衛**を中心に研究会が結成され，子ども本位の自学と自治の方法を探求した。また，兵庫県明石女子師範学校附属学校園でも，次々項で紹介する主事及川平治を中心に，モンテッソーリ・メソッドやプロジェクト・メソッドを共通原理とした幼小連携のカリキュラムの研究・開発が教師たちの共同研究によって展開されていた。この時期，地方の師範学校でも，校内に教科別の研究会や課題別の研究会を組織して，西洋の新教育情報に基づく新しい教育方法の研究や教材開発に取り組んでいたところは少なくなかった（橋本・田中，2015）。

公立小学校の試み

　教師たちが組織的に新教育の研究に取り組んだ公立小学校もあった。東京市浅草区富士小学校では，昭和初年頃から校長上沼久之丞（うえぬまきゅうのじょう）が海外教育視察などを通じてもたらしたドクロリー・メソッドやプロジェクト・メソッドなど西洋の教育情報の研究が行われ，同校の教師たちによって現場への応用がはかられた。上沼は，自身の人生を創

造的に生きること(「創造生活」)ができる子どもの教育をめざし,それに共感した教師たちは合科学習や低学年教育,表現教育や郷土教育といった研究課題を定めて独自の教育実践を展開した。富士小学校のこのような取り組みは公立小学校における稀少な例である。進取の精神と行動力を備えた校長と,自主的な実践改造を通して力量を形成していった教師たちの協働によって,富士小のような先進的な公立小学校が現れたといえる(橋本,2020)。

　以上のように,大正・昭和初期には教育現場において実践課題を明確にもつようになった教師たちによって,西洋の新教育情報が研究され,実践の質を変えていく試みがみられた。こうした試みは教師を成長させ,その役割を自覚させていった。次項では,大正新教育運動の指導者の1人,及川平治に注目してみよう。

教師の意識改革と役割の変化　新教育運動の指導者**及川平治**は,教育現場に身をおいて実践理論の研究を行い,カリキュラム開発の担い手としての教師の役割を啓蒙した。1912(大正元)年,及川が著した『**分団式動的教育法**』は,1923年の関東大震災で紙型焼失のため絶版となるまでに25版を重ね,教育書としては空前のベストセラーとなった。同書の刊行以来,及川が主事を務めていた明石女子師範学校附属小学校には,その実践に学ぼうと年間1万人を超える参観者が訪れた。

　及川の教育実践理論の特徴は,**分団式教育**と**生活単元**,そしてこの2つを思想的に支えた**動的教育論**にある。及川が推奨した分団式教育は,教師が個々の児童の習熟度や興味関心の差異などに応じて臨機応変に一時的な分団をつくり,それぞれの状態に合わ

せて指導を行うという方式である。また，欧米教育視察から帰国後に及川が提唱した生活単元は，子どもの生活に即した題材を用い，子どもの興味関心に訴える授業である。

　及川のこうした分団式教育，生活単元を思想的に支えていたものが彼の動的教育論であった。及川は，子ども1人ひとりが自発的に学習する動的教育の方途として，個々の子どもの能力や興味の違いを重視すること，そして子ども自身が学習を深化させていけるような学習法を身につけさせること，を説いたのである。こうした子どもの差異への留意，児童自身の学習法の学習は，分団式教育の方法原理であった。

　動的教育論を基礎としている及川にとって，教師の役割はきわめて重要であった。教師の役割は，国家が定めた教育内容をできるだけ忠実にかつ効率よく伝達することではなかった。現場の教師だった及川は，自分の関心から教授法の背後にある教授理論を知るために独学でアメリカの進歩主義教育思想を学び，教師はまず子どもの学習過程を理解し，その学習過程に沿った教授を行わねばならないと確信した。そして，定められた内容を教えるのではなく，子どもの学習過程が自発的に展開されるように指導することが教師の役割であると説いたのである。及川が奨励した分団式教育や生活単元は，実際に教師の力量を開発し伸ばしていくことに役立ったであろう。それは，教師が子ども1人ひとりをしっかり見ること，すなわち教育事実の観察と，それに基づく判断がそれらの指導の基礎だったからである（田中・橋本，2012）。

　及川が教育方法史上に残した功績は，主として『分団式動的教育法』の刊行に象徴される教授法改革と，渡米後におけるカリキュラム改造の2点において評価されてきた。しかし，生涯におい

て貫かれていた彼の関心は，目の前の子ども1人ひとりに応じた教育をどうやって行うかにあった。そのために，及川は子どもの「生活」(life)を過去から将来までという長いスパンでとらえ，子どもがそれぞれ自分の人生を生きていくために必要な力を生活教育によってつけさせたいと考えるようになった。彼が教育の方法だけでなく，内容にまで踏み込んで学校改革を行ったのはこのためである。

『分団式動的教育法』はベストセラーとなり，及川は全国の教師たちが慕い憧れる存在となった。及川が，独学で欧米の情報に通じて新しい教育法を主張したことは，現場の教師たちの注目を集めた。及川が教育の「事実的見地」に立って考案した教授法やカリキュラムを教育現場で「実験」したことは，教師自身が学習者もしくは研究者であるべきこと，指導には教師の力量と裁量が不可欠であることを明示しており，当時の教師たちに教師の立場や役割について覚醒を引き起こしたといえよう（橋本・田中，2015）。

戦後の新教育実践

第二次世界大戦後，アメリカ占領軍の間接統治のもとで進められた教育改革は，戦前の「国家のための教育」から個人の「権利としての教育」にその理念を転換させたことを背景として，新しいカリキュラムと教育方法の開発が活発に展開された。

この時期の教育方法改革の特色は，第1に戦前の教育体制への批判に基づくものであった。民主的な社会の建設のために，学校を中心として人間の主体と生活権の回復がめざされた。そのため，子どもの個性や興味・関心，発達段階に応じた指導など，心理的な側面を重視する教育方法の改善が提唱された。教育内容につい

ても**生活単元学習**が流行し，子どもの生活経験そのものを教育内容として再組織し，学習活動として位置づける試みが広まった。

第2に，文部省の主導によって，アメリカの教育が翻訳・模倣という形で広まったことである。アメリカの教育方法を紹介する多くの文献が出版されて，**カリキュラム**や**単元学習**という用語が一般化した。また，民主主義教育の象徴である，総合教科**社会科**が新設された。1947（昭和22）年に提示された「**学習指導要領（試案）**」は各学校が独自の教育課程を編成する際の「手びき」と位置づけられており，全国各地で自主的な研究活動によるカリキュラム運動を促した。しかし，このような自主的なカリキュラム改造運動の多くは，大正自由教育など戦前の生活教育や総合学習の伝統を継承する一面があることも看過できない。その試みは，生活綴方教育を基礎とした無着成恭の『**山びこ学校**』（1951年）や，郷土教育の伝統に基づいて「調べる社会科」を提唱した相川日出雄の『**新しい地歴教育**』（1954年）など，多くの実践記録にみることができる。

第3に，生活経験主義が普及していくなかで，問題解決学習が登場したことである。教育は，経験の再構成であるととらえられ，地域社会での子どもたちの経験を学校で再構成して深めることで，地域社会の問題解決に資することができる市民の形成がめざされた。埼玉県川口市の**川口プラン**や広島県本郷町の**本郷プラン**は，地域や学校で自主的な**地域教育計画**を進めた先駆的で代表的な事例である。

以上のような教育内容の生活化に伴って，討議法やプロジェクト・メソッド，プロブレム・メソッドといった教育方法の改善が進められた。また同時に，教具，特に映画・スライド・放送など

Column② 近代の学校建築

近代化の象徴としての小学校建築

　重要文化財に指定されている旧開智学校校舎（下の写真）は，1876（明治9）年に建てられた当時の形に近づけて復元，移築されたものである。和洋混交の擬洋風建築で，ギヤマンのガラスや八角柱の高楼などを備えた豪華な中廊下式の小学校校舎である。建築資金の7割は住民の寄付によっており，この地方の住民の学校に対する期待と熱意が看取される。

　しかし，このような洋式の学校建築は，費用がかかりすぎること，中廊下式の教室配置が日本の気候や風土に適さないなどの問題があったため，全国的には普及しなかった。

　その後，明治20年代に文部省が示した学校建築に関する基準により，廊下の片側に教室を並べた片側廊下式，いわゆるハーモニカ式の校舎が多く建築され，今も私たちがイメージする「教室」が誕生した。明治期に全国に普及し，戦後も引き継がれたこの建築方式は，基準を満たせば建築衛生的な面で子どもたちの活動に適したものであった。しかし，義務教育の就学率が重視された19世紀の末ごろには，低コストで大人数を管理しやすいという点が重視され，

重要文化財旧開智学校（松本市）

兵舎のような標準仕様の校舎に，大人数の子どもたちが詰め込まれて一斉授業を受けるのが普通となった。

大正新教育から生まれた新しい校舎

大正時代から昭和初期にかけて，新教育を実践した私立学校では自由な発想のもとにさまざまな校舎が建築された。屋上運動場，四方に黒板のある教室，2階からのスロープやオープンスペース。斬新とも思える工夫を凝らした校舎が，それぞれの学校の理念に基づく教育を実現するために建築された。たとえば，下の写真は窓の多い明るく広々とした理科教室で，グループごとに化学実験を行っている成城小学校の授業風景（大正末期）である。同校では，建学の理想（個性尊重，親自然，科学的研究に基づく人間形成）を実現するために，1920年代前半には美術室，手工室，理科実験室など各種特別教室や，学校図書館および学級文庫などの学習環境を整備して，それらを活用した教育実践を試みていた。しかし，時代とともに厳しさを増す国家統制にはばまれ，これらの新しい試みは私立学校の一部にとどまり，公立の小学校にはなかなか普及しなかった。

成城小学校の化学実験の授業風景

（出所）　成城学園発行絵葉書（個人蔵）。

いわゆる視聴覚教具の改良がはかられた。

しかし，生活単元学習や問題解決学習のなかには，何でも経験させればよいという「はいまわる経験主義」に陥った実践も多く，反知性的であると批判された。道徳教育の強化や学力低下批判の世論を背景とした文部行政の政策転換の結果，新教育実践は1950年代の半ばに衰退していった。「手びき」と位置づけられていた学習指導要領も「試案」ではなくなり，1958年以降は法的拘束力をもつこととなった。

 読書案内

片桐芳雄・木村元編著『教育から見る日本の社会と歴史』第2版，八千代出版，2017。
　●日本の教育を人口動態と国際化の視点から社会史的に論じた書。授業実践の歴史が社会の変化とどのように対応していたのかを概観できる。

田中耕治編著『戦後日本教育方法論史』上・下，ミネルヴァ書房，2017。
　●戦後から現在までの教育方法論史をたどりながら，実践研究・理論研究の成果と課題を一望した書。上巻では「カリキュラムと授業をめぐる理論的系譜」，下巻では「各教科・領域等における理論と実践」について論じられており，必要なところから読み進めることができる。

中野光『学校改革の史的原像──「大正自由教育」の系譜をたどって』黎明書房，2008。
　●近代日本における教育方法改革としての大正自由教育の特質を，学校改革の視点から明らかにした書。大正新教育運動の意義と概要を把握できる。

引用・参考文献

天野正輝『教育評価史研究──教育実践における評価論の系譜』東信堂，1993。
石川松太郎『藩校と寺子屋』教育社，1978。
稲垣忠彦『明治教授理論史研究──公教育教授定型の形式』評論社，1966。

遠座知恵『近代日本におけるプロジェクト・メソッドの受容』風間書房，2013。
及川平治『分団式動的教育法』弘学館書店，1912。
唐澤富太郎『教育博物館——伝承と日本人の形成』中，ぎょうせい，1977。
木下竹次『学習原論』目黒書店，1923。
木下竹次『学習諸問題の解決』東洋図書，1927。
志村廣明『学級経営の歴史』三省堂，1994。
田中耕治編著『戦後日本教育方法論史』上・下，ミネルヴァ書房，2017。
田中智志・橋本美保『プロジェクト活動——知と生を結ぶ学び』東京大学出版会，2012。
中野光『大正自由教育の研究』黎明書房，1968。
中野光『学校改革の史的原像——「大正自由教育」の系譜をたどって』黎明書房，2008。
日本近代教育史事典編集委員会編『日本近代教育史事典』平凡社，1971。
橋本美保『明治初期におけるアメリカ教育情報受容の研究』風間書房，1998。
橋本美保・田中智志編著『大正新教育の思想——生命の躍動』東信堂，2015。
橋本美保「西洋教育情報の受容と近代教育の成立」片桐芳雄・木村元編『教育から見る日本の社会と歴史』第2版，八千代出版，2017。
橋本美保編著『大正新教育の受容史』東信堂，2018。
橋本美保「大正新教育期富士尋常小学校のカリキュラム改革と学校経営——公立小学校長のリーダーシップと教師の協働」『カリキュラム研究』第29号，2020。
橋本美保編著『大正新教育の実際家』風間書房，2024。
浜田陽太郎・石川松太郎・寺崎昌男編『近代日本教育の記録』下，日本放送出版協会，1978。
三好信浩『日本教育の開国——外国教師と近代日本』福村出版，1986。
三好信浩編『日本教育史』福村出版，1993。
文部省編『学制百年史』帝国地方行政学会，1972。

第3章　現代教育方法学の論点と課題

▲論争の分析，または論争の文献を掲載した雑誌，著書。

　本章では，現代教育方法学の論点と課題を明らかにするために，第二次世界大戦後に行われた教育方法に関する4つの論争（「学力論争」，「問題解決学習論争」，「たのしい授業」論争，「教育技術」をめぐる論争）を取り上げた。ここでは，論争の勝ち負けではなく，何よりも論争によって提起された論点や争点を学んでほしい。これらの論点や争点が，現在の教育方法学をめぐるさまざまな課題に浸透し，影響を与えていることは，本書全体を通じて明らかになるだろう。

この章では，おもに第2章で紹介した戦後新教育以降に，教育方法学の分野で行われた重要な論争を取り上げて，その論点と課題を明らかにしたい。その論点と課題は，本書の第Ⅱ部において，さらに広く深く豊かに考察されて，現代の教育方法学の全体像が浮かび上がってくるだろう（巻末資料「戦後教育方法に関する小年表」も参照）。

1 「学力」の登場と学力論争

「**学力**」という言葉が，教育研究の対象として本格的に使われはじめるのは，「**基礎学力**」**論争**からである。この「学力」を冠する最初の本格的な学術書として登場したのが，**青木誠四郎**たちが著した『新教育と学力低下』（原書房，1949年）であり，その書名が象徴するように，「学力」という用語は「基礎学力」論争の発火点となった「学力低下問題」という文脈で使用されはじめた。

基礎学力論争　基礎学力論争は，まさしく教育研究のキー・ワードとして「学力」という用語に本格的な検討を加えることによって，その後の学力研究の方向性や質を規定していく。わけても，論争名になっている「学力における基礎とは何か」をめぐって，戦後の「**新教育**」への歴史的評価も重ねながら，興味深い展開を遂げた。

論争の発端は，1948年頃からマスコミを通じて活発化する「学力低下」への，おもに新中間層の保護者からの不安や不満で

あって,「最近の子どもは『手紙が書けない』『県庁の地名がわからない』」といった素朴な世論であった。

この「学力低下」は,戦中や戦後直後の戦災によって事実上の機能マヒに陥っていた学校や教育のシステムにも原因があると考えられるが,事態の展開はその責任の所在として戦後スタートしたいわゆる「新教育」の問題性として焦点化されていく。

このような批判に直面して,「新教育」のオピニオン・リーダーであり,戦後初の学習指導要領の作成者であった青木誠四郎は,「読み・書き・算」を強調する考え方は過去の「知識主義」の学力観であり,新しい学力観では「読み・書き・算」は「用具」にすぎないのであって,「生活の理解力」と「生活態度」をこそ向上させる必要がある。したがって,「学力低下」という指摘は,過去の学力観に基づく批判であると反論した（青木ほか,1949）。

一方,「新教育」批判の急先鋒に立っていた**国分一太郎**は,「読み・書き・算」の「基礎学力」を「人類文化の宝庫をひらくようなすばらしい鍵」として位置づけ,それを軽視する「新教育」を批判して,まさしく「基礎学力の防衛」を強調した（国分,1954；津田,2010）。時代背景に違いがあるとはいえ,21世紀になって本格化した「学力低下」論争をめぐる争点や論法と酷似している（市川,2002）。

その後の経過は,久保舜一調査（1951年）などによって「学力低下」が客観的にも明白になるなかで,「基礎学力」の位置づけや意味内容が変化していく。「新教育」支持の立場に立つ人々は,「読み・書き・算」の役割を射程に入れざるをえないことを認めつつも,それらはめざすべき「問題解決学力（生きて働く学力）」にとってはあくまでも「基礎」にすぎないとの判断から,学力構

造論を展開していく。この立場は,「三層(基礎課程,問題解決課程,実践課程)」説(コア・カリキュラム連盟の提案)に始まり,広岡亮蔵の学力モデル(後述)によってより洗練された提案となっていく。

一方,戦後「新教育」を批判する人々にとっては,「基礎」とはまさしく人格発達の基盤を意味しており,したがって「基礎」の対象は拡張されていく。国分一太郎は「基礎教育の防衛」という論文(国分,1954)において,「読み・書き・算」に加えて,「科学・文化の基礎知識」をあげ,**城丸章夫**は「それ自身が認識」であり「認識の概括」である「読み・書き・算」を「狭義の基礎学力」としたうえで,国民的要求に支えられた教育内容(ミニマム・エッセンシャルズ)を「広義の基礎学力」と規定するようになる(城丸,1959)。

| 学力における基礎 |

以上のように展開された基礎学力論争を検討すると,「**学力における基礎**」について,次に示す4つの解釈が生まれていたことになる。

① すべての学習の基礎であり,実生活においても不可欠となる3R's(読む,書く,計算する)としての基礎学力
② それぞれの教科学習にとって基礎となる教科内容としての基礎学力
③ 国民的教養の基礎として少なくとも義務教育段階までに共通に獲得してほしい教育内容(ミニマム・エッセンシャルズ)としての基礎学力
④ 学力構造(知識・理解,問題解決学力,関心・態度など)における基礎部分としての基礎学力

表 3-1　学力論争史と主な論者たち

〈第 1 期〉	「基礎学力」論争	
1950 年前後	青木誠四郎，国分一太郎，広岡亮蔵	
〈第 2 期〉	「計測可能学力」「態度主義」に関する論争	
1960 年前半	勝田守一，大槻健，上田薫，中内敏夫	
〈第 3 期〉	「学力と人格」をめぐる論争	
1970 年中頃	藤岡信勝，坂元忠芳	
〈第 4 期〉	「新学力」観をめぐる論争	
1990 年前半	小林洋文，竹内常一	
〈第 5 期〉	「学力低下」論争	
2000 年前後	西村和雄，苅谷剛彦，市川伸一	

　このように林立する「基礎」に関する解釈を整理してみると，①と②と③は学力の客体的で実体的な側面から，④は学力の主体的で機能的な側面から「学力における基礎」を規定していることが理解できよう。前者は「現代を生きるのに必要とされる教育内容・教科内容とは何か」と問うことであり，後者は「精選され，創造された教育内容・教科内容が子どもたちのなかで生きて働く学力に転化するプロセスと構造とは何か」を解明することである。ただし，このような学力研究の両側面は，その出所の立場に由来して，統一・融和的に進行したのではなく，対立・競合的に進行し，戦後の**学力論争史**を形づくることになった（表3-1）。

学力モデル論争　　**学力モデル**とは，教師が授業実践を行うにあたって，その意識の程度には差異があるが，想定されている望ましい学力の姿であり，顕在的・潜在的に授業実践の質を規定している構成概念である。学力モデルの

探究とは，この教師の主観の側に沈潜している，あるべき学力像を引き出し，対象化する行為である。ただし，その学力モデルはあくまでも仮説的性格をもつものであって，授業実践の進展に応じて，検証・修正されていくものである。

日本における代表的な学力モデルは，その提唱者の名前と特徴を記して，「広岡亮蔵モデル＝**三層説**」（広岡，1964），「勝田守一モデル＝**計測可能学力説**」（勝田，1964），「中内敏夫モデル＝**段階説**」（中内，1967）などがある（図3-1）。これらのモデルに通底する論点は，「わかる力（知識または認知）と生きる力（態度または情意）」の関係構造をいかに把握するのかということであった。

広岡亮蔵が提起した学力モデルは，「知識」よりも「態度」を根源とみなしていたため，その後，「態度主義」との批判を受けることになる。「**態度主義**」とは，「科学」や「芸術」のもつ陶冶力を過小評価して，「科学」や「芸術」にとって外在的で，したがって非合理的な「態度」（単なる心構え）を学習主体に直接的に持ち込む立場を批判的に表現したものである。

他方，**勝田守一**は1960年代初頭に実施されていた文部省による全国学力テストを批判して，学力モデルに「態度」を持ち込むことを警戒し，認識能力を主軸にして，「計測可能」性を学力規定に導入した。さらに，**中内敏夫**は広義の知識（文化内容）が学習主体によって十分にこなされた形態を「習熟」と呼び，それを従来の「態度」とみなした。これらの学力モデルは，それ自体が第2期，第3期，第4期の学力論争の素材となるとともに（表3-1），学習指導要領で提案された「新しい学力」観（1989年改訂）やPISAの「リテラシー」に影響を受けた「確かな学力」観（2008年改訂）や「資質・能力」論（2017年改訂）を分析・検討す

図 3-1 学力モデル図

広岡亮蔵の学力モデル——態度を中心とした三層説

勝田守一のモデル——「認識の能力」を重視した計測可能学力説

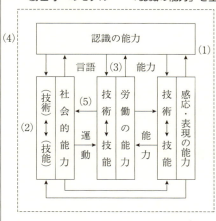

(1) 認識の能力は他の3つに対して，特殊な位置に立つことを示したつもりである。
(2) 社会的能力を技術・技能とするのは，多分に比喩的である。それでカッコにいれた。
(3) 矢印は相互に影響し合い浸透し合っていることを示す。
(4) 点線の囲みは，全体が体制化していることを示す。
(5) 言語能力・運動能力は全体制を支える。

中内敏夫の学力モデル——段階説

知　識 （認識精度）	概念・形象・ 方法・テーマなど
習　　　熟	

（出所）　広岡, 1964, 32 頁。勝田, 1964, 50 頁を改変。中内, 1967, 74 頁。

るための準拠枠となっている（田中・井ノ口，2008）。ちなみに，**「資質・能力」**とは「①生きて働く知識・技能の習得，②未知の状況にも対応できる思考力・判断力・表現力等の育成，③学びを人生や社会に生かそうとする学びに向かう力，人間性等の涵養」と規定されている（中央教育審議会「幼稚園，小学校，中学校，高等学校及び特別支援学校の学習指導要領等の改善及び必要な方策等について〔答申〕」〔2016年12月21日〕）。

2 「問題解決学習」論争

●問題解決学習か系統学習か

戦後初期に行われた**問題解決学習論争**は，戦後の教育方法学研究の出発点になるとともに，そこで提起された論点はそのまま今日のカリキュラム・授業問題を解明するときにも貴重な示唆を与えている。まずは，この論争の背景となった**コア・カリキュラム連盟**（1948年結成，「コア連」と略称）による「新教育」をめぐる動向を紹介し，次に**日本生活教育連盟**（「コア連」が1953年に名称変更，「日生連」と略称）期に本格化した問題解決学習論争を取り上げたい。

論争の背景

1945年の敗戦を契機にして，日本の教育制度は大きな変革を迎えることになる。1947（昭和22）年に作成された「学習指導要領」（一般編）は「試案」とされ，戦前の中央集権的な教育課程行政を批判して，児童と地域社会の特性に応じて教師がカリキュラムを研究するときの「手びき」となることが期待され，カリキュラム改革運動の導火

線となった。そして，新設された社会科は，「新教育」を代表する花形教科として期待された。

このような動向に刺激を受け，教育現場からのカリキュラム改革を担うべく，コア連が発足する。発足当初のコア連は，その名称が示すように，教科ごとの単元学習を批判して，学習指導要領の主旨をより合理的に実践するためには，統合した生活学習を行う「中心課程」（コア・コース）を設定することが必要であるとして，従来の教科を配列する「周辺課程」との2課程を提起した。いわば1947年の学習指導要領の立場を徹底する任務を担って登場したのであり，コア連が「民間文部省」と称された所以である。

しかし，このような立場に対して，1950年を前後して，批判が顕在化する。その発端は先述した「新教育で読み書き算の学力が低下した」とする新中間層の保護者による不満であり，それに続いて「はいまわる経験主義」「現状肯定の相互依存主義」「日本の厳しい生活現実を軽視」などという批判が続出する。その批判の急先鋒に立ったのは，『新教育への批判』（刀江書院，1950年）を著した**矢川徳光**であり，それに前後して「教育と科学（学問）の結合」を主張する数学教育協議会（略称「数教協」，1951年発足），歴史教育者協議会（略称「歴教協」，1949年発足），科学教育研究協議会（略称「科教協」，1954年発足）が「新教育」批判を展開する。また，戦後の「生活綴方」の復興を宣言することになった無着成恭の『**山びこ学校**』（青銅社，1951年）は，日本の現状に立脚した「教育と実生活の結合」の本来の意味を問うことになっていく。

このような批判に直面して，コア連内部からの「自己批判」（『カリキュラム』1950年3月号）もあり，1951年開催のコア連大会である「新潟集会」において，コア連のカリキュラム構造論の頂

点とされる「**三層四領域論**（三層：基礎課程，問題解決課程，実践課程。四領域：表現，社会，経済〔自然〕，健康）」を承認する（梅根，1954）。さらに，1953年には日本資本主義についての社会科学的な分析に基づく「日本社会の基本問題」を提起するに至る。そして，この日本社会の社会科学的分析に基づく方針転換を受けて，『カリキュラム』誌上で話題となった「水害と市政」（1953年12月号）や「**西陣織**」（1954年2月号）などの実践記録が登場する。さらには，この方針転換以降の蓄積をふまえて，連盟の総力を結集したとされる「社会科指導計画 総説篇・実践篇」（『生活教育の前進』第6・7巻，1955・1956年）が提案されるのである。問題解決学習論争とは，この方針転換以降に本格的に行われたものである。

論争の争点：何が問われたか

問題解決学習論争として，特に「**勝田・梅根論争**」「**矢川・春田論争**」「**桑原・日生連論争**」が重要である。ここでは，これらの論争で争われた点を2つに絞って解説するとともに，今日の立場から考察を加えておきたい。

① 知識観と系統性

問題解決学習論争の1つめの重要な争点は，その**知識観**であった。大きくは，問題解決学習を推進する派と，知識の系統的な教授を推進する系統学習派とに分けられる。

問題解決学習推進派によれば，子どもたちが問題場面に直面したときに，その解決のために必要にして十分な事実や知識（information と総称）が集められ，問題解決のプロセス（困難の発生，困難の明確化，思いつき，着想の推論的洗練，着想の確認と結論的信念の形成；梅根，1954）を通じて，主体内部に有機的に再構成（真の意

表 3-2 問題解決学習論争に関する文献（1952～54 年）

勝田守一・梅根悟論争（桑嶋，2021；中野，2019）
- 「社会科の再検討」（勝田提案と梅根のコメント）『教育』1952 年 1 月号
- 勝田「生活教育と社会科」『教育』1952 年 2 月号
- 梅根「問題単元における地理と歴史」『カリキュラム』1952 年 5 月号
- 勝田「三たび社会科について」『カリキュラム』1952 年 8 月号
- 梅根「社会科について」『カリキュラム』1952 年 10 月号

矢川徳光・春田正治論争
- 春田「社会科と共通の広場」『教師の友』1954 年 1-2 月号
- 矢川「共通の広場と社会科——春田正治氏にこたえる」『教師の友』1954 年 5 月号
- 春田「生活教育と社会科——矢川氏の批判にこたえて」『教師の友』1954 年 8 月号
- 小松周吉「問題解決学習における理論と実践の統一について——春田・矢川論争によせて」『教師の友』1954 年 12 月号

桑原正雄・日生連論争
- 桑原「問題解決学習と系統的学習」『教育』1954 年 4 月号
- 馬場四郎「問題解決学習への批判にこたえる」『カリキュラム』1954 年 7 月号
  なお，同号に吉田定俊（「水害と市政」の実践者），永田時雄（「西陣織」の実践者）の反論も掲載。
- 桑原「ふたたび『問題解決学習と系統的学習』について」『歴史地理教育』1954 年 9 月号

味で knowledge が形成）されると考える。逆にいえば，この問題解決のプロセスを抜きにした information の教授は，詰め込み以外の何物でもないと批判される。

　これに対して，系統学習の側からは，問題解決の必要に応じて事実や知識が選択されるとすれば，結果的に「断片的経験に断片的知識をかぶせたもの」（矢川，1954），「犬棒的問題解決」（桑原，1954a）になると厳しく批判する。問題解決を行うためには，ま

ず何よりも知識の系統的な教授が優先されるべきであって，それこそ子どもたちのものの見方や考え方を構成し，将来の生活にとって必要なものと考えられたのである。換言すれば，知識それ自体の**系統性**や体系性が，問題解決過程を逆規定していく側面（**知識の陶冶性**）を強調した。

しかし，馬場四郎の反論（表3-2の桑原正雄・日生連論争参照）にも明らかなように，日生連においては，「系統性」を無視したのではなく，「日本社会の基本問題」に即した問題解決の単元系列を組み立てようとしていた（表3-2の馬場，1954参照）。それこそ，現代に生きる子どもたちにとって切実な問題であり，その解決を願う要求に支えられて知識の主体化・系統化を行おうとした。この試みが「社会科指導計画 総説篇・実践篇」のなかでどれほどの成功をおさめたのかは検討の余地があるとしても，少なくとも当時の系統学習論者に対して，いうところの「系統性」の意味内容を逆に明示すべきことを迫った意義は大きい（臼井，2013）。

カリキュラムや教育内容の「系統性」とは，ア・プリオリに唯一絶対のものとして決定されているのではなく，この公共社会の主権者としてよりよく生きるのに必要な文化内容のリアリティとは何かを常に問うことによって（再）構成されていくものである。とりわけ，現実社会から隔絶された「学校知」の問題性が俎上にのぼっている今日，この観点はきわめて重要である。

② 「問題解決」の質

この問題解決学習論争によって明らかになったもう1つの争点は，授業で扱う「問題」のリアリティを確保することと，子どもたちがそれをどのように学んでいくのかということとは，やはり相対的に区別すべきであるということである。この点に関しては，

問題解決学習のほうに考慮すべき点がある。

　日生連が問題解決（学習）を扱う授業の題材として「日本社会の基本問題」に関わるものを提起したことに対して、「大人でさえ解決できない問題を、子どもに解決させようとするのは無理である」（桑原、1954b）とする批判がなされる。もちろん、この批判には「問題」のリアリティの確保と知識の系統的教授を相反するものとみる弱点はあるが、当時の問題解決学習に対しては的確な疑問となりえている。

　たとえば、実践「西陣織」の目標として、「非科学的生活法、封建的な生産組織を改革しなければならない」としているが、その実践にアドバイスした経済学者でさえ「西陣復興プランをもっていない」という状況であった。そのようななかでは、子どもたちの反応は機械の発明・使用といった比較的とらえやすい技術的な側面に着目するか、社会矛盾に感情的に反発するという結果となっている。当時の「西陣織」産業が抱える現実の矛盾の問題解決にチャレンジする大胆なねらいに比すれば、その実践の結論はやはり不満が残るものであり、実践者自らも「早急な現状解決案、一方的な考えで満足し易いので、指導上子どもの視野をひろげて、多角的にしかも掘り下げて行くような学習能力をつけることが必須である」（桑原、1954b）と反省している。

　つまり、全体の傾向として、現実の「問題解決」を優先するあまりに、「問題認識」が事実上後退し、その結果として「問題解決」が安易な方向に向かうか、それとも教師の誘導に任されるのかという問題点が生じたのである。もちろん、「問題」のリアリティに責任があるのではなく、「問題」の質こそが問われなくてはならなかったのである。

すなわち，教師の指導のもとに加工され，解決可能な「問題」（たとえば「西陣織」の生産実態の把握を通じて基本的な産業構造の理解をもたらす「問題」）と，実生活上に生起している，解決困難な「真正性」（第9章で詳述）の高い「問題」（「西陣織」の今後のあり方を問うような「問題」）を区別して，前者の問題解決を通じて形成された認識によって，後者の問題が発展的にどのようにとらえられるようになるのかを見通すような指導が行われる必要があった。その場合，後者の問題解決は前者の問題認識の重要な動機づけとなるはずである。

　最後に，このように取り組まれる問題解決のプロセスが，真に子どもたちの主体的な取り組みになるためには，そのプロセス自体を子どもたちがモニター（自己評価）する――換言すれば問題解決という方法論を対象化して教育内容化する（たとえば今自分たちが取り組んでいる学習は，問題解決というプロセスのどこに位置づいているのかを自覚させることなど）――必要がある。この点は，すぐれて今日的な課題であり，問題解決学習の復権を果たすための大切な視点となると考えられる（藤井，1996）。しかしながら，時代の方向は，問題解決学習論争が提起した論点や課題を追究することには向かわず，問題解決学習から系統学習へと移行していく。なお，提唱されている「アクティブ・ラーニング」の是非を問う際に，この問題解決学習論争は多くの示唆を与えている（小針，2018）。

3 「たのしい授業」論争
●「わかる」と「たのしい」の関係

　次に「**たのしい授業**」**論争**について紹介する。この論争は,「**わかる授業**」(とりわけ1960年代の「現代化」運動によって確立された授業方法を総称)に対する批判として,1970年代の初期に登場した「たのしい授業」の主張とそれをめぐる論議をさしている。この論争は,戦後の授業研究とりわけ1960年代に取り組まれたいわゆる「現代化」運動に対する総括的な評価を浮上させるとともに,今日の授業研究の問題状況を読み解く際にも貴重な素材を提供している。

　まずは論争の背景として「現代化」を振り返ることにする。

論争の背景　　1960年前後に日本は高度経済成長政策の展開のなかで,学歴社会の到来とその獲得競争の激化に突入していく。このような社会的な激動期のなかで,アメリカや旧ソビエトそして日本の教育世界においては,いわゆる「**現代化**」と総称される動向が顕著になってくる。その共通する特徴は,飛躍的に進展する現代の科学技術(「知識爆発の時代」と呼ばれていた)に比して,学校で教えられている教科内容は時代遅れになっているという認識がもとになっていたという点である。現代科学の内容と方法でもって教科内容をドラスチックに再編成すべきであり,かつその新しい教科内容は子どもたちにとっても学習可能であるという主張であった。特に,アメリカや日本においては,進歩主義や経験主義に対する批判意識が高まり,

それに代わる新しい教育方法論の確立ということが強く自覚されていた。文部省の学習指導要領も，このような動向を反映して，1958年改訂時には「系統学習」，1968年改訂時には，「現代化」という概念を打ち出していく。

なお，日本における「現代化」には大きくは2つの潮流があった。1つは，おもに**ブルーナー**に代表されるアメリカの「現代化」（佐藤，1986）に触発されながら，授業研究を推進しようとする立場と，もう1つの潮流として1959年に「現代化」を提起した「数教協」を筆頭とする民間教育研究団体の立場である。後者の授業研究の成果を教育方法学の立場から一般化・概括しようとした**柴田義松**の所論（柴田，1967）は大きな影響を与えた。ちなみに，1960年代初頭の注目すべき成果としては，水道方式と「量の数学」をまとめた遠山啓の『数学の学び方・教え方』（岩波新書，1972年），「にっぽんご」の成果をまとめた須田清の『かな文字の教え方』（麦書房，1967年），板倉聖宣の発案になる仮説実験授業では庄司和晃の『仮説実験授業』（国土社，1965年）などの力作が著されている。

この「現代化」は知識の系統的教授を推進する系統学習の立場を継承・発展させようとするものであって，柴田によって授業づくりのパラダイム（基本的枠組み）は「現代科学の成果→教科内容編成→教科内容の教材化→授業形態・方法の選択」という方向で総括された。この立場は，経験主義の立場を批判するとともに，授業研究に「教育と科学の結合」の原則を持ち込もうとするものであった。したがって，教科内容の編成原理を不問にして授業形態や方法のみを対象とする研究動向は，「技術主義」的偏向として批判されることになる。

なお，このような「現代化」の授業づくりのパラダイムに対しては，はやくは**東井義雄**によって，「教科の論理」が「生活の論理」によって主体化されること（つまり「生きて働く学力」となること）の重要性が指摘されていた（東井, 1957）。1968年になると，「現代化」の授業づくりのパラダイムに対して，教育は常に科学の進展に従属するというとらえ方であると批判して，子どもの学習を通して「科学的概念」を「生活的概念」に，ひいては科学の発生源である現実生活に結びつけることによって，科学それ自体を問い返していく回路（**教育の主体性**）をもつべきであるという見解が表明された（佐藤, 1978）。つまり，先の柴田の示した授業づくりのパラダイムの矢印の逆方向の可能性を示唆したのである。このような主張が後に「たのしい授業」を準備することになる。

　さて，1970年代の後半になると，日本の経済は「低成長時代」に突入し，1990年代初頭には「バブル経済」の崩壊を経験した。また，東欧諸国の激動（1989年「ベルリンの壁」崩壊。1991年「ソ連邦」崩壊），地球規模の環境問題や宗教問題，民族問題の激化が続き，ポスト・モダンに代表される「知の流動化現象」や「近代学校批判」が学問世界を席巻しはじめる。それらにあたかも歩調を合わせるように，日本では教育世界において校内暴力，いじめ問題，不登校問題，さらには学級崩壊問題が起こっている。このような状況に直面して，1970年代後半から，「人間性」や「生きる力」を強調して，後に「ゆとり教育」政策と総称される教育課程改革が文部省（2001年から文部科学省と改称）によって進められた（第1章でいう「教育の人間化」と関係する）。「ゆとりの時間」の設定を求めた1977年学習指導要領の改訂，「生活科」が新設された89年学習指導要領の改訂，そして「総合的な学習の時間」を

設定した 98 年学習指導要領の改訂と続いた。

「たのしい授業」の主張

1960 年代から激化した「受験体制・競争」の矛盾に直面して、授業研究の新しい展開を印象づけたのが、「**たのしい授業**」という主張だった。それは、系統学習や「現代化」を推進してきた民間教育研究団体内部での「自己批判」ともいえるものであった。その代表的な論者は、**板倉聖宣**（仮説実験授業研究会，1970 年発足；板倉ほか，2018）と**遠山啓**（数学教育者協議会所属；友兼，2017）であり、その後、**安井俊夫**（歴史教育者協議会所属）が続く。

この「たのしい授業」の主張には、直面する「学力問題」を打開するのには、「わかる授業」では不充分であるどころか、かえって事態を悪化させるという危機感があった。したがって、「授業はたのしいだけでよいのか」という「わかる授業」派からの批判に対して、次のような反論が行われる。

たとえば、その急先鋒に立った**板倉聖宣**は、「もちろんたのしいだけでいいのだ」と切り返す。そして、「たのしい」と「わかる」の 4 つの組み合わせ（「たのしくてわかる」「たのしいがわからない」「たのしくないがわかる」「たのしくなくてわからない」）を示して、その最悪の組み合わせは、「たのしくないがわかる」であるという。なぜならば、このケースは、子どもたちの「生きる喜び」とは無縁の「教育内容」を「たのしくなくともわからせてしまう授業」であり、それこそ人権侵害であると断罪するのである（板倉，1979）。「たのしい授業」とは、したがって「わからせるためにたのしくする」のではなく、「たのしさそのものが目的」となる授業のあり方なのである。

遠山啓も,「たのしさ」に懐疑的な意見に対しては，その根底に「儀式的授業観」が存在しているとして，授業とは制服を着て儀式に参列し，命令者である教師の号令に従い，教師の言葉を一語一語忠実に暗記し，いささかの疑問も起こしてはならないという考えがあると批判する。そして，授業における「たのしさ」とは，手段（薬にかぶせた糖衣）ではなく目的そのものであると主張する（遠山，1981）。同じく安井俊夫も，この「たのしさ」に対する慎重論に対して，「わからなければたのしくない」のではなく，「たのしくなければわからない」と反論している（安井，1982）。

　以上のことからわかるように，「たのしい授業」の主張は，当時の「わかる授業」論の批判のうえに提起された，きわめてラディカルな性格をもつものであった。それでは次に，この「たのしい授業」の主張の根拠や意義，併せてその具体的な提案についてみてみたい。

「たのしい授業」の展開　「たのしい授業」が主張する「たのしさ」の根拠は，2つあると考えてよい。その1つは，何よりも学習対象である「科学」や「数学」における研究活動それ自体が，「たのしい」ことに求められる。たとえば，板倉聖宣によれば，科学者とは利己的ではなく「自分の働きで他人をたのしくさせたい」という社会的な動機づけに促されながら，「問題―予想―討論―実験」という「たのしい科学の仕方」を駆使する存在であり，科学者が研究しているように教えればたのしくなるはずであるという。遠山啓も，数学という学問は出題者と解答者からなる「全世界の数学者の参加する大きなゲーム」であり，研究するとは「学びと遊び」が不可分に進行する行為である

と述べ（遠山，1981），数学教育に「ゲーム」を積極的に導入しようとする。すなわち，「たのしい授業」における「たのしさ」とは，「気まぐれ」（fancy）ではなく科学的概念や法則に裏打ちされた「知的関心」（interest）に基づくものであり，したがってその「たのしさ」には知的緊張や努力も当然伴うものとみなされていたといえよう。

「たのしさ」のもう1つの根拠は，文字通り子どもたち（とりわけ低学力の子どもたち）を学習の主体として立ち上がらせようとするところにある。数学教育に「ゲーム」（「トランプ・ゲーム」で正負の数の加減乗除を指導し，「数あてゲーム」で方程式の初歩を指導するなど）を導入した遠山啓は，その意義を，「ゲーム」のなかで子どもたちが，はじめて受身の「解答者」から仲間に問いを発する「出題者」に転化するところに見いだす。「子どもが動く社会科」を主張する安井俊夫も，「たのしさ」とは子どもたちが授業のなかで主体的に活動して，その活動を通して何かをつかむことであると述べている。このような学習対象への主体的な関わりによって，「地域に生きる人間」や「歴史のなかの人間」に対して，「ひとごと」意識でなく切実性のある**共感的理解**が促されるとみなされていた。たとえばローマ奴隷の反乱として有名なスパルタクスを取り上げた実践授業「スパルタクスの反乱」（安井，1985）では，スパルタクスたち奴隷の立場や彼らのとった行動に寄り添いながら，子どもたちを歴史創造の現場に立ち会わせようとする授業がめざされた。

以上のように，子どもたちの「たのしさ」を授業評価の規準にするということは，教師の教授意図と子どもたちのそれらに対する解釈内容は相対的に次元の異なる行為として検討されるべきで

あるという強い主張の現れでもあったといえる。そして，このような主張の歴史的背景には，1960年代に展開された「系統学習」（＝「わかる授業」）への強い批判意識が存在していた。次に「たのしい授業」がいかに検討され，批判されたのかをみてみよう。

「たのしい授業」の検討　まず，安井俊夫の「子どもが動く社会科」に対しては，教材研究の弱さを指摘する批判とともに，「共感的理解」に対しては視点移動した人物の「みえ」の世界に視野が限定されており，何よりも社会現象に働く法則を認識すること（**分析的理解**）に限界があると指摘された（藤岡，1991a）。なお，安井俊夫実践「スパルタクスの反乱」（安井，1985）に対しては，この「共感的理解」と「分析的理解」をめぐって，歴史研究者を巻き込む貴重な論争に発展した（歴史学研究会，1993）。

数学教育に「ゲーム」を導入することに対しては，岡部進が「ゲーム」におけるルールと数学的概念とが子どもたちによって混同されることから，数学が実在的根拠から遊離するとともに，数学的認識の深化・発展をも停滞させる危険があると批判した（岡部，1987）。また，「仮説実験授業」に対しては，**伏見陽児**と**麻柄啓一**がその心理学的な実験を通して，「問題」のもつ認識転換の2つの方略（「ドヒャー型」と「じわじわ型」）を示し，「仮説実験授業」が採用する「ドヒャー型」の意義と限界を解明した（伏見・麻柄，1993）。

以上，「たのしい授業」のドラスチックな諸提案は，戦後授業研究の新たな展開を呼び起こした。このような「たのしい授業」の主張に込められた意義を「わかる授業」との対比で**川合章**は次

の3点にまとめている（川合, 1975）。「どの子にもわかる授業」という主張には, まず子どもたちを単に知識の受け手として受動的にとらえる傾向があり,「たのしい授業」はその反省としてなされたものである。次に,「わかる」という表現が知的操作のレベルでのみとらえられ, 多様な学習形態を通じて学習を深めていくという努力を軽視している。さらには,「わかる授業」という表現は, 子どもたちの学習を個別的にとらえ,「わかる」ことにおける集団の役割を見逃している。なお, この授業における集団への着眼は, **学習集団**による集団思考の研究（吉本, 1974；高田, 2017）から, 後に「学びの共同体」論（佐藤, 1995）へと展開することになる。つまり,「たのしい授業」という主張とは, 詰まるところ「わかる」ことの質を吟味する提起であり,「子どもたちが主体的に, 五感を働かせて, 集団で取り組む学習のあり方」を表現したものであり, 授業研究に対して新たな課題を提起するものになった。

4 「教育技術」をめぐる論争

1980年代の中頃に東京の小学校教師**向山洋一**が「跳び箱はだれでも跳ばせられる」というスローガンをもって登場し,「**教育技術の法則化運動**」（1985年発足,「法則化運動」と略称）を展開した。大学における教育研究の観念性や, 民間教育研究団体における授業研究の弱さ・欠落とその会の創設者がカリスマ化してその号令で会員に指示を広めるという「ワンウェイ」型の組織論の問題点を指摘しつつ（表3-3参照）, 特に若い教師たちを結集して, かつ

表 3-3　教育技術の法則化をめぐる論争文献

向山洋一『教師修行十年』明治図書出版, 1986 年（1979 年初版）
向山洋一『跳び箱は誰でも跳ばせられる』明治図書出版, 1982 年
向山洋一『授業の腕をあげる法則』明治図書出版, 1985 年
『教育』1986 年 2 月号—誰もが使える教育技術とは—
『授業研究』臨増 1986 年 9 月—誰もがプロになれる"教育技術"を求めて—
教育実践研究会編『〈子ども不在〉の教育論批判——「法則化運動」を撃つ』
　大和書房, 1990 年
『体育科教育』1987 年 3 月号—体育における教育技術とは—
『体育科教育』1989 年 2 月号—体育授業と教育技術再考—
西郷竹彦『法則化批判』黎明書房, 1989 年
西郷竹彦編著『続法則化批判』黎明書房, 1989 年
西郷竹彦『続々法則化批判』黎明書房, 1989 年
鶴田清司『文学教育における〈解釈〉と〈分析〉』明治図書出版, 1988 年

て「現代化」によって「技術主義」批判のもとに軽視されがちであった日常の実践に必要とされる細かな教育技術（発問・指示・説明など）の追試, 共有化をめざした。向山によれば, 教育技術とは「できるだけ少ない手間で, 教えられる側に知識・技能などをねらいに沿って身につけるようにする習練によって身につけた教える側の行為」（向山, 1991）と規定され, 原稿募集した「法則化論文」では「目標・ねらい」を記述することを重視しないと述べている。

　この法則化運動は, まずは**斎藤喜博**（横須賀, 2012）が提起した教育技術は教師たちに共有財産化できないとして批判し, 「体重移動」に関わる両腕の支えを体験・練習させるという技術によって「跳び箱はだれでも跳ばせられる」と主張し, 後にはそれは「またぎこし」ではないかという批判・論争を呼び起こした（『体育科教育』1987 年 3 月号, 1989 年 2 月号参照）。さらには, 法則化運

動は「現代化」を推進していた民間教育研究団体に対して，授業研究の弱さや欠落を批判するようになる。たとえば，**文芸教育研究協議会**（1972年発足，「文芸研」と略称）との論争は，「教材研究と発問づくり」の関係をめぐって，「まったく別のこと」（法則化運動）か，「教材研究と発問は同じではないが別々でもない——教材研究は発問を内包する」（文芸研）との論点を提起した（『授業研究』1988年4月号，10月号参照）。いずれの場合にも，教科内容研究の成果を無視する授業研究は問題とされなくてはならないものの，「現代科学の成果→教科内容編成→教科内容の教材化→授業形態・方法の選択」という一方向的なベクトルによって授業の実際が規定されると考える「現代化」のパラダイムが問われたのである。

また，このような動向に刺激されて，1988年には民間教育研究団体における授業づくりを励ます**「授業づくりネットワーク運動」**が発足した。そのオピニオン・リーダーだった**藤岡信勝**は，「技術主義」批判のもとに軽視されがちであった授業過程の技術（発問・指示・説明など）に焦点を合わせる向山の影響を受けて，自らの「教材」概念から「教授行為」を分離させ，教育内容（何を教えるのか），教材（どういう素材を使うか），教授行為（子どもにどのように働きかけるか），学習者（それによって子どもの状態はどうなるか）の4つのレベル・次元で授業をとらえるようになる（藤岡, 1989）。そのうえで，「教材づくり」においても，「**上からの道**」（「教育内容の教材化」）だけでなく「**下からの道**」（「素材の教材化」）の方向をも強調する（第8章参照）。さらには，授業実践を単に観察するだけではなく，自らも授業づくりに参加するというスタイルのもとに，このような「教授行為」を正確にとらえるため

に,「指導案」「ビデオによる記録のとり方と分析」「記録の書き方」などを提案している（藤岡，1991a）。「教育技術」への着目は，教科教授学に解消されない一般教授学としての教育方法学を構築する模索でもあった。なお，教育実践の要素を1970年代において「学力と評価」「教材と教具」「指導過程と学習形態」と分節化した中内敏夫の提案（中内，1998）は，先駆的なものであり，その今日的な意義が再確認されてよいだろう。

　ところで，法則化運動からは斎藤喜博の授業論に対して，斎藤の提唱する授業技術は明示性に乏しく，したがって教師たちの共有財産になりにくいという批判が展開されたが，斎藤喜博の授業論に対しては別の角度からの批判も加えられている。すなわち，斎藤喜博の授業論はあまりにも授業技術に拘泥していて，子どもの全体に質的に働きかけるという授業の本質を見失う危険があるという批判である。このような側面から批判を行った代表的な人物に，「教育には作品がない」と考える**林竹二**がいる（林，1983）。この斎藤授業論になされた異なる2方向からの批判は，むしろ斎藤授業論に内在または融合している2つの側面を浮き彫りにしている（斎藤，1969）。すなわち，授業を構成する「技術性（教育は制作――**ポイエシス**――とみなす立場）」と「芸術性（教育は行為――**プラクシス**――とみなす立場）」である。「技術性」を重視する立場からは「芸術性」のもつ不透明さが批判され，逆に「芸術性」を重視する立場からは「技術性」のもつ効率性が批判の的になってくる。特に「芸術性」への着目が，やがて授業研究における解釈学的方法に道を拓くことになっていく。

　以上，戦後教育方法学の分野で行われた重要な論争を取り上げて，その論点と課題を明らかにした。今日，その論点と課題がい

かなる具体的な展開を遂げているのかは，第Ⅱ部をご覧いただきたい。

 読書案内

田中耕治編著『戦後日本教育方法論史』上・下，ミネルヴァ書房，2017。
　●戦後の教育方法論で取り上げられた論点に即して，刺激的な論文が収められており，有効な学習の手引きとなる。なお，貝塚茂樹『戦後日本教育史』（扶桑社新書，2024年）は，時代背景をコンパクトにまとめた好著である。

田中耕治編著『時代を拓いた教師たち』Ⅰ・Ⅱ・Ⅲ，日本標準，2005・2009・2023。
　●第二次世界大戦前後に活躍した教育実践家を取り上げて，その実践の特徴や実践が与えた影響を丁寧に解説している。

日本教育方法学会編『日本の授業研究』上・下，学文社，2009。
　●日本の教師たちが営々として築き上げた「授業研究」の成果を力強くコンパクトにまとめている。

山内乾史・原清治編著『日本の学力問題』上・下，日本図書センター，2010。
　●教育方法学研究の重要な柱である学力研究に関する主要な文献を精力的に収集し，掲載している。

引用・参考文献

＊を付している著者には，全集または著作集が刊行されているので参照されたい。
青木誠四郎ほか『新教育と学力低下』原書房，1949。
板倉聖宣『科学と教育のために――板倉聖宣講演集』季節社，1979。
板倉聖宣・犬塚清和・小腹茂巳『板倉聖宣の考え方――授業・科学・人生』仮説社，2018。
市川伸一『学力低下論争』ちくま新書，筑摩書房，2002。
臼井嘉一監修『戦後日本の教育実践――戦後教育史像の再構築をめざして』三恵社，2013。

梅根悟『問題解決学習』誠文堂新光社，1954。*
岡部進『算数・数学教育はこれでよいのか』教育研究社，1987。
小川太郎・黒田孝郎・今井誉次郎ほか『戦後教育問題論争——教育実践の科学化のために』誠信書房，1958。
小川利夫・柿沼肇編『戦後日本の教育理論——現代教育科学研究入門』上・下，ミネルヴァ書房，1985。
勝田守一『能力と発達と学習』国土社，1964。*
川合章『子どもの発達と教育——学校・地域・家庭』青木書店，1975。
木原健太郎編著『戦後授業研究論争史——キーワードで綴る』明治図書出版，1992。
桑嶋晋平『勝田守一と京都学派——初期思考の形成過程と忘却された思想の水脈』東京大学出版会，2021。
桑原正雄「問題解決学習と系統的学習」『教育』4月号，1954a。
桑原正雄「ふたたび『問題解決学習と系統的学習』について」『歴史地理教育』9月号，1954b。
国分一太郎『現代教育の探求』未来社，1954。*
小針誠『アクティブラーニング——学校教育の理想と現実』講談社現代新書，2018。
斎藤喜博『授業入門・未来誕生』斎藤喜博全集4，国土社，1969。*
佐藤興文『学力・評価・教育内容——現代教育からの考察』青木書店，1978。
佐藤三郎『ブルーナー「教育の過程」を読み直す』明治図書出版，1986。
佐藤三郎編／菱村幸彦監修『学習指導・評価の論争点』教育開発研究所，1994。
佐藤学「学びの対話的実践へ」佐伯胖ほか編『学びへの誘い』東京大学出版会，1995。
柴田義松編著『現代の教授学』明治図書講座＝現代科学入門8，明治図書出版，1967。
柴田義松『授業の基礎理論』明治図書出版，1971。*
柴田義松『「読書算」はなぜ基礎学力か』明治図書，2023。
城丸章夫『現代日本教育論——分析と批判』新評論，1959。*
高田清『学習集団の論争的考察』渓水社，2017。
田中耕治・井ノ口淳三編著『学力を育てる教育学』八千代出版，2008。
津田道夫『国分一太郎——抵抗としての生活綴方運動』社会評論社，2010。
東井義雄『村を育てる学力』明治図書出版，1957。*
遠山啓『たのしい数学・たのしい授業』遠山啓著作集10，太郎次郎社，1981。*
友兼清治編著『遠山啓——行動する数楽者の思想と仕事』太郎次郎社エディタス，2017。
豊田ひさき『東井義雄　授業実践史』風媒社，2024。

中内敏夫『学力と評価の理論』国土社，1967。
中内敏夫『「教室」をひらく――新・教育原論』中内敏夫著作集 1，藤原書店，1998。*
中野光『梅根悟――その生涯としごと』新評論，2019。
林竹二『授業の成立』林竹二著作集 3，筑摩書房，1983。*
久木幸男・鈴木英一・今野喜清編『日本教育論争史録』3・4，現代編上・下，第一法規出版，1980。
広岡亮蔵『基礎学力』金子書房，1953。*
広岡亮蔵「学力，基礎学力とはなにか――高い学力，生きた学力」別冊『現代教育科学』2 月号，1964。
藤井千春『問題解決学習のストラテジー』明治図書出版，1996。
藤岡信勝『授業づくりの発想』日本書籍，1989。
藤岡信勝『社会認識教育論』日本書籍，1991a。
藤岡信勝『ストップモーション方式による授業研究の方法』学事出版，1991b。
伏見陽児・麻柄啓一『授業づくりの心理学』国土社，1993。
星村平和編／菱村幸彦監修『教育課程の論争点』教育開発研究所，1994。
向山洋一『教育技術入門』明治図書出版，1991。*
矢川徳光「共通の広場と社会科――春田正治氏にこたえる」『教師の友』5 月号，1954。*
安井俊夫『子どもが動く社会科――歴史の授業記録』地歴社，1982。
安井俊夫『学びあう歴史の授業――知る楽しさを生きる力へ』青木書店，1985。
山内乾史・原清治『学力論争とはなんだったのか』ミネルヴァ書房，2005。
吉本均『訓育的教授の理論』明治図書出版，1974。*
横須賀薫編『斎藤喜博研究の現在』春風社，2012。
歴史学研究会編『歴史学と歴史教育のあいだ』三省堂，1993。

第 **II** 部

教育の方法

第4章　子どもは何を学ぶか──教育目標・内容論
第5章　学習とは何か──学習論
第6章　学力をどう高めるか──学力論
第7章　授業をどうデザインするか
第8章　教育の道具・素材・環境を考える
第9章　何をどう評価するのか
第10章　教科外教育活動を構想する
第11章　どのような教師をめざすべきか

第4章 子どもは何を学ぶか

教育目標・内容論

　本章では，教育目標に関する基本的な考え方について説明し，教育目標を設定し，教科内容の編成を考える際の具体的な視点について述べる。子ども（学習者）の視点から教育目標はどのように区分され，また背景となる学問の内容，社会における要請，子どもの発達的事実の3者からどのように教育目標が設定され，教科内容へと具体化されるかについて学んでほしい。

1 教育目標に関する基本的な考え方

> 授業を構成する要素

授業づくりに際して，教育方法では，4つの構成要素を考える。すなわち，①子どもに何を対象に，どのような力をつけることを目標とするか（教育目標・内容），②そのためにどのような題材やテーマを設定し，どのような具体的な材料を用いるか（教材・教具），③どのように授業のプロセスや形態を構成し，子どもへの働きかけを行うか（授業過程，学習形態），④教育目標に照らして，子どもの達成状況をどのように評価するか（教育評価）という4つの要素ないし視点である。本章では，①や，①と②の関係（第2節）を扱い，②の教材・教具については第8章で，③の授業過程，学習形態については第7章で，そして教育評価については第9章で詳述される。

> 教育目標の設定：内容カテゴリーと能力カテゴリー

教育の目標は，子どもが，どのような内容について，どのような力をつけることを目標とするかという，内容と能力の掛け合わせとして考えることができる。

内容とは，子どもが学習する内容であり，教科ごとにその領域が区分されている。たとえば，日本の学習指導要領においては，小学校算数の領域は，数と計算，量と測定，図形，数量関係の4つに区分されている。

一方で，**能力**とは，その内容について，子どもが獲得すること

が目標とされる力のことである。たとえば，日本の学習指導要領（2017年改訂）においては，算数・数学，理科，社会科などの各教科において，子どもにつけたい力（育成をめざす資質・能力）が，「知識・技能」，「思考力・判断力・表現力等」，「学びに向かう力，人間性等」の3つの柱としてとらえられている。

　このような能力の区分は，最近の学力やリテラシーに関する調査課題の設計とも関連している。たとえば，OECDによって2000年から3年おきに実施されてきている学習到達度調査（PISA）では，認知プロセスの観点から，**読解力**（**読解リテラシー**）が，①情報へのアクセス・取り出し，②統合・解釈，③熟考・評価という3つに区分され，また，**数学的リテラシー**が，①再現，②関連づけ，③熟考という3つの能力に区分されて，それぞれを反映した調査課題が考案されている（国立教育政策研究所，2016）。また，日本の国内においても2007年から全国学力・学習状況調査が実施されてきており，そこでは，国語と算数の両教科において，「基本的知識・技能」を測るA問題と，「知識・技能の活用」を測るB問題が区分されてきた。近年では，国語，算数・数学，理科（3年おき），英語（3年おき）の各教科において統合されているが，それぞれの教科に「知識・技能」を測る問題と，知識・技能の活用など「思考力・判断力・表現力」を測る問題が含まれ，後者には記述式の問題も含まれている。

　なお，能力の区分についての歴史的展開（教育目標の分類）については，本章の第2節で詳述する。また，認知心理学の知見をベースとした能力区分として，「手続き的知識・スキルの獲得」と「概念的理解の深化」とに，2種の学力として分けてとらえる視点もあり，それについては，「できる学力」と「わかる学力」の

問題として，第6章で学力論として具体的に展開する。

> **教育目標の起源・特質・性格**

教育の目標は何によって決まるのであろうか。教育方法としては，①背景となる学問の系統性，②子どもの発達の順序性と構造，③現代における社会の要請の3者から目標は決定されるととらえられている。教育目標や教科内容の構成をめぐっての系統主義と経験主義の対立（第3章参照）は，①の学問の系統性を重視するか，②に関して生活者としての子どもの経験を重視するかという主張の違いともとらえられる。また，1960年代における「現代化」（第1章参照）は，科学技術の推進とそれを担う人材の育成という当時の各国の方針が反映されたものであり，①の学問中心のカリキュラムに加えて，③の社会の要請という観点も含めた主張とも考えられる。

これらの3つの観点（教育目標の起源）は歴史上は背反するものと考えられてきたが，実際上は背反するものではないであろう。子どものどのような発達的事実に基づきながら，それらを関連づけて授業や教材，カリキュラムを構成するかという視点から①と②を統合することが可能である。また，子どもの発達的前提（**レディネス**）に基づきながら，各年齢段階の**発達課題**（社会との関わりで獲得する力）を考えるという視点から②と③を統合することも可能ではないかと考えられる。

次に，教育目標の特質（種類）としては，到達目標，方向目標，体験目標という区分が日本においては用いられてきている。**到達目標**とは，各教科，領域，単元へと下位区分され構造的にとらえられる目標であり，明確な評価基準のもとに各個人の達成度が評

価されるものである。それに対して，**方向目標**は，「教科に対する関心」「進んで物事に取り組む態度」のように，領域一般的に（領域を越えて）広く形成され，その方向性が評価の対象となるものである。そして，**体験目標**とは，子どもにどのような力がついたかという前２者の目標とは異なり，授業プロセスにおいて体験として実現させる目標をさす。

日本の観点別評価における「関心・意欲・態度」は方向目標としてとらえられてきており（この観点は，2017年改訂の学習指導要領では「学びに向かう力，人間性等」に対応すると考えられる），評価方法としても授業時の観察や製作プロセスや製作物の評価が主に用いられてきた（詳しくは第９章を参照）。一方で「知識・技能」については到達目標としてとらえられ，ペーパーテストによる評価が多く用いられてきた。

なお，「思考力・判断力・表現力」が方向目標なのか到達目標なのか，領域や単元といった内容に依存するのか，より一般的な能力なのか，それは客観的に評価可能なのか，評価可能であるとすればどのような方法によるのか，といった点に関する見解の相違が，学力論争における主張の相違をもたらす１つの原因となっているのではないかと推察される（なお，筆者は，「思考力・判断力・表現力」も各領域・単元において客観的に評価可能であると考えている。それらの点については第６章第３節を参照されたい）。

最後に，教育目標の性格については，冒頭の「授業を構成する要素」で述べたこととも関連するが，教育目標は教材・教具の選択や構成，学習過程や指導法の開発を方向づけ，また**教育評価**の基準と方法を規定する点で**規準性**をもつ。また，教育目標を明確化することにより，教育評価において子どものつまずきの発見が

可能になる一方,教育評価の結果は,教材・教具や指導法の改善のみならず,教育目標を問い直し,その修正をはかることにもつながるという双方向性がみられる。たとえば,第6章では「わかる学力」の形成という教育目標のもとで,協同的探究学習という学習方法により継続的に授業が実施され,その結果を独自に開発した記述型評価問題と分析基準によって評価するという一連の過程を紹介するが,そこでの評価問題の開発と分析結果は,学習方法の改善とともに教育目標の明確化,精緻化にもつながるものである。

2 教育目標・内容の諸相

　第1節では教育目標・内容をめぐる基本的な考え方を述べた。本節では,それらの基本的な考え方に関連する歴史的な展開や,現代的な状況について,いくつかの観点を設定して述べる。

| 形式を学ぶか,内容を学ぶか:形式陶冶と実質陶冶 |

　教育の目標をめぐっては古くから議論が行われてきた。中世以降のヨーロッパでは,中等学校の主流をなすラテン文法学校において,ラテン語などの古典やユークリッド幾何などの数学を学習することを通じて,記憶や推理,想像といった一般的能力を高めることがめざされていた。このように古典や数学の学習を通じて一般的な形式的能力を高めようとする立場を**形式陶冶説**という。近代に入ってさまざまな産業が盛んになり,学校においても実科が重視されるようになると,継承すべき文化のなかから教

材を選択し，それらを1つひとつ学習させることで知識や技能を蓄積させることがめざされるようになった。このようにそれぞれの領域ごとに知識や技能を獲得させようとする立場を**実質陶冶説**と呼ぶ。

　教育をめぐって形式陶冶説と実質陶冶説との主張の対立が起こり，20世紀に入ると，ある領域で学習した内容が別の領域に**転移**するかを検討する心理学研究が行われるようになった。初期の教育心理学者である**ソーンダイク**をはじめとした研究者が転移の可能性について実験的検討を行った結果，形式陶冶説は支持されなかった。すなわち，数学の学習が一般的な推理力を高めるという証拠も，またラテン語の古典詩の暗唱が記憶力を高めるという証拠も得られなかったのである。その後は，転移がどのような場合に生ずるかに研究の中心が移り，学習課題間の類似性が転移の方向と量を決定することや，**学習の仕方（構え）**の学習が転移をもたらすといったことが明らかにされた。

　形式陶冶説は転移研究によっては支持されなかったが，一般の教育現場では，幾何の証明を通じて論理的思考力を高めるなど，形式陶冶説につながる主張がなされることも多い。また，子どもを取り巻く社会が多様になり，学問分野が細分化されると，1つひとつの知識や技能を分野ごとに蓄積することは難しく，その意味も希薄になる。近年の学校教育は，領域内の知識や技能を学ぶことと同時に，より一般的な能力を形成することを目的としてきている。その例を学習心理学と最近の学習科学からみてみることにしよう。

　ブルーナーは，子どもが現象を説明できるような科学的説明を主体的に見いだしていくことを目標とする**発見学習**を提唱した。

表 4-1　学習科学における実践プロジェクトの目標

	クラス内の短期的目標	長期的目標
① CSILE/KF（コンピュータに支援された意図的学習環境／知識フォーラム）	各単元の習得	知識から知識を生み出す知力
② Jasper（ジャスパー・プロジェクト）	速度計算，確率など	学習結果を現実問題に応用する知力
③ WISE（Webベースの探究的科学環境）	熱と光，遺伝子組み換えなど	日常的に科学を利用し，科学を学び続ける知力
④ LBD（デザインによる学習）	力学の3法則など	協調的な科学研究のスキル
⑤ LeTUS（都市部の学校でのテクノロジー学習）	淘汰圧と進化など	モデル化，可視化によって現実を予測，判断する知力

（出所）　三宅，2003 より作成。
（関連文献）
　①：Koschmann et al., 2002.
　②：The Cognition and Technology Group at Vanderbilt, 1997.
　③：Linn & Hsi, 2000.
　④：Kolodner, 2002.
　⑤：Krajcik et al., 2003.

発見学習では，提示された課題に対して子どもが仮説を立てて精緻なものにし，それを実験や観察を通じて検証するというプロセスが展開される。そこでは，具体的な事物について学習することを通じて，問題を発見し解決する能力や態度，発見のための一般的方略などが獲得されることがめざされている。

　2000年代以降の学習科学研究においては，科学的探究を行う学習者を育成することやそのコミュニティを形成することが目的とされ，それを支援する**学習環境**をどのように組織するのかがテ

ーマとなってきた。表4-1に示すのは，2000年前後の学習科学における5つの代表的な実践プロジェクトとその目標である。一連の取り組みを通じて，速度や確率，熱と光などの概念的理解を深めることが単元内の直接の目的とされているが，長期的には，それらのプロジェクトを経験することで，他者と協調しながら，日常世界と結びつけて科学を継続的に学ぶ力といった一般的な能力を形成することがめざされている。認知科学では，領域内の豊かな知識が形成されることをベースとして一般的な推理能力が育つと考えられており，他者との協同過程を組み込んだ**探究学習**（後述する**協同的探究学習**）を進めることを通じて，その領域の概念的な理解を深めさせることを重視するところに研究の特色がある。

> 教育の目標を構造化する：カリキュラム開発と評価

カリキュラムとは，「**教育課程**」としての狭義の定義では，教科内容についての計画を意味するが，広義には，計画過程だけではなく展開過程を含んだ，言い換えれば，教育目標，教科内容，教材，授業過程，評価過程を含んだ教育活動全般をさす概念として把握されている。また最近では，子どもの学習経験がどのように組織されたかという点での「学びの履歴としてのカリキュラム」という概念も提唱されている。

カリキュラム評価とは，教育目標を効果的に達成するために，（計画としての）カリキュラムの編成と実践が適切に行われたかどうかを評価し，改善のための方策を立てることである。そのための評価の視点としては，表4-2に示されるように，カリキュラムの内部に関わる要素の視点に加えて，外部要因との関係に関わる視点も提案されている。

表4-2 カリキュラムにおける評価対象

内部要素	①教育内容（知識・技能・価値などの内容） ②組織原理（教育内容の組織。教科 or 教科外など） ③履修原理（履修主義 or 課程主義。必修 or 選択） ④教材（教科書，視聴覚教材，実物教材など） ⑤配当日時数（各教科等に配当される日数・時数） ⑥指導形態（個別，小集団，一斉，ティーム・ティーチング，実習など） ⑦指導法・指導技術
外部要因	①施設・設備との関連 ②教職員集団の質と量の関連 ③行政的決定過程との関連

（出所）　安彦，1999より作成。

　カリキュラムには，ナショナル・カリキュラムと呼ばれる国家レベルのカリキュラム，地域の特殊性を考慮して教育委員会などによって作成される地域レベルのカリキュラム，各学校が作成する学校レベルのカリキュラム，年間・単元などの単位で作成される指導計画としての授業レベルのカリキュラムがある。それぞれのレベルのカリキュラムにおいて，設定した目標に対するカリキュラム評価が可能である。たとえば先述の全国学力・学習状況調査や，それ以前に文部科学省によって実施されてきた「小中学校教育課程実施状況調査」は，それぞれの時期の学習指導要領に示された目標が実際にどの程度達成されているかを評価し，カリキュラムの改善の方策を探るための，国家レベルのカリキュラム評価である。

　カリキュラム評価は，教育目標や子どもの実態に応じた，より適切なカリキュラムを開発するプロセスに位置づけられてきた。たとえば，1975年の『カリキュラム開発に関する国際セミナー

報告書』（文部省）では，「**カリキュラム開発**とは，教育目標の再検討に始まり，教材，教授・学習の手続き，評価方法などの計画や構成を含むものである。それは一度作り上げたらそれでおしまいといったようなものではなく，絶えず検討され，評価され，修正されていく継続的プロセスである」と，カリキュラム開発が継続的過程として定義され，そのなかの重要なプロセスとして，（カリキュラム）評価が位置づけられている。

　1970年代までのカリキュラム開発研究では，学校外の研究者が中心となって教授プログラムを開発し，それを学校で実施して評価を行うというタイプの研究が中心であった。それに対して，1990年代以降は，専門家としての教師が，直面している状況と継続的に「対話」しながら，カリキュラムを含む学習環境をデザインし，実践を通じて評価を行い，デザインを常に作り変えていくというタイプの研究がみられるようになった。最近の学習科学では，最初に考えた学習モデルから授業をデザインするための方針を引き出して実際に授業を行い，その実践過程を子どもの視点から分析することにより，学習モデルを評価し改善するというデザイン・メソッドを用いたカリキュラム研究も盛んになっている。

教育の目標を分析する：課題分析と目標分類

　子どもが，ある課題を解決するためには，その課題を構成する，より単純な下位課題を解決しなければならないことが多い。課題を解決するために，どのような下位課題を解決することが必要であり，そのためにはどのような知識やスキルが必要であるかを分析していくことを，課題分析という。

　課題分析には，課題の構造を論理的に分析していく合理的課題

分析と，正答率や反応時間など学習者の行動をもとに実証的に分析していく経験的課題分析がある。前者の合理的課題分析の例を**ガニエ**による説明をもとにみてみることにしよう。

　ガニエは，課題を解決する前に必ず学習しておかなければならない知識やスキルとしての本質的前提条件と，課題の解決を容易にあるいは速くする手助けとなる能力などを示す補助的前提条件を区分している。先に定義した課題分析は，ガニエの区分によれば，本質的前提条件を明らかにすることである。補助的前提条件としては，たとえば知的スキルの場合には，検索の手がかりとなる文脈情報，「数直線」の利用といった認知的方略，当該教科の学習に対する積極的態度などが含まれる。

　さて，本質的前提に関する課題分析を具体的にみてみよう。図4-1は，引き算に関する課題分析（学習階層）の例である。引き算のなかには，473－342のように繰り下がりを含まないものから，7204－5168のように桁を越えて繰り下がりが必要なものまでさまざまなタイプがある。いろいろな引き算課題を解決するには，4つの前提となるスキル（IV, VIII, IX, X）を獲得しなければならない。また繰り下がりを含む引き算（VIII, IX, X）を解決するには，より単純な繰り下がりに関するスキル（VII）を獲得しなければならない。さらにそのスキルを獲得するには，その下位スキル（V, VI）の獲得が必要である。このように，課題解決のために必要な条件を順に明らかにしていくことによって，学習の階層が明らかになる。

　学習する内容にはさまざまなものがあり，以上に述べたような学習の階層は知的スキルの場合には成り立つことが多いが，態度のような場合には必要条件である本質的前提が明らかでないこと

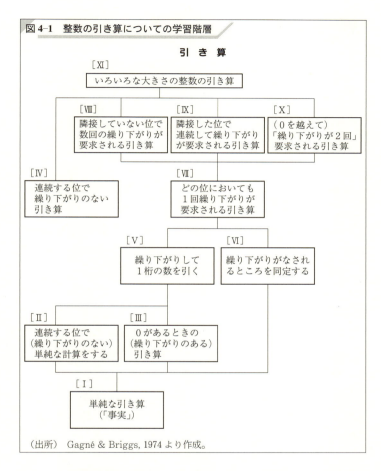

図 4-1　整数の引き算についての学習階層

(出所) Gagné & Briggs, 1974 より作成。

も多い。教育実践を計画し，その成果を子どもに達成された内容から評価するためには，教育の目標を分類することが必要となる。

　ブルームは，教育目標を「認知領域」「情意領域」「精神運動領域」に区分し，それぞれの領域の目標を達成が容易な内容から難

表 4-3 改訂版タキソノミー・テーブルによる教育目標の二次元表

知識次元	認知過程次元					
	1. 記憶	2. 理解	3. 応用	4. 分析	5. 評価	6. 創造
事実的知識						
概念的知識						
手続的知識						
メタ認知的知識						

(出所) 石井, 2011。

しい内容へと階層的に配列した。このブルームの**教育目標の分類体系**（タキソノミー）は，たとえば，認知領域の目標は，1. 知識, 2. 理解, 3. 応用, 4. 分析, 5. 総合, 6. 評価のように階層化されている。そして，それらの目標の次元を横軸に教科の内容の知識次元を縦軸にとったタキソノミー・テーブルと呼ばれる二次元表（目標細目表）が作成され，評価に活用されるようになった（改訂前のブルームの分類体系については第1章35頁参照）。さらに改訂され，方略に関する知識や動機づけに関わる信念といったメタ認知的要素を加えることで認知領域と情意領域の関連づけがはかられるなど（表4-3参照），高次の学力形成をめざす理論としても発展した。それらの考え方は，アメリカ合衆国における，スタンダードに基づくカリキュラム設計につながっている（石井, 2011）。

> 教育の目標を具体化する：教科内容と教材・教具

学習者の視点から考えると，**教科内容**とは，学習者が獲得すべき（その教科で教えられるべき）知識やスキル，理解すべ

き（普遍的かつ科学的）概念や法則などをさす。それに対して，**教材**とは，教科内容を具体化した素材や事実をさし，学習者の学習活動の対象となる。そして，**教具**とは，その学習活動に用いられる（教科内容を教えるための）道具（ツール；材料・手段）をさす。

具体的に，数学や理科の例で考えてみよう。

たとえば，数学の相似比と体積比の関係（例：相似な2つの立体があり，相似比が1：2のとき，体積比は $1:2^3=1:8$ になること）が教科内容であるとしよう。その関係を，実際に線分の比が1：2の大小の正四面体を折り紙で構成させて概念的に理解させること（小さい正四面体8個で大きな正四面体1個が構成されることの理解）を目標とした場合，折り紙を用いた相似な正四面体の構成は教材であり，折り紙は教具となる。

また，別の例として，理科の重さの保存（物体の重さは合併や分割により変わらないこと）を教科内容とする場合，ビーカーの水と木片の合計の重さの関係（木片をビーカーの外に置いても水に浮かべても重さは変わらないこと）は教材であり，ビーカーや木片は教具となる。

このように，学習者が達成すべき内容である教科内容と，具体的に学習活動の直接的対象となる教材とを区別したうえで関連づけることにより，教科内容の不明確な学習活動を除外し，教科内容に照らした教材を選択することが可能になる。

「学び」の立場に立った教育論が展開されるようになると，学習者が取り組む対象という視点を強調するために，教材に代わって**学習材**という言葉も用いられてきている（第8章の，教材づくりにおける「下からの道」「上からの道」も参照）。先に述べたように学習者の視点から教材を解釈することも可能であり，教材という用

表 4-4　ジャスパー・プロジェクトにおける教材の構成

テーマ＼課題	物語のタイトル	課題の内容
距離・速度・時間	シダー川への旅	一定時間で一定距離を進めるか
	ブーン牧場の救出	移動時間を最短にするルートを見つける
	票を確保せよ	一定時間内最長移動ルートを見つける
統計と確率	大きな波	標本データから全体傾向を予測する
	ギャップを埋める	確率計算
	資本を得るアイディア	傾向調査してビジネスプランを立てる
幾　何	成功への青写真	遊び場の青写真を作る
	正しい角度	地図上で位置関係を求める
	円状競争	角度，位置決め，距離計算
代　数	頭のいい仕事	スマート・ツールを作って旅程計算
	キムのコメット	レースで有利な出発点を決める
	おじいさん誘拐される	代数を使って場所を知らせる

（注）　テーマは大まかな教科内容，タイトルは教材，課題の内容は各教材における目標を示す。
（出所）　三宅，2003。

語を用いることも妥当であると考えられるが，総合的な学習などにみられる学習活動には，既存の教材という言葉に代えて学習材と名づけることで，従来の教材との違いを際立たせることができるような新たな契機が含まれている。

　その1つは，学習活動の対象を学習者自身が作成することであ

る。たとえば,総合的な学習では,教師の側で「自分たちを取り巻く環境」のように探究するテーマが設定されていても,どのようなアプローチで,どのような個別の問題を解決していくかは,学習者のグループや個人に任されることが多い。そこでは,学習者自身が,観察,インタビュー,資料の調査などを通じて,学習活動の対象を絞り込み,つくりあげていくことになる。その学習成果は,教師の当初の予想を超えたものとしてまとめられることも多い。

　もう1つは,学習活動の成果を他の学習者が利用していくことである。総合的な学習などの成果は,探究のプロセスや結果として他の生徒に対して発表されることが多い。そこで作成されたポスターや壁新聞,学習活動の成果としての製作物などは,その学年だけではなく,類似したテーマを探究する他学年の学習者にも利用されるものである。また,最近の学習科学の知見を生かした教育実践にも,学習活動の成果を蓄積し,次の学習に利用していくものがみられる。たとえば,アメリカ合衆国の心理学者たちによって開発されたプロジェクトがある。「遊び場の青写真を作るために遊具の面積や容積を計算する」といった日常的な課題を含む12の物語をビデオ教材として構成し,それらの課題を協同で解決させることを通じて,おもに教育困難校の生徒の算数・数学の問題解決能力を育成することをめざしたジャスパー・プロジェクト(表4-1参照)では,表4-4に示されるような12の教材についての学習が,それぞれ探究学習のスタイルで繰り返される。それぞれの探究プロセスで学習者が考案したアイディアは「遺産」(legacy)と呼ばれる学習成果として継承され,他の学習者や自身の以後の学習に利用される。

読書案内

田中耕治編『よくわかる教育課程』第2版,ミネルヴァ書房,2018。
● 教科内容の選択の基準,カリキュラムの編成原理,カリキュラム改革の動向などについて,わかりやすく説明されている。

三宅なほみ編『学習科学とテクノロジ』放送大学教育振興会,2003。
● 学習科学という新たな研究領域の視点から,欧米における最近のカリキュラム開発の具体例や,情報技術を生かした教科内容編成の状況が説明されている。

引用・参考文献

安彦忠彦編『カリキュラム研究入門』新版,勁草書房,1999。
石井英真『現代アメリカにおける学力形成論の展開――スタンダードに基づくカリキュラムの設計』東信堂,2011。
国立教育政策研究所編『生きるための知識と技能6――OECD 生徒の学習到達度調査(PISA)2015年調査国際結果報告書』明石書店,2016。
三宅なほみ編『学習科学とテクノロジ』放送大学教育振興会,2003。
Gagné, R. M. & Briggs, L. J. *Principles of Instructional Design*. Holt, Rinehart and Winston, 1974(持留英世・持留初野訳『カリキュラムと授業の構成』北大路書房,1986)
Kolodner, J. L. Learning by Design: Iterations of design challenges for better learning of science skills. *Cognitive Studies*, **9**(3), 338-350, 2002.
Koschmann, T., Hall, R., & Miyake, N. *CSCL2: Carrying Forward the Conversation*. Lawrence Erlbaum, 2002.
Krajcik, J. S., Czerniak, C. M., & Berger, C. F. *Teaching Science in Elementary and Middle School Classrooms: A Project-Based Approach*, 2nd ed. McGraw-Hill Higher Education, 2003.
Linn, M. C. & Hsi, S. *Computers, Teachers, Peers : Science Learning Partners*. Lawrence Erlbaum, 2000.
The Cognition and Technology Group at Vanderbilt, *The Jasper Project: Lessons in Curriculum, Instruction, Assessment, and Professional Development*. Lawrence Erlbaum, 1997.

第5章 学習とは何か

学 習 論

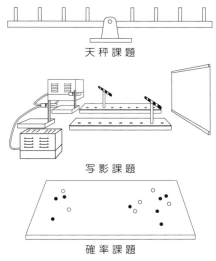

▲比例概念の理解を測るための3つの実験課題。
（出所） Siegler, 1981より作成。

　本章では，学習をめぐる3つの理論について教育心理学の視点から説明し，それらの理論を反映した学習方法について紹介する。また，学習場面において他者が存在することの意義や，学校教育による発達の促進可能性についても述べる。子ども（学習者）が育つ社会や学校教育が学習のあり方を規定しており，一方で，他者と関わるなかで個人が学習の範囲を広げていくという見方を学んでほしい。

1 学習をめぐる3つの理論

　学習とは，教育心理学では「さまざまな経験によって行動や心的構造に比較的永続的な変化が生ずること」ととらえられる。ここで何が変化するのかについて，①外的に厳密に測定可能な行動に限定して考えるのか，②行動の背景にある内的な心的構造に着目するのか，あるいは，③行動や心的構造を規定する集団内の関係性に焦点を当てるのかによって，以下に述べる3つの学習理論が提起されてきている。

| 連合説による学習の考え方 |

　学習についての最も古典的な理論に**連合説**（行動主義的学習理論）がある。連合説では，刺激と反応の間に新しい結びつき（連合）が形成されることを学習ととらえる。また，その連合を形成する方法により，条件づけは，古典的条件づけ（レスポンデント条件づけ）とオペラント条件づけ（道具的条件づけ）に区分される。

　まず，ロシアの生理学者**パブロフ**がイヌを用いて行った実験をもとに，古典的条件づけのプロセスを説明しよう。**古典的条件づけ**では，生得的な反射に基づく刺激—反応の連合（例：肉を与える→唾液が出る）に対して，無関連な刺激（例：ベルの音）を同時に与えること（対呈示）により，その新たな刺激と既存の反応の間に新たな連合が形成される（例：ベルの音を聞かせるだけで唾液が出る）。この学習では，もとの刺激と新たな刺激とを時間をおか

ずに繰り返し与えることが必要であり，また特定の反応が主体（イヌ）からみて非自発的に形成される点に特徴がある。

次に**オペラント条件づけ**について，アメリカの心理学者**スキナー**がネズミを用いて行った実験をもとに説明しよう。オペラント条件づけでは，主体がもっている多くの反応レパートリーの1つ（例：ネズミがカゴの中に設置されたレバーを押す）に対して，報酬（例：エサ）を与えることにより，主体（ネズミ）が自発的にその反応（レバー押し）を増加させるように導く。この報酬を繰り返し与えることを強化という。その報酬（強化刺激）を得るための道具（オペラント）として特定の反応を主体が自発的に形成する点に，この学習の特徴がある。

認知説による学習のとらえ方

外的刺激と外的反応の間の新しい連合の成立を学習とみる連合説に対して，**認知説**（認知主義的学習理論）では，主体が外的環境をとらえるための内的な枠組み（認知構造）の変化を学習ととらえる。ドイツの心理学者**ケーラー**は，高いところにバナナがつるされた状況におかれたチンパンジーの行動を観察し，一定の時間経過後にチンパンジーが突然，そこに置いてあった箱を3つ重ねてバナナをとるという問題解決を行うことを見いだした。このことから，ケーラーは，学習は連合説が想定するような繰り返しや試行錯誤による漸進的な反応の形成ではなく，洞察によって急速に成立すると考えた（洞察説）。そこでは，最初は無関連にみえていた事物（バナナや箱）が，ある時点で目標－手段関係としてとらえられるようになるという認知構造の変化が生じたと考える。

認知説は，1950年代以降の人間の心的過程を情報処理のシステムとみる認知心理学の発展とともに学習理論の主流となり，認知構造の質的変化を含む場合だけでなく，より幅広く，主体による知識の獲得が学習と考えられるようになった。さらに認知説は，その後，他者との関わりによって主体が知識を構成するという**社会的構成主義**（social constructivism）の考え方へと発展する。このような認知説の考え方は，現在の認知科学（cognitive science）や学習科学（learning science）における基本的な方向性を示している（Sawyer, 2022など）。第4章第2節でも示したように，最近の学習科学では，領域内の豊かな知識が形成されることをベースとして一般的な推理能力が育成されると考えられており，協調的な学習環境を組織して探究学習を進めることを通じて，その領域の概念的な理解を深めさせることが重視されている。これらの理念は，第6章の学力論で述べる協同的探究学習による「わかる学力」の形成の背景をなしている。

状況理論による学習のとらえ方

　1980年代から，知識獲得に及ぼす社会・文化的要因に着目した研究が増加し，それは先述のように，認知説の枠組みのなかで社会的構成主義として発展した。一方で，その流れのなかから，個々の学習主体の外的行動や認知構造の変化ではなく，集団と個人の関係性の変化，言い換えれば，集団が行う実践に対する個人の参加の仕方の変化を学習ととらえる**状況理論**（状況主義的学習理論）が提唱された。社会的構成主義が他者との社会的相互作用を通じた主体の変化（個人内の変化）を想定していたのに対し，状況理論は，文化的実践に対する参加の仕方という集団内

の関係性の変化に焦点を当て，個人内の変化には着目しない点に特徴がある。

　レイヴとウェンガーは，西アフリカの部族における仕立屋の職人の徒弟制を観察し，そこでの学習のプロセスを**正統的周辺参加**と名づけた。徒弟は，最初から仕立屋という実践共同体の一員として認められ，周辺的ではあるが全体を見通せる重要な仕事（たとえば，服のボタン付け）を任された後，徐々に専門性が高く，また失敗による損失が大きい仕事（たとえば，縫製や裁断）を担うようになる。また，徒弟から職人へと移行していく過程で，扱う製品も帽子や子ども服から外出着や高級スーツへと変わり，その専門性を高めていく。このように，部分的な仕事から全体的な活動へと徐々に参加の範囲を広げながら，その実践共同体への参加の度合いを深めていくプロセス，言い換えれば，周辺的参加から十全的参加への移行プロセスを，レイヴたちは学習ととらえた。それは実践共同体のなかでアイデンティティを高めていく発達のプロセスともとらえることができる。

学習論と発達論：学習者に対する見方の関連性

以上にみてきた立場の違いは，学習よりも長期的で，経験だけには依存しない変化である発達のとらえ方にも反映されている。たとえば，**ピアジェ**の**発達理論**（**発生的認識論**）のように，認知構造の段階的・質的変化を想定する発達論は，学習論における認知説に対応する。ピアジェは，生物学の研究を背景として，人間は同化（外界を自身の認識の枠組みに取り入れること）と調節（同化ができないときに自身の枠組みを変化させること）のバランスをとりながら発達する（均衡化）と考え，乳児期から青年期に至る，

互いに質の異なる4つの**発達段階**（感覚・運動期，前操作期，具体的操作期，形式的操作期）を提案した。その発達の過程では，与えられた知識が累積的に増加するのではなく，子どもが外界に働きかけながら，能動的に知識の枠組みを構成すること（構成主義）が強調されている。

一方で，認知的諸機能の連続的な変化や，それを生起させる要因としての行動の反復を重視するような発達論は，連合説につながる発想をもつとも考えられる（そのような連続的な発達観に基づきながら，最近の認知発達研究では，発達的変化のプロセスをとらえる方法と知見が示されてきている。詳細については*Column*③を参照）。

また発達論のなかには，ピアジェの発達理論のように，心的構造が全体として発達するという**領域一般性**（domain generality）を主張する立場と，各領域において知識や思考が発達するという**領域固有性**（domain specificity）を主張する立場がみられる。後者の立場に立つ研究として，シーグラーは，ピアジェが形式的操作期になると領域を問わずに成立するとした比例概念について，天秤，写影，確率といった領域によって成立時期が異なるということを数的構造が同型である3領域の実験課題を幼児から大学生までに対して実施することで示している（Siegler, 1981；本章の扉の図を参照）。

このように学習の諸理論は，発達主体としての子どもの変化をどのようにとらえるのかという発達論とも関連性をもっている。

Column③ 変化のプロセスをとらえる方法

発達のプロセスについて，非連続的な変化の過程ととらえるのが，ピアジェの発達段階論に代表されるような発達理論である。その理論では，図 5-1 に示されるように，2歳，7歳，11歳といった時点で子どもの思考が質的に（非連続的に）変化するとされる。一方で，発達のプロセスをより連続的な変化の過程としてとらえる見方が提案されてきている（Siegler, 1996）。その考え方によれば，どの年齢においても複数の問題解決方略が場面に応じて適応的に用いられ，各方略の適用率が年齢とともに連続的に変化することになる。ちょうど進化の過程のように，複数の方略が競合し，より適応的なものが生き残ることが仮定される。そのプロセスを模式的に示したのが図 5-2 で，「重なり合う波のモデル」（overlapping waves model）と呼ばれている。

そうした発達観のもとに，子どもの思考や概念が変化する始めと終わりの状態だけではなく，変化の連続的なプロセスをとらえるために考案されたのが，マイクロジェネティック・アプローチ（微視発生的方法）である（Siegler, 1996; Kuhn, 1995）。マイクロジェネティック・アプローチは，子どものなかに生起しつつある変化を詳細に分析する方法であり，その特質は，①変化の始まりから変化後の安定状態に至るまでの一定期間の観察を行うこと，②変化の速

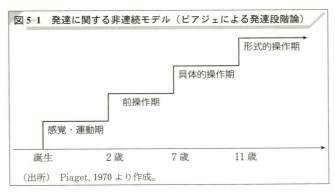

図 5-1 発達に関する非連続モデル（ピアジェによる発達段階論）

（出所）Piaget, 1970 より作成。

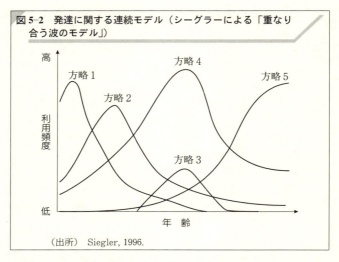

図5-2 発達に関する連続モデル（シーグラーによる「重なり合う波のモデル」）

（出所）Siegler, 1996.

さが速いほど観察を高密度に行うこと，③観察では一試行ごとに綿密な分析を行うことにある。

　数の足し算についてみてみよう。たとえば6＋9のような計算を小学校入学前後の子どもに行わせると，年少の子どもでは，手の指を用いたりして，1, 2, 3, …, 6。1, 2, 3, ……, 9。1, 2, 3, …, 15, とすべて数えて答えを出す方法（1からの計数方略）を多く用いる。それに対して年長の子どもでは，6＋9を逆転させて9から順に10, 11, 12, 13, 14, 15と6回数える効率的な方法（最小方略）や，6を1と5に分解して，9＋1＝10，10＋5＝15のように考える方法（分解方略），九九の暗記のように答えを覚えていて計算結果をすぐに答える方法（検索方略）を用いることが知られている（Siegler, 1987）。

　では，1人ひとりの子どもはどのようにして1からの計数方略のような初歩的な方法から，最小方略のような効率的な方法へと考えを変化させるのだろうか。シーグラーらは，この問いに答えるために，4, 5歳の子ども8名に対して，1週間に3回（1回につき約7問），11週間にわたって，足し算の問題を与え，1問ごとにその解

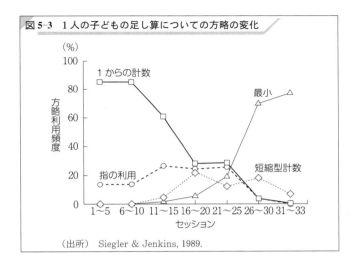

図 5-3 1人の子どもの足し算についての方略の変化

（出所） Siegler & Jenkins, 1989.

法を説明させることで，子どもの考えが変化するプロセス（方略発見の過程）を分析した（Siegler & Jenkins, 1989）。

図 5-3 は，1人の子どもの足し算の方略が変化していく様子を時系列的に表したものである。この研究では，同時期に複数の方略が用いられること（方略の多様性），1からの計数方略から最小方略へと問題解決方略が漸進的に変化すること，短縮型計数方略という中間型の方略が一時期にみられることなどが明らかにされている。

マイクロジェネティック・アプローチは，当初，年齢間の発達的変化のプロセスを短期的に再現するものとして開発されてきた。一方で，マイクロジェネティック・アプローチは，最近では，より短期的な学習のプロセスをとらえる方法論としても幅広く用いられている（Siegler, 2006）。今後，変化のプロセスを分析することに加えて，変化がどのような前提条件のもとで，何を契機として生起するかを詳細に明らかにすることにより，発達や学習の非連続的な側面に関する知見も得られるのではないかと考えられる。

2 学習理論に基づく学習方法

> プログラム学習

第1節では，学習に関する第1の理論として外的な強化による学習者の行動の変化を学習ととらえる連合説を紹介した。その立場に立ちオペラント条件づけを提唱したスキナーによって提案されたのが，**プログラム学習**である。

スキナーは，一見複雑にみえるさまざまな学習も，実際には単純な行動の連鎖の習得に分解できると考えた。また，学習の成立には，刺激に対する学習者の主体的な反応とその後の適切な外的強化の提示が重要であると考えた。以上のような考え方に基づいて考案されたプログラム学習には，5つの原理が含まれる。第1は，学習は少しずつ獲得する行動の内容を複雑にするというスモールステップの原理である。第2は，最初はヒントを多く与え，後になるほど学習者自身に判断させるというヒント後退の原理である。第3は，学習者は必ず刺激に対して何らかの反応を行うという積極的反応の原理である。第4は，その反応に対してすぐに正誤のフィードバックを与えるという即時フィードバックの原理である。第5は，そのような学習を学習者自身のペースで行うという自己ペースの原理である。

以上の5つの原理のうち，第1,2の原理は教育者側の課題構成に関する原理，第3〜5の原理は学習過程に関する原理とも考えられる。このようなプログラム学習は，ティーチングマシンという教具を用いて最初に導入され，その後，コンピュータを用いた

学習（CAI）へと発展する。プログラム学習は言語や数に関するスキルの学習のほか，行動療法など臨床的治療にも応用されている。上記のプログラム学習の原理は，定型問題（解き方や考え方が1つに定まる問題）に対する定型的で系列化された手続き的知識・スキルや事実的知識の獲得に対しては有効に機能することが予想される。また，それらの獲得の速度や学習系列における誤りの生起に関する個人差に対応するために，個々の児童・生徒の現下の問題解決の水準や問題解決の速度の差異に応じて個人が取り組む課題や学習方法を個別化する「個に応じた指導」（*Column*⑤で述べられている2021年中央教育審議会答申においては，「多様な子供たちを唯一人取り残すことなく育成する『個別最適な学び』」）や，一斉指導の形態をベースとしながら共通の目標に達成するための学習方法を個別化して習熟度の個人差に対応する「完全習得学習」（第1章参照）などによる授業が提案され，実施されてきている。

発見学習

第1節では，第2の学習理論である認知説を紹介した。洞察等による学習者の認知構造の変化を学習ととらえる認知説を学習方法として発展させたものとしてよく知られているのが，発見学習と有意味受容学習である。

アメリカの認知心理学者**ブルーナー**によって提唱された**発見学習**は，教師が体系化された知識を伝達するのではなく，学習者が，現象を説明できるような科学的説明を主体的に見いだしていくことを重視する。発見学習は，①課題の把握，②仮説の設定，③実験や観察による仮説の検証，④まとめという順に進行する。日本では，この発見学習を，授業書という授業進行用プリントを利用

すること（授業書の利用については第11章を参照のこと）や，仮説に関する選択肢を与えて実験や観察の前に討論を行わせることなどによって体系化した**仮説実験授業**も理科を中心に開発が進められてきている。

> 有意味受容学習

子どもの主体的活動を重視する発見学習に対して，教師による説明が中心ではあるが，子どものもつ知識との関連づけを考慮する「有意味」な学習として**オーズベル**によって提唱されたのが，**有意味受容学習**である。

有意味受容学習では，子どものもつ既有知識と新しい学習内容を関連づけるために，新しい学習内容の要約としての**先行オーガナイザー**が提示され，その後，後続の新しい教科内容の学習が進められる。有意味受容学習は学習者が十分な知識をもたない場合や応用的な能力を育成する場合に効果があることが知られている。

3 学習における他者の役割

> 他者との相互作用の内化

他者との社会的相互作用が，個人の学習や発達を生起させる重要なメカニズムであることを指摘したのが，**ヴィゴツキー**である。その点で，第1節で指摘した認知説における社会的構成主義への発展はヴィゴツキーの後継者の理論を背景としてなされたという関係がみられる。ヴィゴツキーの主張を精神間機能の精神内機能への内化の観点からみてみよう。

ヴィゴツキーによれば，個人の発達は社会的に共有された認知過程を**内化**（internalization）することによって生起する（Vygotsky, 1934, 1978）。内化とは，外的な操作を内的に再構成することである。ヴィゴツキーが示している指さし（pointing）の例でみてみよう。乳児は最初，遠いところにあるものをつかもうと手を伸ばすがうまくいかない。指先はそれをつかもうと動いている。そこに母親が現れて，乳児が対象への母親の注意を引こうとしていると母親が解釈したときに状況が変化する。乳児の行為は，対象を得ようとする物理的な試みから，おとなとの関係を確立しようとする試みへと意味づけが変化するのである。そして，その行為（指さし）の意味が徐々に乳児に内化されることによって，乳児はその行為を他者へのジェスチャーとしての指さしとして意図的に用いるようになる。このように，ヴィゴツキーによれば，注意，記憶，概念形成などのすべての高次精神機能は，最初は個人間の社会的関係のなかで精神間機能として出現し，それが個人の精神内機能へと時間をかけて内化される。

　内化の例としては，ほかには，くつひもを結ぶことや代数の難しい問題を解くことなどが指摘されている（Siegler & Alibali, 2004）。最初はおとなが言葉で指示を行うが，子どもは徐々に問題解決等の手続きを内化し，自分自身で解決ができるようになる。それでは，内化とはどのような認知過程なのであろうか。それは，単なる解決手続きの記憶ではなく，その場面での他者とのやりとり自体が内化され，それによって，解決手続きを状況に合わせて利用したり，行為の意味を問い直したりする行動調整が可能になるのではないかと推測される。そこでは，他者が存在しない状態で，他者に代わる者としてもう1人の自分（内なる他者）が想定

され,自身の認知過程をモニターしたり調整したりすることが,可能になると考えられる。

最近接発達領域　以上に述べた内化のプロセスは,ヴィゴツキーによって**最近接発達領域**(zone of proximal development：ZPDとも略される。第1章も参照)のアイディアとしても表現されている(図5-4)。すなわち,子どもが独力で解決できる水準(現下の発達水準)と,おとななどの年長者の援助のもとで,あるいはすぐれた仲間との協同で解決できる水準(潜在的発達可能水準)との間には差(最近接発達領域)があり,最近接発達領域に働きかけることを通じて,後者の水準が独力で解決できる水準となっていくのである。ヴィゴツキーの示している例で考えてみよう。2人の子どもの知能年齢が8歳であるとき,教示,誘導質問,解答のヒントなどを与えながら,より難しい水準の問題を与えたとき,1人は協同の過程で助けられ,指示に従って12歳の知能年齢の問題まで解くことができたのに対し,もう1人の子どもは9歳の知能年齢の問題までしか解けなかった。このとき,前者の子どもの最近接発達領域は4であるのに対して,後者の子どもは1ということになる。このように一般に子どもは協同過程において,個人で解決するよりも高い水準の問題を解決することができ,それによって発達の可能性をダイナミックにとらえることができるだろう。

　この概念は,学習に対して仲間や教師の果たす役割を明確にしている点で重要である。その一方で,その主張を,教育場面での他者との協同の取り組みが学習や発達をどこまでも促進すると解釈することは妥当ではないであろう。ヴィゴツキー自身が,2人

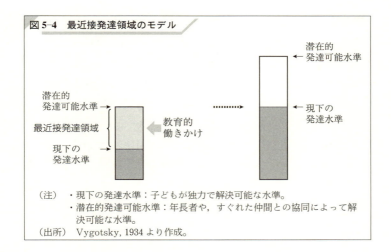

図 5-4　最近接発達領域のモデル

（注）・現下の発達水準：子どもが独力で解決可能な水準。
　　　・潜在的発達可能水準：年長者や，すぐれた仲間との協同によって解決可能な水準。
（出所）Vygotsky, 1934 より作成。

の子どもの現下の発達水準が同じ場合でも最近接発達領域には差があり，「無限に多くのことではなく，彼の発達状態，彼の知的能力により厳密に決定される一定の範囲のみ」（Vygotsky, 1934）であると述べているように，発達が促進される幅には，年齢によっても，また同一年齢でも個人によって差があると考えられる。最近接発達領域の出現とその幅を規定するものとして，社会性やパーソナリティの側面も含めて，さまざまな日常経験や学習活動を通じて進行することが想定される潜在的・長期的な発達のプロセスも考慮することが必要であろう。

他者との関わりが学習に及ぼす影響

子どもの学習に対するおとなの関わり方について，おとなは子どもの学習を促進できるように相互作用を構造化していることが示されてきている。その方法の1つが足場かけ（**スキャフ**

ォルディング：scaffolding）である。おとなは子どもの遂行を高めるように支援を行い、それによって子どもは活動の範囲を広げ、1人ではできなかった問題を独力で解決できるようになる。子どもが独力で問題を解決できるようになった時点で足場は必要がなくなる。足場かけの際には、おとなは子どもの水準に合わせて支援の程度を決定し、徐々に支援を減らしていく。

おとなによる支援と仲間による支援を比較した研究（Ellis & Rogoff, 1986）では、おとなによる支援には、目標の提示、目標を達成するための方略に関する議論がより多く含まれることが示されている。また、子どもに多くの責任を担わせるような支援のほうが子どもの学習には有効であることも示唆されている（Gauvain & Rogoff, 1989）。これらの研究は、子ども自身が自分の行動を調整する機会を多く含んでいる場合に、おとなとの協同が学習に際して有効であることを示している。

仲間との協同も子どもの学習にとって有効であることが多い。その理由としては、難しい課題の解決への動機づけ、お互いのスキルを模倣し学習する機会、他者に説明することによる理解の精緻化、理解を向上させる議論への参加などが指摘されている（Azmitia, 1996）。しかし、協同が有効であるかどうかには、子どもの年齢、課題の難しさ、相互作用の質も関係する。特に相互作用の質に関しては、課題解決を共有する程度（課題の共有、お互いの思考への積極的な関わりなど）が学習に影響することが明らかになっている。課題解決を共有することによって、お互いの考えを統合し、それぞれのアプローチの特徴を把握し、相手の考えを自身の考えの評価に利用できるようになると考えられている。なお、これらの仲間との協同を通じた学びに関する知見は、本書の

*Column*⑤で述べられている 2021 年中央教育審議会答申における「子供たちの多様な個性を最大限に生かす『協働的な学び』」が提案される背景となっていると推測される。

教育による発達の促進可能性

学習における他者の役割に関連して，教育が発達に及ぼす影響を重視する立場がある。ブルーナーは，「どの教科でも，知的性格をそのままに保って，発達のどの段階の子どもにも効果的に教えることができる」という「教育課程というものを考えるうえで，大胆で，しかも本質的な仮説」を提起した（Bruner, 1960；第 1 章参照）。たとえば，ピアジェの発達理論における具体的操作期（7～11 歳）の子どもに対しては，目の前にある実在だけを構造化するという具体的操作期の思考方法に合わせて，数学や自然科学等の諸観念を「翻案」することによって，それらの観念の多くを子どもが把握することができるようになるとされている。その根拠の 1 つとされているのが，8 歳児に因数分解を教える試みである。ブルーナーは，8 歳児 4 名に対して，6 週間にわたって，図 5-5 に示すブロックや，天秤などを操作させることによって因数分解などを学習させる実験を行い，8 歳児にも因数分解を教えることが可能であると主張した（Bruner, 1966）。

子どもの発達段階を考慮した教授介入によって理解が促進されるという点は重要な指摘であろう。一方で，どのような教科内容も「知的性格をそのままに保って，発達のどの段階の子どもにも」教えることが可能であるかどうかについては検討の余地があると考えられる。というのも，この因数分解に関する実験で実際に子どもが行っているのは，ブロックを正方形や長方形に構成し

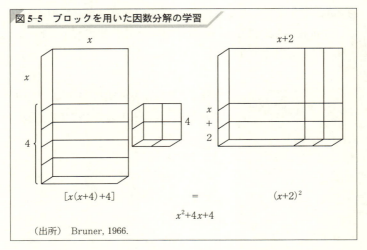

図 5-5 ブロックを用いた因数分解の学習

(出所) Bruner, 1966.

直すことや、構成されたものを文字を用いて表記することなどであるからである。そこでは、x^2 や $(x+2)^2$ における 2 乗のもつ意味の理解や、因数分解に固有の文字記号の操作は行われていない。子どもは具体物の操作は行っているが、それを通じて累乗や、抽象的な記号操作としての因数分解の意味について理解したわけではなく、因数分解のもつ「知的性格をそのままに保って」教えることができているとは必ずしもいえないのではないかと考えられる。

　子どもにとって、具体物の操作ができることと、操作を通じてそれがもつ意味を概念的に理解できることとはレベルが異なることであろう。後者のレベルに達することができるのは、ブルーナーの主張するように「どの段階のどの子どもでも」というわけではなく、形式的操作期 (11 歳〜) に関連する内容であれば、形式的操作の萌芽が内的に形成されると予測される具体的操作期の後

半（9, 10歳）の思考の特質をもつ場合に限られるのではないだろうか。

> 学校場面での学習と日常場面での学習

学校教育とは直接関係しない，日常的な活動のなかでも子どもの学習はみられる。その1つとして，ブラジルの路上で物売りをするストリート・チルドレンの問題解決プロセスは，**路上算数**（street mathematics）と呼ばれている。

　ブラジル北東部のレシフェ市で，ほとんど学校教育を経験せずにココナッツ売りをする9歳から15歳の子どもたちに対して，インタビューが行われた（Carraher et al., 1985）。インタビュアが「1個35クルゼーロのココナッツを10個買いたいが，いくらになりますか」と尋ねたところ，子どもたちは「3個で105，もう3個で210，あと4個いる。だから……315……350になります」のように答えた。実際の買い物に即してこのように尋ねると，その正答率は98%であった。それに対して，同じ子どもたちに同種の問題を文章題や計算問題として与えると，その正答率は文章題で74%，計算問題では37%になった。この研究は，日常的な物売りの活動のなかで，子どもは適切な問題解決方略を自発的に構成しているが，一方で，それは日常文脈に埋め込まれていて，文脈が異なったり，文脈のない形式的な計算として問題が与えられると，その方略を適用することはできないことを示している。このような路上算数の限界は，知識の領域固有性としてもとらえられると同時に，発達的な観点からは，第3節でヴィゴツキーの最近接発達領域の考えに関連させて言及した，教育による発達促進可能性の問題としてもとらえられる。

学校教育の経験年数の短い漁師が活動のなかで用いる算数についても調査が行われている（Schliemann & Nunes, 1990）。そこでは，比の公式などを用いなくても，路上算数のように，単位（ユニット）を増やしていく方法で比例の問題を解決可能であることが示されている。

　以上の研究では，日常的な活動のなかで，その活動の目的に適するような形で学習が進行すること，そこでは学校教育で学習するのとは異なる形の問題解決方略が自発的に構成されること，一方で，その方略の一般化可能性には限界があることなどが明らかになっている。

ICT を活用した学習の可能性と課題

　第8章の *Column* ⑤において詳述されているように，2020年代に入っての1人1台端末環境の急速な実現とともに，ICT 機器を活用した学習が日本の国内でもさまざまな形で試行され，広がりをみせてきている。本項では，2022年以降に実施されてきている，デジタル教科書に関わる大規模調査事業（文部科学省, 2024b）や実証研究授業（文部科学省, 2024a）の具体的な結果に基づいて，ICT を活用した学習の可能性と課題について考えてみよう。

① 子どもや教師の意識としての ICT と従来の紙媒体についての認知

　新しい学習方法の有用性を検討するための手がかりの1つとして子どもや教師に対する意識調査（質問紙調査）が用いられることがあるが，その際には質問文による誘導（バイアス）を避けるために新たな学習方法の有用性のみを尋ねるのではなく，従来の学習方法と対等な形式で対比して尋ねることが重要である。デジタル教科書と紙の教科書の有用性の認知（使用感）を場面別に対

比可能な形（デジタル教科書の方がそう感じる，ややそう感じる，どちらも同じくらい，紙の教科書の方がややそう感じる，そう感じるの5件法，提示順序はカウンターバランス）で尋ねた上記の大規模調査事業の質問では，両方の教科書を利用した経験のある約2万7000人の児童・生徒の回答として，「デジタル教科書の方が（やや）そう感じる」とする回答が「いろいろな情報を集めやすい」と「図や写真が見やすい」の項目において小学校中高学年と中学生の両方で5割を超えていた。一方で，「紙の教科書の方が（やや）そう感じる」とする回答が「書き込みやすい」の項目において小学校中高学年と中学生の両方で5割を超えており，さらに「自分の学んだことを残しやすい」と「見たいページをすぐに開きやすい」の項目では中学生で5割を超えていた。これらの結果から，児童・生徒は，「多様な情報の収集」や「図的・画像情報の視認」に関してはICT機器の相対的な有用性を意識している一方で，「学習内容や思考の記述による表現」などに関しては紙媒体の相対的な有用性を意識していることが推察される。

　また，教師に対して個別学習／協働学習／一斉学習に関わる17場面別に児童・生徒調査と同様の5件法でデジタルと紙の教科書のいずれが適しているか（使用感）を尋ねた質問では，両方の教科書を用いて指導した経験のある約9000人の教師の回答として，「デジタル教科書の方が（やや）そう感じる」と回答した場面が「写真・イラスト・図表を細部まで確認させるのに適している」（個別），「学習内容を視覚的に確認するのに適している」（一斉），「必要な情報のみを見せるのに適している」（一斉），「児童生徒が見たい資料を選択するのに適している」（個別），の4項目で55％を超えていた。一方で，個別・協働・一斉学習に関わ

る他の13項目では「どちらも同じくらい」が33〜48%を占めており，デジタル教科書と紙の教科書の有用性の認知に大きな差はみられなかった。また経年変化としては，「繰り返し用いることで知識・技能を身に付けさせることに適している」（個別）に対するデジタル教科書の有用性の認知が10%上昇した（2022年度28%→2023年度38%）以外では上記の傾向に大きな変化はみられなかった。これらの結果から，教師は個別学習に関する「図的・画像情報の細部の視認」「資料の選択」，一斉学習に関する「学習内容の視覚的確認・限定的提示」にICT機器の相対的な有用性を意識している一方で，他の場面では紙の教科書など既存媒体との間に有用性の差異をそれほど認識していないことが推察される。

② 実際の授業におけるICTと従来の媒体の有効な利用

以上の調査にみられるような子どもや教師の意識は実際の授業にどのように反映されているのだろうか。先述のデジタル教科書に関する算数・数学科と英語科の実証研究事業では，教科・単元・時間の特質に応じてICTが適宜，利用されていることがうかがえる。

たとえば，中学校数学の2年生図形領域の実践事例では，「多角形の内角の和を求める」「平行線の錯角・同位角や三角形の外角の性質を用いて折れ線の角度を求める」といった課題に対して，大型提示装置で教師が課題を提示した後，個別学習では，生徒がデジタル教科書を用いて補助線による分割などの試行錯誤・結果確認を行いながら自分の解法を紙媒体（ノートやワークシート）にまとめていた。クラス全体での多様な解法の発表・検討場面では，数人の生徒が大型提示装置を用いて，デジタル教科書上で操作した画面や自分のノートやワークシートの画像を提示して各解法の

説明を行う一方で,教師が黒板に生徒が発表した各解法の概要を示し,さらに黒板に示された各解法を用いて生徒が解法間の関連性や解法の意図・背景などについて説明を加えていた。

以上に示した事例では,個別学習場面においてICT(デジタル教科書)を用いて生徒が試行錯誤や結果確認を行うとともに,既存媒体(紙のノート,ワークシート)を用いて自分自身の思考プロセスを記述で詳細に表現し,クラス全体で発表・検討を行うような協同場面において,ICT(大型提示装置)を用いて生徒が各解法を拡大提示して発表を行うとともに,既存媒体(黒板やホワイトボード)を用いて各解法の間の関連性などについて話し合い,既存媒体に書き込みながらクラス全体としての思考を深めていくという,各場面における「デジタルとアナログの効果的な併用」がみられている。個別学習において,試行錯誤や繰り返しが可能かつ有効な内容や場面ではICTを活用する一方で,自分自身の思考を表現し深める際には紙媒体を利用する,クラス全体で話し合う学習において,生徒がそれぞれの考えを拡大提示して説明することが有効な場面ではICTを活用する一方で,多様な考えの間の関連性などを検討してクラス全体で思考を深める際には既存の黒板等を利用する,といったICTと既存媒体のそれぞれの利点を場面やプロセスごとに生かす学習過程の構成が,1人ひとりの学力形成に対して重要となると考えられる。

 読書案内

無藤隆・市川伸一編『学校教育の心理学』補訂版,学文社,2012。
　●学習についての諸理論,各教科における学習と発達のプロセス,学習を支える状況などに関して解説されている。

ヴィゴツキー,L. S./柴田義松訳『思考と言語』新訳版,新読書社,2001。
  ●社会文化的アプローチの起源を知るために役に立つ古典である。最近接発達領域,生活的概念と科学的概念などに関わる詳しい説明がなされている。

藤村宣之編『発達心理学――周りの世界とかかわりながら人はいかに育つか』第2版,ミネルヴァ書房,2019。
  ●学習者は生涯を通じてどのように発達するか,教育や文化は発達といかに関わるかなどに関する最近の研究が紹介されている。状況理論や足場かけなどの概念についても具体的な説明がなされている。

引用・参考文献

文部科学省(2024a)「主体的・対話的で深い学びの充実に資するデジタル教科書をはじめとする ICT 機器等を活用した効果的な指導に関する実証研究事業」実践事例集(令和5年度学習者用デジタル教科書の効果・影響等に関する実証研究事業)

文部科学省(2024b)「令和5年度『大規模アンケート調査等の実施による学習者用デジタル教科書の効果・影響等の把握・分析等に関する実証研究事業』成果報告書」

Azmitia, M. Peer interactive minds : Developmental, theoretical, and methodological issues. In P. B. Baltes & U. M. Staudinger (Eds.) *Interactive Minds : Life-Span Perspectives on The Social Foundation of Cognition.* Cambridge University Press, 1996.

Bruner, J. S. *The Process of Education.* Harvard University Press, 1960 (鈴木祥蔵・佐藤三郎訳『教育の過程』岩波書店, 1963)

Bruner, J. S. *Toward a Theory of Instruction.* Harvard University Press, 1966 (田浦武雄・水越敏行訳『教授理論の建設』改訳版, 黎明書房, 1977)

Carraher, T. N., Carraher, D. W., & Schliemann, A. D. Mathematics in the streets and in schools. *British Journal of Developmental Psychology*, 3, 21-29, 1985.

Ellis, S. & Rogoff, B. Problem solving in children's management of instruction. In E.C. Mueller & C. R. Cooper (Eds.) *Process and Outcome in Peer Relationships.* Academic Press, 1986.

Gauvain, M. & Rogoff, B. Collaborative problem solving and children's planning skills. *Developmental Psychology*, **25**, 139-151, 1989.

Kuhn, D. Microgenetic study of change: What has it told us? *Psychological Science*, **6**, 133-139, 1995.

Lave, J. & Wenger, E. *Situated Learning: Legitimate Peripheral Participation*. Cambridge University Press, 1991（佐伯胖訳『状況に埋め込まれた学習——正統的周辺参加』産業図書，1993）

Piaget, J. *La psychologie de l'intelligence*. Librairie Armand Colin, 1952（波多野完治・滝沢武久訳『知能の心理学』みすず書房，1967）

Piaget, J. *L'épistémologie génétique*. Presses Universitaires de France, 1970（滝沢武久訳『発生的認識論』白水社，1972）

Piaget, J. & Inhelder, B. *La psychologie de l'enfant*. Presses Universitaires de France, 1966（波多野完治・須賀哲夫・周郷博訳『新しい児童心理学』白水社，1969）

Sawyer, K.（Ed.）*The Cambridge Handbook of the Learning Sciences*, 3rd ed. Cambridge University Press, 2022.

Schliemann, A. D. & Nunes, T. A situated schema of proportionality. *British Journal of Developmental Psychology*, **8**, 259-268, 1990.

Siegler, R. S. Developmental sequences within and between concepts. *Monographs of the Society for Research in Child Development*, **189**, 1981.

Siegler, R. S. The perils of averaging data over strategies: An example from children's addition. *Journal of Experimental Psychology: General*, **116**, 250-264, 1987.

Siegler, R. S. *Emerging Minds: The Processes of Change in Children's Thinking*. Oxford University Press, 1996.

Siegler, R. S. Microgenetic analyses of learning. In D. Kuhn & R. S. Siegler（Eds.）*Handbook of Child Psychology, Vol. 2: Cognition, Perception, and Language*, 6th ed. Wiley, 2006.

Siegler, R. S. & Alibali, M. W. *Children's Thinking*, 4th ed. Prentice Hall, 2004.

Siegler, R. S. & Jenkins, E. *How Children Discover New Strategies*. Lawrence Erlbaum, 1989.

Vygotsky, L. S. Мышление и Речь, 1934（柴田義松訳『思考と言語』新訳版，新読書社，2001）

Vygotsky, L. S. *Mind in Society: The Development of Higher Psychological processes*. Harvard University Press, 1978.

第6章 学力をどう高めるか

学　力　論

© daj/amanaimages

　本章では，国際比較調査から学力をめぐる状況を概観した後，心理学の視点から学力をモデル化している。それに基づいて，「わかる学力」（概念的理解や思考プロセスの表現）の形成には探究と協同が重要であることを説明し，それらを重視した学習方法のプロセスと効果を解説している。子ども自身がそれまでの発達の過程や学習のプロセスで獲得してきた知識や概念をベースにしながら，いかに学力を形成していくことができるか，どこに課題があるかについて学んでほしい。

1 学力をどうとらえるか

日本の子どもの学力の特質

OECD によって 2000 年から 3 年おきに実施されてきている国際比較調査に PISA 調査がある。その調査では,学校で学習した知識や技能を日常場面での問題解決に生かす力が,各国の高校1年生を対象にして測られている。その結果では,日本の生徒の数学や科学に関するリテラシーの水準はまだ上位にはあるものの,その得点には数学的リテラシー,科学的リテラシー,読解力のそれぞれについて 2006 年にかけて低下傾向がみられてきた。2009,2012 年にかけては上昇に転じているが,読解力については年度による変動が大きい(国立教育政策研究所,2024)。また,日本の高校生の数学や理科への関心は国際平均よりも低く,学習する内容を日常生活と関連するものとは考えていない。

PISA 調査のような国際比較調査の結果や,2007 年度から小中学生を対象として国内で実施されている全国学力・学習状況調査などの結果を,問題解決プロセスに着目して心理学的に分析すると,日本の子どもの学力の特質がみえてくる(藤村,2005,2012;藤村ほか,2018)。

日本の子どもは,解法が1つに決まるような定型的な問題に対して,一定の手続きを適用して正答を導いたり,定義や性質などを暗記して,覚えた通りに再生したり,選択肢から正答を選んだりする課題に対しては,高い正答率を示す。このような定型的な手続き的知識やスキルを適用する力を「**できる学力**」と表現する。

一方で，解法や解釈が多様であり，概念的理解を要するような記述形式の問題，すなわちさまざまな知識を関連づけて考えることが必要な非定型的な問題に対して，判断の理由などを自分の言葉や図式で説明したりする問題に対する日本の子どもの正答率は国際的にみても高くない。このような概念的理解やそれに関わる思考プロセスを表現する力を「**わかる学力**」と表現する。

心理学の観点からの学力モデル

　図6-1は，以上に述べた2つの学力をモデルとして示したものである（藤村, 2012）。

　「できる学力」（手続き的知識・スキル）と「わかる学力」（概念的理解）では，その形成メカニズムが異なると考えられる。「できる学力」に関して，手続き的知識やスキルの獲得メカニズムは，繰り返し（反復）による自動化である。ある手続きが適用可能な同種の問題に繰り返し取り組むことによって，その手続きの適用がより正確で速くなり，十分な注意を向けなくてもできるようになっていく。一方，「わかる学力」に関して，概念的理解の深化メカニズムは，知識と知識の関連づけによる知識構造の精緻化や再構造化である。既有知識と新たな知識を結びつけ，また既有知識同士に新たな結びつきを見いだすことで，物事をとらえる枠組みを変えていくことが「わかる」ことの本質であると考えられる。したがって，反復によって比較的短期的に向上する「できる学力」に対して，「わかる学力」は，個々人の既有知識に違いがあり，理解の深化には知識構造を組み替えていくことが必要になるため，その向上は相対的に長期的なプロセスとなる。

　また「できる学力」と「わかる学力」では，その形成を通じて

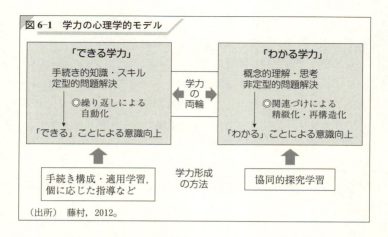

図6-1 学力の心理学的モデル

(出所) 藤村, 2012。

　高まる意欲の種類も異なると考えられる。「できた」という経験は,手続き的知識・スキルが自動化することで,より速く,より正しく答えようという意欲を高めるであろう。そこには,他者との競争や以前の自分との比較が動機づけとして働くかもしれない。一方で,知識を関連づけて「わかった」という経験は,知識が再構造化されることで知的好奇心や内発的動機づけを喚起し,もっとわかりたいという意欲を高めるであろう。そこでは,知識の提供者として,自分が説明する相手として,また探究のためのパートナーとして,協同する他者が重要な役割を果たすであろう。

　なお,「わかる学力」を考える場合,定義を言うことができるといった事実的知識と,多様な知識を関連づけることで新たな認知的枠組みを構成するという概念的理解を区別する必要がある。前者の事実的知識は,正確に定義を記憶するという側面が重視されると考えられる点で,定型的手続き的知識やスキルを正確に記憶して適用するという「できる学力」に分類したほうがよいと考

えられる。それに対し、「わかる学力」は、これまでに述べてきたように、「知識の関連づけという探究活動を通じて形成される概念的理解」をさしている。探究は個人レベルで行われることも他者との協同過程において行われることもあるが、いずれにしても探究を通じて知識構造を精緻化、再構造化することが概念的理解の本質であり、それをここでは「わかる学力」と表現している。

「できる学力」と「わかる学力」は相互に影響し合う関係にもある。「できる学力」として獲得された手続き的な知識やスキルは、それが自動化されることで、概念的理解を深める際に関連づけられるための新たな構成要素となり、「わかる学力」の形成に役立つ。一方で、「わかる学力」として手続きのもつ意味や有効性が理解されることで、個々の手続き的スキルの獲得に意味づけがなされ、「できる学力」の形成を動機づけることにつながると考えられる。

2017年度に改訂された学習指導要領では、学力が「知識・技能」、「思考力・判断力・表現力等」、「学びに向かう力、人間性等」の3つに区分されている。本章のモデルで述べている「できる学力」は、上記の知識・技能に対応する。「わかる学力」は思考力・判断力・表現力に対応するが、「わかる学力」には、思考・判断プロセスやその表現だけではなく、それに関連して、探究を通じた学習内容の本質的理解（概念的理解）も含まれている点に特徴がある。2017年度に改訂された学習指導要領では、「子供たちが、学習内容を人生や社会の在り方と結び付けて深く理解し、これからの時代に求められる資質・能力を身に付け、生涯にわたって能動的に学び続けることができるようにする」（傍点、筆者）ことが目標とされているように、先述の学力の3つの要素

（資質・能力）に加えて「学習内容の深い理解」が重視されており，「わかる学力」はこの目標にも対応するものとなっている。また，本章では，学習意欲は先述のように，「できる学力」や「わかる学力」が形成される過程において高められるものととらえられている。さらに「習得」と「活用」の関係については，先述のように「できる学力」と「わかる学力」は相互に影響しながら同時並行で高められると考えられるため，「できる学力」に関わる「習得」と，「わかる学力」に関して，それ以前に獲得した多様な既有知識を組み合わせて新たな場面での問題解決をはかるという点での「活用」の学習は並行して実施することも可能である（単元導入以前に獲得した既習事項に関する知識や日常的知識を利用することで「活用」に関する学習を単元の導入時に実施することも可能である）と考えられる。

以上のように学力をモデル化して考えた場合，日本の子どもの学力の特質は，教科や学年の違いを越えて，「できる学力」の高さと「わかる学力」の低さとして特徴づけられると考えられる。

2 「できる学力」を高める

以上に述べた 2 種類の学力をどのように高めたらよいのだろうか。先述のように 2 つの学力はその形成過程が心理学的に異なるために，その形成に有効な学習方法も異なってくる。まず，「できる学力」を高めるための学習方法から考えてみよう。

「できる学力」を高めるには，一定の手続きを繰り返して適用することが手続きの自動化を進めるうえで有効性をもつと考えら

れる。それに先だって、まず必要と考えられるのは、教師と学習者（子ども）の対話を通じて一定の手続きをクラスで集団的に構成することである。「できる学力」の場合、「わかる学力」と異なって解法や解に多様性は想定されないが、定型的な（一通りに定まった）手続きを理解する際にも、既有知識との関連づけは有効である。そこで、手続きの導入場面では、教師が1人ひとりの子どもから対話を通じて順に考えを引き出すことで一連の手続きを構成し、1つひとつのステップ（下位手続き）の意味するところを聞き手の子どもたちに理解させていくことができると考えられる。次に必要となるのが、その手続きを個人が定型的問題に適用することで獲得することを促すことである。授業場面において同種の問題を繰り返し解決したり、問題のタイプ別に定型的な解法を例題を通じて学習したりするといった学習方法（ここでは、「手続き構成・適用学習」と呼ぶ）によって、「できる学力」は、ある程度、向上させることが可能であると考えられる。

　一方で、定型的な手続きも獲得することが難しい子どもに対しては、その手続き（やそれを構成する下位の手続き）の意味を理解させるために、具体物やモデルなどを用いて少人数指導やティームティーチングなどの「個に応じた指導」を行うことも有効であろう。実際に、①計算や定型的文章題を毎回の授業の開始時に小テストとして実施して終了時に各児童の正誤や誤りのパターンや原因をフィードバックすること、②計算等の問題演習の場面で2人の教師がそれぞれヒントカード等を用いて、計算等の手続きの獲得が不十分な児童に手続きの対話的説明を行うことの2点を特徴とするティームティーチングが、小学校3,4年生の計算スキルや定型的文章題の解決能力の促進、すなわち「できる学力」の向

図 6-2 ティームティーチングによる「手続き構成・適用学習」の構成例

授業の展開と各教師の役割

計算トライ	単元の学習	トライの解説
5分	35分	5分

〈手続き構成場面〉　〈手続き適用場面〉

CT　□□□□□　■■■■■■■■■■　□□□□□□□□□□　□□□□□
　　机間指導　　一斉指導(適宜,個別指導)　演習場面の個別指導　機間指導

ST　■■■■■　△△△□△△△□△△△□　□□□□□□□□□□　■■■■■
　　計算トライ実施　トライの採点(適宜,個別指導)　演習場面の個別指導　計算トライの解説

(注) CT：チーフ・ティーチャー，ST：サブ・ティーチャー。■：一斉指導，□：個別指導，△：計算トライの採点。
(出所) 藤村・大田，1996。

上に有効であることも示されている（藤村・大田，1996）。図 6-2 は，ティームティーチングによる学習方法の構成例を示している。

ここで述べた「手続き構成・適用学習」の後半部分にあたる手続き適用の反復学習については，従来から日本の学校では重視されてきており，その結果，「できる学力」は，国際比較においても，また「わかる学力」との対比においても相対的に高いという結果につながっていると考えられる。

3　「わかる学力」を高める

国際比較にみる日本の授業の特徴

「できる学力」が「わかる学力」に比べて相対的に高いことから，日本の授業は教師による一斉指導が中心と思われるか

もしれないが，他国との比較研究の結果をみると，その様相は異なっている。

　日本の教育，特に算数教育などでは，「問題解決の授業」と呼ばれる授業が1970年代より実施されてきている。そこでは，まず多様な解法が想定される問題を提示して場面を理解させ（問題把握），それに対して1人ひとりが個別解決を行い（自力解決），学級全体でそれらの解決の発表を手がかりに「よりよい解決」へと練り上げて（練り上げ），教師によるまとめがなされる（まとめ）。その背景にあるのは，数学者のポリヤが提案した4段階の問題解決の過程（①問題を理解する，②計画を立てる，③計画を実行する，④振り返ってみる）であり，問題解決の場面は「数学的な考え方」が生きて働く場であると同時に，問題解決を通じて1人ひとりの子どもが「数学的な考え方」を獲得することが目標とされている（日本数学教育学会出版部，1992。なお，以上のような授業を表現するのに「問題解決」という言葉が用いられているが，第二次世界大戦直後の日本の社会科教育等にみられた，現実生活に特化した「問題解決学習」とは，その起源や意味が異なる）。

　そのような問題解決型の授業は，授業の国際比較研究において日本の小学校の算数授業の特徴であることが指摘されてきた（Stigler & Hiebert, 1999など）。中学校の数学教育についても，第3回国際数学・理科教育動向調査（TIMSS）の付帯調査「ビデオテープ授業研究」の研究対象となった3カ国（日本，アメリカ合衆国，ドイツ）の間で顕著な差異がみられたデータ（中学校2年生の数学授業の記録）が検討された。その結果，日本の授業の特徴として，生徒による問題解決を中心に据えた授業展開の構造，その過程での複数の解法の提示などが指摘されている（清水，2002）。

また，授業のディスコース（談話）を通じて，子どもの意見を評価する基準がどのように教授され，学習されるかについても，授業過程の日米比較により検討が行われている（Inagaki et al., 1999）。小学校5年生の分数の授業を，日本6学級，アメリカ合衆国7学級についてビデオ録画し，教師の質問－児童の反応－教師のフィードバックという観点をおもに用いて分析が行われた。その結果，アメリカの教師には児童の意見に対して直接評価を行うことで，評価基準を直接教えることが多くみられたのに対し，日本の授業では児童はクラスに対して意見を発表したり他者の意見を評価したりすることを勧められることが多く，評価基準が間接的に教授されていた。また，アメリカの教師は個人に向けてフィードバックを行うことが多いのに対し，日本の教師は集団全体に対してフィードバックを行うことが多いという特徴もみられた。これらのことから，各国における教師の発言や態度が間接的に子どもの学習観の形成にも影響していることがうかがえる。その背景には教師のもつ教育観の国による違いが推測される。
　それでは，どうして1つの問題の解法をクラスで協同で検討するような問題解決型の授業が実施されているにもかかわらず，日本の子どもの概念的理解や思考プロセスの表現，すなわち「わかる学力」の水準は国際的にみて高くなく，また教科への関心も低いのであろうか。
　その理由としては，第1に，クラス集団での協同解決のために扱われている問題が多くの子どもにとって正答に至ることが難しく，その解法の検討が一部の子どもと教師の間でのみ行われていることが推測される。自分ではまったくアプローチすることができないような問題が提示された場合，教室での他者の解法が示さ

れても，その解法の手続き的な側面を模倣することにとどまることが予想される。第2に，協同場面での解決が個人の理解の深化に結びつけられていないことが推測される。クラスの協同場面で多様な解法が発表されても，解法の正誤や優劣のみが問題とされ，教師のまとめの後，1つの正しいあるいは最適な解法の手続きを「練習」することに授業が収束すると，結局，一定の手続きの獲得という「できる学力」の育成に向かうのではないかと予想される。そして，第3に，クラス集団での協同解決の場面が単元の導入時などに限られていることが推測される。導入場面で多様な考えの検討が行われても，単元のそれ以降の時間の授業がスキルのトレーニング中心になると，子どもの「できる学力」は高まっても，「わかる学力」は高まらないのではないかと考えられる。

　これらの問題を解決するには，「問題解決の授業」が1人ひとりの学習者の問題解決とクラス場面での検討を重視しているという利点を生かしながらも，一方で，子どもの発達の視点から教材や授業の構成を考えることが必要になると考えられる。第1，第2の問題を解決するには，具体的には，(A)クラスの多数の子どもが多様な既有知識を活用して解法を個別に探究し，何らかの形で正解を導けるような「導入問題」を設定することが必要であろう。また，(B)多様な解法の比較検討の場面では，「よりよい解法」を求めて解法の正誤や優劣を議論することよりも，各解法にどのような特徴があり，解法間にどのような関連性があるのかを協同で探究することが，知識の関連づけを促進し「わかる学力」を高めるうえでは重要であろう。授業内で発言しない子どもでも，自分の考えた解法と同種の解法が他者によって発表され，その解法と別の解法がどのようにつながるかが議論されると，自己内で対話

が成立し，多様な知識が関連づけられることで理解の深化に結びつくと考えられる。さらに，(C)クラス場面での多様な解法を関連づける協同探究の直後に，（教師がまとめたり，ある解法の「練習」を行ったりするのではなく）1人ひとりの子どもが解法を自分で選択・統合できる機会としての「展開問題」を実施し，再度，個別探究を行わせることが有効ではないかと考えられる。そして，第3の問題の解決には，以上の(A)(B)(C)の改善を行った問題解決型の学習を継続的に実施することが有効であると考えられる。

教室場面における探究と協同の重要性

「わかる学力」，すなわち概念的理解の中心は，心理学的には，子どもが自身のもつ既有知識と新たな知識を関連づけて構造化することである。「できる学力」の育成には，反復による自動化が一定程度必要であるのに対して，「わかる学力」の育成には，多様な知識の関連づけによる精緻化が重要となると考えられる。したがって，概念的理解を促進するためには，①1人ひとりの子どもが探究を通じて多様な知識を関連づけることや，②他者と協同することで自分や他者のもつ多様な既有知識を活用して関連づけることなどが有効と考えられる。

①に関して，科学者が概念や原理を生成してきたプロセスを主体的に探究することを通じて，学習者が学問の構造を理解し，学問の探究方法を獲得する学習方法やカリキュラムについては，「探究学習」(inquiry learning) として，「現代化」(第1, 2章参照)の頃より提唱がなされている (Schwab & Brandwein, 1962)。また，②に関しては，近年の学習科学 (leaning sciences) 領域の研究の一環として，理科授業の協同過程において，生徒が他の生徒の説

明を精緻化させて自身の説明に用いる過程が繰り返されることにより、クラス内でより科学的な説明が構築されるといった、知識統合（knowledge integration）のプロセスも指摘されてきている（Linn & Hsi, 2000 など）。

155頁で紹介した「問題解決の授業」をベースとしながら、前項で述べた(A)(B)(C)の点の改善をはかると同時に、本項で心理学的な重要性を指摘してきた①個別探究過程と②協同探究過程の両者を重視した学習方法が「協同的探究学習」（inquiry-based collaborative learning）と名づけられ、心理学研究者と小学校、中学校、高校の教員と共同で学習方法の開発と検証が進められてきている（藤村・太田, 2002；Fujimura, 2007；藤村ほか, 2008；藤村, 2012；藤村ほか, 2018）。協同的探究学習の理念は、思考プロセス、意味理解、社会的相互作用の3点を重視することにある。実際の授業場面では、思考プロセスとしての解法や理由の表現、意味理解に関して既有知識に依拠した多様な考えの説明、社会的相互作用に関して、多様な考えの比較検討と関連づけを学習者としての子どもが行うことになる。

協同的探究学習が、学習方法として従来の問題解決の授業と異なる点は、前項でまとめたことに関連して、以下の3点に整理される。第1に、多数の生徒が日常的知識を含めた多様な既有知識を活用して解決可能な問題、すなわち、多様な考え（解法、解釈、説明、表現など）が可能な**「非定型問題」**（non-routine problem）を設定して実施することである。第2に、その非定型問題に対する多様な考えをクラス全体で検討し、自分の考えと他者の考え、あるいは他者の考えどうしを関連づけ、学習内容の本質に迫る「協同探究」の場面を組織することである。第3に、非定型問題に対

して自分自身の思考プロセス，特に判断の理由づけなどをワークシートやノートに記述（自己説明）する「個別探究」の時間を「協同探究」の前だけでなく，「協同探究」の直後にも設定することである。後者の「個別探究」では，学習内容の本質に迫る非定型問題（展開問題）に対して，「協同探究」場面でのクラス全体での考えの関連づけを生かして，各児童・生徒が自身の考えを表現することで概念的理解を深めることが意図されている。

协同的探究学習による授業のデザイン

協同的探究学習の特質は，以下の4点にまとめられる（図6-3参照）。

① **子どもの多様な既有知識を活性化する「非定型問題」の設定**

第1の特質は，日常的知識や他教科・他単元に関する知識も含む多様な既有知識を利用して多数の子どもが自分なりに解決可能な問題，すなわち先述の「非定型問題」を「導入問題」として設定すること（図6-3の①）である。一部の子どもが多様な考えをもつのではなく，1つのクラスで学んでいる多様な子どもがそれぞれにアプローチできる導入問題を設定するためには，非定型問題の設定を工夫することが重要である。具体的には，多様な考えが可能であること，それらの考えを関連づけることで教材や単元の本質に迫りうることを前提としたうえで，「日常的文脈に位置づける」ことで，より多様な既有知識を活性化することや，問題解決に必要な手続き的知識・スキルや事実的知識を必要最小限にすること，すなわち「できる学力のハードルを下げる」ことで1人ひとりの（定型的な）情報処理の負荷を下げて，非定型問題の探究・解決に注意を焦点化できるようにすることなども工夫とし

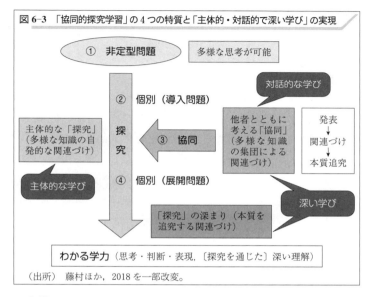

図6-3 「協同的探究学習」の4つの特質と「主体的・対話的で深い学び」の実現

（出所）　藤村ほか，2018を一部改変。

て有効である。

② 1人ひとりが多様な知識を関連づける「個別探究」場面の組織

第2の特質は，非定型の導入問題に対して1人ひとりの子どもが自身の思考プロセス，特に判断の理由づけなどをワークシートやノートなどに記述（自己説明）したりするための「**個別探究**」の時間を設定すること（図6-3の②）である。各個人が自分なりの考えを発案し表現できるだけの時間や，それを自由に表現できる自由度の高い空間（紙面）を保障することに加えて，「自分のことばや自分なりの図式や絵などで表現すること」「1つの考えがまとまった場合には，その考えを他のことばや図などを用いて，聞き手に対してよりわかりやすい説明になるように記述表現すること」を教師が促すことで，各個人において，より多様な知識が

自発的に関連づけられることにつながる。
③　クラス全体の「協同探究」における多様な考えの関連づけと本質の追究

　第3の特質は，個別探究で考案された多様な考えを，クラス全員で比較検討し，自分の考えと他者の考え，あるいは他者の考えどうしを関連づけること（図6-3の③）である。多様な考えが子どもたちによって発表された後で，「多様な考えの間の相違点・類似点・共通点などを考える」「類似点や共通点を表すことばを考える」ことなどによって，子どもたちが発表した多様な考えは関連づけられ，抽象化や概念化が進むことになる。さらに，それらの考えの関連づけに基づいて，教材の本質に向かうための焦点化された「**追究型発問**」を教師がクラス全体に対して投げかけることや，そのプロセスにおいて「それぞれの考えの根拠や意図を再考し，共有する」ことによって，クラス全体の話し合い（**協同探究**）場面において，（集団的に）多様な考えが本質に向けて構造化されていく。

④　「**再度の個別探究**」場面の組織

　そして，第4の特質が，1人ひとりの子どもが，クラス全体の協同探究場面で関連づけられた多様な考えを生かして，教材の本質に迫る非定型問題としての「**展開問題**」に個別に取り組むこと（図6-3の④）である。クラス全体の協同探究での深まりを各個人が自身の概念的理解の深まり（「わかる学力」の向上）に結びつけるには，「問いで深める」ことが必要である。より発展的な非定型問題（展開問題）に対して，③のクラス全体の協同探究場面で他者が示した多様な考えを各個人が自分自身で選択し関連づけて（自己選択・自己統合），その解決を試みることを通じて，③で集団的に関連づけられた多様な知識を自分自身の枠組みとして再構造

化し，意味づけることが可能になると考えられる。展開問題で重要なのは，答えの正確さや導出の速さではなく，非定型問題に対する1人ひとりの「思考プロセスの表現」であり，そこに協同探究を経て再構造化された，各個人の知識構造が反映されることが想定される。

「主体的・対話的で深い学び」を実現する「協同的探究学習」　2017年改訂の学習指導要領では，今後の知識基盤社会に向けて日本の子どもにとっての課題となっている「思考力・判断力・表現力」を中心とした学力の向上のために，**主体的・対話的で深い学び**」による授業が重視されることになった。さらに，その学びの目標としては，先述のように，各個人の「思考力・判断力・表現力」のさらなる向上に加えて，各教科における「理解の質の向上（本質的理解，深い理解）」が示されている。このことは，学習指導要領において，本章で述べてきた「わかる学力」がさらに各個人の目標として重視されるようになってきていることを示している。そして，その「わかる学力」を育成するための学習方法としての「協同的探究学習」は，心理学における構成主義や社会的構成主義の考え方をベースとしていること，「深い理解」の達成を目標としてきている2000年代以降の認知心理学や学習科学の発展を共通の背景としていることからも，「主体的・対話的で深い学び」を理念的に内在するものとなっている。両者の関係性が前掲の図6-3に示されている。

まず「協同的探究学習」における学習の主軸は，非定型問題の解決に向けて「自発的に」多様な知識を関連づけることにある。これが「探究」であり，図6-3の縦軸で表されている。各個人は，

第6章　学力をどう高めるか

非定型問題の解決という目標に向けて，自分自身で判断して多様な知識を関連づけ，さらに，導入問題の個別探究や協同探究を自分自身で振り返りながら，展開問題の解決に向けて，主体的に知識を関連づけていく。ここに，1人ひとりの子どもが主体的かつ自律的に学習を進め，学習過程を振り返りながら次の学習につなげていくという「**主体的な学び**」のプロセスが内在されている。

　次に「協同的探究学習」における学習に広がりと深まりをもたらすのは，非定型問題の解決に向けて「他者と協同で（集団的に）」多様な知識を関連づけることである。これが「協同（探究）」であり，図6-3の横軸で表されている。協同探究プロセスでは，他者との対話を通じて知識が集団的に構成され，協同探究場面における先述の「関連づけ」や「本質追究」を経て，クラス全体で構成される話し合い（談話）の水準が高次化していく。この協同探究場面には，非定型問題を解決し，概念的理解を深めることを志向した「他者との対話」が内在され，さらにそこでの学習が，「自己との対話」（自己内対話）や「教材との対話」（教材の検討を通じた本質追究）も含んだ「**対話的な学び**」として成立している。

　さらに，「協同的探究学習」は，協同探究場面後半の「関連づけ」や「（追究型発問等を通じた）本質追究」と，その直後の展開問題における「再度の個別探究」を通じて，集団および個人のレベルで，教材の本質に向かって学習が深まることを目標としている。ここに「**深い学び**」をもたらす2つの契機が含まれており（図6-3の右下部分），その学習の契機を生かして1人ひとりの学習者は，自身の思考プロセスの表現（「わかる学力」の第1段階）から深い概念的理解（「わかる学力」の第2段階）へと，自身の「学び」を継続的に深めていく。

以上の3つの点から,「協同的探究学習」は,各学習者の「わかる学力」の形成(思考プロセスの表現と深い概念的理解)に向けて,「主体的・対話的で深い学び」を実現する授業モデルとしても構成されていると考えられる。

<u>協同的探究学習の具体的事例とその効果</u>
　子どもは学校教育で,ある内容を学習する以前に,日常経験などを通じて既有知識を豊かに発達させてきている。それらは断片的な知識ではなく,領域のなかである程度一貫した構造をもつことも,子どものもつ素朴概念や素朴理論の研究からも示されてきている。

　子どもが発達させてきている豊かな既有知識を授業場面に生かすために,協同的探究学習では,先述のように,多くの子どもが,自分自身が発達させてきた既有知識を用いて何らかの解法が導けるような「導入問題」を設定し,そこで考案された多様な考えをクラス全体の「協同探究」場面で比較検討し,関連づけることを特徴とする授業とその効果が研究されてきている(藤村・太田,2002 など)。

　具体的な事例として,小学校高学年の単位あたり量の単元導入時における,「協同的探究学習」による問題設定をみてみよう。一般に教科書では公園などの混み具合を比較する場面を用いて,①面積が共通,②人数が共通,③面積も人数も異なる,の順で3段階に課題が実施され,人数÷面積で混み具合が判断できることが説明される。①②と比べて③が急に難しくなり,多くの子どもにとって既有の倍数操作(倍や半分の考えを生かした思考)などの問題解決方略を反映しにくい展開となっている点に課題がある。

そこで、協同的探究学習による授業では、多くの子どもに既有の倍数操作方略でも、また新たに獲得していく単位あたり方略（人数÷面積など）でも解決可能な問題（たとえば、200 m^2 に15人いるプールと400 m^2 に45人いるプールの混み具合の比較）が「導入問題」として設定され、自身の考えをワークシートに記述する「個別探究」の時間が設定された。そして、「協同探究」場面において、子どもの多様な方略がクラス全体に対して発表され、その方略間の関係が検討された後に、今度は、単位あたり方略のみで解決可能な「展開問題」を個別探求するという授業が展開された（授業のプロセスと効果の詳細については、*Column*④を参照）。

以上のような「協同的探究学習」による授業では、他者が示した解法の意味を理解して自身の方略として使えた場合に、また解法の意味などに着目した発言を行った場合に、授業後の概念的理解が深まることが示されている（分析結果については*Column*④を参照）。以上に示した例は、小学校の算数の単元導入時の例であるが、単元を通じて協同的探究学習を実施することが、①小学校〜高校段階における各児童・生徒の算数・数学、理科、国語、社会科に関する概念的理解を高めること（「わかる学力」を形成すること）や、②児童・生徒の「理解・思考」型学習観（意味理解、思考プロセスとその表現、他者との協同を重視する学習観）の形成を促進することが、各学校段階の教員との実践協同研究によって示されてきている（Fujimura, 2007；藤村, 2012；藤村ほか, 2008, 2018など）。また、自治体単位での「協同的探究学習」の取り組みも進められ、記述型問題に対する正答率の向上や無答率の低下にみられるような「わかる学力」の向上や、自己肯定感の向上などの成果が継続的に示されてきている（兵庫県加古川市や岡山県などの取り組みにつ

いては，加古川市教育委員会HPや岡山県義務教育課HPを参照）。

「わかる学力」を高めるには

協同的探究学習による授業のプロセスと効果を検討した以上の研究をまとめると，1人ひとりの子どもの「わかる学力」の形成につながる学習方法について，次のようなことがいえるだろう。

　第1に，子ども1人ひとりが，自分なりのアプローチで多様に解決できる導入問題を設定することが出発点になる。第2に，すぐに子どもどうしの討論に移るのではなく，1人ひとりの子どもがその問題について個別に探究する時間を保障する。そして，第3に，個別探究の後で，クラス全体での仲間との協同場面を組織する。そこでは，先述のように，どの考えがすぐれているかといった考えの順序づけではなく，個別探究を通じて1人ひとりが考案したアイディアを関連づけることを重視する。先ほどの個別探究が十分にできていれば，この協同場面において発言しない子どもも討論過程において自己内対話が成立すると考えられる。そして第4に，再度，展開問題のような問題を設定して個別探究を行わせることにより，協同場面での集団としての理解の深まりが，1人ひとりの理解の深まりにつながると考えられる。

　以上のようなプロセスで，教室場面において仲間との協同場面や個別での探究場面を組織することによって，日本の子どもが苦手としている概念的理解の深まり，言い換えれば「わかる学力」の形成がもたらされるのではないかと考えられる。

Column④ 協同的探究学習による算数授業——プロセスと効果

　協同的探究学習による単位あたり量の授業では，第3節で紹介したタイプの導入問題に対して，倍数操作方略と単位あたり方略をそれぞれ2人の子どもが発表し，その違いや共通点などについてクラスで討論がなされた。解法の発表・比較場面について，通常の問題解決型学習による授業との間で発話を分析した結果，発言数，発言者数ともに，協同的探究学習による授業のほうが多いという特徴がみられた（表6-1）。また資料6-1に，発表後の討論場面の一部の発話を示す。ふだんの授業ではあまり発言しないような多数の子どもが盛んに発言を行うという特徴がみられた。

　授業の翌日に概念的理解を測る事後テストを行った結果，授業後の混み具合の理解度は，協同的探究学習を行ったクラスのほうが通常の3段階型問題解決学習を行ったクラスに比べて高いことが明らかになった。

　それでは仲間と協同で学習する授業を通じて1人ひとりの子どもはどのように概念的理解を深めていったのだろうか。

　導入問題では70％（27名中19名）の児童が，既有の方略である倍数操作方略を用いて課題を解決し，新たな方略である単位あたり

表6-1　それぞれの学習方法による授業プロセスの対比

	〈導入問題（個別解決）〉 正答者数と解決方略	〈解法の発表・検討場面〉	
		発言者数	発言数 （短答を除く）
協同的探究学習 (n＝27)	22（81％） 　単位あたり　3（11％） 　倍数操作　19（70％）	9（33％）	45
通常型問題解決学習 (n＝27)	9（33％） 　単位あたり　2（7％） 　個別単位　7（26％）	4（15％）	24

（出所）　藤村・太田，2002。

資料6-1 クラスでの協同探究場面:解法の類似点・相違点の検討

T(先生):じゃあ,ちょっとこれを整理してみたいんですけれど,4人の人がやりましたので記号をつけましょう。(左から)ア,イ,ウ,エとしましょう。それで仲間,似た考えをしたものはありますか?
C(子ども)複数:アとイ。
T:どうしてわかりますか?
C6:反対にしただけ。
T:反対にしただけ?
C2:たすとひく。
C7:かけるとわるだ。
C2:あ,そうだ。かけるとわるだ。
T:なるほどね。東にそろえるか,西にそろえるかね。ウ,エはそれと違うね。他にどうですか?
C複数:ウとエ(が似ている)。
T:ウとエはどうして似ている?
C5:どっちも人数違い。みんな1 m²とか1に……。
C4:ウは1 m²に含まれる人数で,エは1人あたりの面積を……。
T:2人で言ってもわからないから,C5君,言ってみて。
C5:1 m²と1人で,どちらも1にしている。
T:なるほどね。両方とも1ずつに合わせているところが似ていますね。

(注) 解法ア:「倍」を用いて面積を400 m²にそろえる方法。解法イ:「半分」を用いて面積を200 m²にそろえる方法。解法ウ:「1 m²あたり」で比べる方法。解法エ:「1人あたり」で比べる方法。

(出所) 藤村・太田,2002。

方略を用いたのは11%(27名中3名)の児童であった。それに対して,クラスでの討論(協同探究)直後に実施された展開問題では,既有の倍数操作方略では解決できないために,討論時に一部の児童が示した単位あたり方略を78%(27名中21名)の児童が用いていた。

展開問題に対する解決方略(単位あたり方略)のワークシートへの表現の仕方は2通りに分かれた。1つは「1人あたりの面積を求める」など計算の目的を書いた後に単位あたりの計算を行い,判断の理由と答えを書くタイプ(意味理解型)であり,もう1つは計算の式と答えのみを書くタイプ(手続適用型)である。前者は他者の

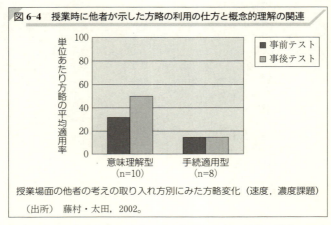

図 6-4 授業時に他者が示した方略の利用の仕方と概念的理解の関連

授業場面の他者の考えの取り入れ方別にみた方略変化(速度, 濃度課題)
(出所) 藤村・太田, 2002。

解法の意味を自分自身の言葉で言い換えて課題の目的に対応させて用いているのに対し, 後者は解法の手続き的側面(大きな数値を小さな数値で割るなど)に着目していると考えられる。なお, このクラスの算数授業では課題に対して「計画」「解き方」「答え」を分けて書く指導が継続的に実施されていた。

意味理解型と手続適用型という2つのタイプは, 授業後のテストで対照的な結果を示した。$200 m^2$ に 20 人が遊んでいる公園と $500 m^2$ に 40 人が遊んでいる公園の混み具合を比べる問題に対して, 意味理解型の児童は単位あたり方略を用いて正答する者が多く, 手続適用型の児童には単位あたり計算を試みても比較判断の時点で誤りとなるタイプなど(その他の方略)が多くみられた。さらに意味理解型の児童は速度や濃度といった未習の単位あたり量についても手続適用型の児童よりも概念的理解を深めていた(図6-4)。これらの結果は, 討論場面で他者の考えにふれたとしても, その利用の仕方によって授業後の概念的理解が異なってくることを示している。

なお, 意味理解型の児童は手続適用型の児童に比べて, 授業前に倍数操作方略を多く用いていた。このことから子どものもつ既有の方略が授業場面で他者が示した方略の利用の仕方を規定し, それが

授業後の理解に影響するといった流れ（理解の漸進的深化のプロセス）も示唆される。

　授業場面での発言は概念的理解とどのように関わるのだろうか。授業後の混み具合問題に正答した者の割合は発言者が非発言者に比べてやや高かったものの，速度や濃度については非発言者も発言者と同様に理解を深化させていた。このことは，授業で発言しない者のなかにも内的には討論に主体的に参加し，自己内対話を通じて自身の理解を深めている者がいることを示している。一方，発言者のなかでも討論場面で解法の意味や評価に関する発言を行った者は授業後に精緻な方略を多く用いるなど，発言内容により概念的理解に違いが生ずることもうかがえる。

 読書案内

藤村宣之・橘春菜・名古屋大学教育学部附属中・高等学校編『協同的探究学習で育む「わかる学力」――豊かな学びと育ちを支えるために』ミネルヴァ書房，2018。
　●本章で紹介した「わかる学力」と「できる学力」，前者を高める「協同的探究学習」の理念と各教科の実際の授業過程等が詳述されている。
藤村宣之『数学的・科学的リテラシーの心理学――子どもの学力はどう高まるか』有斐閣，2012。
　●国際比較調査にみるリテラシーの現状，心理学の視点からの学力モデル，「わかる学力」を高めるための協同的探究学習のプロセスと効果，今後の教育の課題などについて，教育心理学の視点から説明している。

引用・参考文献

岡山県義務教育課 HP「協同的探究学習モデル事業の成果等について」
加古川市教育委員会 HP
国立教育政策研究所編『生きるための知識と技能 8――OECD 生徒の学習到達

度調査(PISA)2022年調査国際結果報告書』明石書店, 2024。
清水美憲「国際比較を通してみる日本の数学科授業の特徴と授業研究の課題
——TIMSS ビデオテープ授業研究の知見の検討」『日本数学教育学会誌
(数学教育)』84 (3), 2-10, 2002。
日本数学教育学会出版部編『新訂 算数教育指導用語辞典』新数社, 1992。
藤村宣之「(教育時評85) 子どもの学力を心理学的に分析する」『学校図書館』661, 58-59, 2005。
藤村宣之『数学的・科学的リテラシーの心理学——子どもの学力はどう高まるか』有斐閣, 2012。
藤村宣之・今村敦司・藤田高弘・嘉賀正泰・水谷成仁・加藤直志・福谷敏「教科連携型協同学習を通じた『ことばによる思考力』の育成」『第2回博報「ことばと文化・教育」研究助成研究成果論文集』(財団法人博報児童教育振興会) 31-46 頁, 2008。
藤村宣之・大田正義「ティームティーチングが児童の算数理解に及ぼす効果」『教育方法学研究』21, 127-137, 1996。
藤村宣之・太田慶司「算数授業は児童の方略をどのように変化させるか——数学的概念に関する方略変化のプロセス」『教育心理学研究』50, 33-42, 2002。
藤村宣之・橘春菜・名古屋大学教育学部附属中・高等学校編『協同的探究学習で育む「わかる学力」——豊かな学びと育ちを支えるために』ミネルヴァ書房, 2018。

Fujimura, N. How concept-based instruction facilitates students' mathematical development: A psychological approach toward improvement of Japanese mathematics education. *Nagoya Journal of Education and Human Development*, 3, 17-23, 2007.

Inagaki, K., Morita, E., & Hatano, G. Teaching-learning of evaluative criteria for mathematical arguments through classroom discourse: A cross-national study. *Mathematical Teaching and Learning*, 1, 93-111, 1999.

Linn, M. C. & Hsi, S. *Computers, Teachers, Peers : Science Learning Partners*. Lawrence Erlbaum, 2000.

Schwab, J. J. & Brandwein, P. F. *The Teaching of Science as An Enquiry*. Harvard University Press, 1962 (佐藤三郎訳『探究としての学習』明治図書出版, 1970)

Stigler, J. W. & Hiebert, J. *The Teaching Gap : Best Ideas from the World's Teachers for Improving Education in the Classroom*. Free Press, 1999 (湊三郎訳『日本の算数・数学教育に学べ——米国が注目する jugyou kenkyuu』教育出版, 2002)

第7章　授業をどうデザインするか

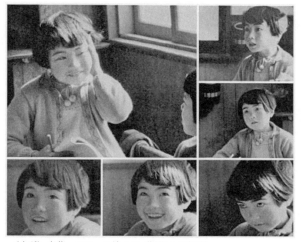

（出所）斎藤，1963，口絵より（撮影：川島浩）。

　2000年代以降，授業をデザインするという言葉がよく使われるようになった。これは，工場の組み立てラインのようなイメージではなく，1つの芸術作品を制作するというイメージで授業をとらえるものである。そこでは，事前の設計図通りに授業が進行することはあまり考えていない。むしろ，授業のなかでは予想外のいろいろな出来事が起こる。その状況に身をおいて，1つひとつに的確に対応するなかで，子どもとともに授業をつくっていこうという立場である。
　本章では，授業をどうデザインするかという問題について，教師・子ども・教材という関係のなかで考えていくことにしよう。

1 授業をデザインすること

教師・子ども・教材　教師が授業をデザインするとき，まずは，自分のクラスの子どもたちの実態に基づいて，何をどう教えるかということを考える。これが出発点である。

　もし，教師が年間指導計画や教科書の単元構成に沿って，教師用指導書や市販のワークシートや授業のマニュアルに従って，授業を進めていくとしたら，それは授業のデザインとはいわない。むしろ，決められたことを決められた通りに行うルーティンワークということになる。

　授業のデザインにあたって，まず考えなくてはならないのは次のような関係である。

　斎藤喜博は，授業は「教材のもっている本質」と「教師のねがっているもの」と「子どもたちの思考・感じ方・考え方」との「3つの緊張関係のなかに成立する」と述べている（斎藤，1969，図7-1参照）。つまり，教師が一般的・常識的な知識を子どもたちに一方的に教えるような授業ではなく，「教師と子ども」「子どもと子ども」「教師と教材」「子どもと教材」の間に「衝突」や「葛藤」が生じるような「緊張関係」をもった授業がよいのである。そうした授業を創り出していくのが授業のデザインということである。したがって，事前に周到な授業計画を立てるだけでなく，授業中における子どもの状況（つまずき，予想外の出来事など）に対応して授業を展開していく柔軟さも求められることになる。

　そこで，まず教師が教材とどう向き合うかという問題について

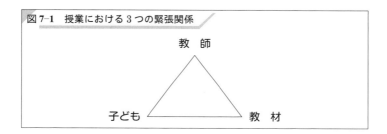

図7-1 授業における3つの緊張関係

考えてみよう。

教科内容と教材

　まず問題になるのは，授業でいったい何を教えるのかということである。かつて，学習指導要領をめぐって，民間教育研究団体の側から，教えるべき内容（文化的・学問的な価値のある知識・技能）が曖昧だという批判が行われたことがある。

　特に国語科の授業ではその傾向が強かった。文学（物語・小説）の授業はどの学年でも同じような学習課題（場面の様子を想像する，人物の心情を理解する，作品の主題を考える，感想を話し合う……）が繰り返されていた。1つの作品を隅々まで鑑賞する（教材を丸ごと教える）ことに汲々として，文学表現の原理・方法をふまえた読み方はほとんど教えられてこなかった。説明文や論説文の授業は，段落に分けて要旨をまとめるというパターンが多く，下手をすると，教材文が扱っている題材（自然・社会・文化など）に関する知識や筆者の主張が学習内容になり，理科だか社会科だかわからないような授業になることがあった。文章の論理や表現をふまえた読み方はきちんと教えられてこなかった。作文の授業でも生活作文や読書感想文などを書かされるわりには「書く技術」は不明

第7章　授業をどうデザインするか　175

確であった。「話す・聞く」という音声言語指導も同様である。

　要するに，国語科の**教科内容**が曖昧だったのである。教科内容とはその教科で教えるべき普遍的かつ科学的な概念・法則・原理・用語・技術の体系のことである。特に，言語技術としての読み方・書き方・話し方・聞き方の指導は不十分であった。したがって，授業で「確かなもの」として何を学んだか，どういう国語の力が身についたかという点が不明確であり，子どもたちにとって達成感・上達感に欠けていたのである。小・中・高を通じて「国語ぎらい」が多いのもそこに一因がある。また，「国語は特別の勉強をしなくてもテストで点が取れる」という受験生の声もそうした問題を象徴しているかのようである。漢字や文法などの知識を除けば，教科内容として何を習得したのかはっきりしないと感じている人も多いだろう。

　教科によって異なるが，こうした問題はどの教科でも多かれ少なかれみられる。つまり，授業のなかで子どもたちはいろいろと活動はしたが，肝心の教科内容として何を学んだかはっきりしないという問題である。

「教材を教える」と「教材で教える」

　授業において教科内容が曖昧になるのは，「**教材を教える**」と「**教材で教える**」とが十分に区別されていないことに大きな原因がある。たとえば，先にあげた説明文の授業も，段落に分けて要旨をまとめる，筆者の考えを知るという学習が中心であった。まさに「教材を教える」という立場である。

　ここには，柴田義松が指摘するように，学習指導要領では歴史的に教科内容と教材との区別が曖昧だったという問題がある。上

述したように，国語科ではその傾向が顕著であった。

　今後は教科内容と教材を明確に区別する必要がある。柴田は「科学と教育の結合」という立場から，「教科内容」とは一般に「科学的概念」から構成されるべきだと主張し，「それを習得させるうえに必要とされる材料」を「教材」と規定した（柴田，1967）。「教材で教える」という「目的－手段」の関係である。つまり，教材とは，一定の教科内容を教えるための材料である。とりわけ教科書は最も重要な教材であるが，それ以外にも教材になりうるもの（ネタ）は身のまわりに多くある。1本のバナナも「日本の貿易相手国」を教えるために使えば，社会科の教材となる。ペットボトルで作った噴射ロケットも「圧力の原理」を教えるために使えば，理科の教材となる。同じように，テレビや新聞における広告・宣伝コピーも「説得的な表現の方法」を教えるために使えば，国語科の教材となる。

　逆に，いろいろなバナナを食べる，ペットボトルのロケットを打ち上げる，宣伝コピーを作るといったことだけを目標としていたら，教科内容が不明確になり，「教材を教える」ことに閉じてしまうことになる。教材とは「教えるための材料」「学ぶための材料」なのである。

2　教科内容と子どもの学び

教科内容論の動向　このように，教科内容は授業のデザインにおいてきわめて重要なものであるが，その一方で，近年，これまで学校で教えられてきた「科学的概

念」や「学校知」が問い直されている。科学技術信仰のゆらぎ,科学観の変化・転換,社会的構成主義の台頭,学習論やカリキュラム観の変化などの影響である。つまり,これまで自明であった「科学の成果を子どもたちに系統的に教える」という考え方が疑われ始めたのである。こうした状況のなかで,森脇健夫は,教科内容論が「かつてない危機」を迎えているという(グループ・ディダクティカ,2000)。確かに,教科内容の科学化・系統化という論理だけでは不十分であり,今本当に学習者に必要な知識は何かという観点から,**教科内容論の見直しが求められている。**

先に述べた授業のデザインという考え方からみても,学習者である子どもの視点は重視されなくてはならないだろう。

特に2000年代以降の新しい学習理論では,トップダウン式の系統学習が「無味乾燥な知識の詰め込み」になりやすく,知識が「子どもたちの将来にどのように役立つのかが見えにくい」ので,これからは**「知識伝達」(プログラム)型**ではなく**「知識創造」(プロジェクト)型**の「学び」が必要だといわれている(森,2002)。この背景には,人間の認識や発達を社会的相互作用の過程としてとらえる社会的構成主義ないし社会文化的アプローチの考え方がある。

しかし,そうだからといって,系統学習を"時代遅れの古い学習理論"と簡単に葬り去ることはできない。むしろ本当に学ぶ価値のある知識を明らかにしつつ,それを学習者の文脈・状況,教材の特徴と結びつけながら習得させることは重要である。実際,カリキュラム編成の3つの原理として,①学問中心カリキュラム(最新の学問・科学の成果を重視),②社会中心カリキュラム(社会への適応・改革を重視),③人間中心カリキュラム(子どもの興味・関

心・意欲を重視）がある（日本カリキュラム学会，2001）が，どれもなおざりにできないからである。

佐藤学は，**「階段型」カリキュラム**（一定の知識を段階的に習得させるというプログラム型学習）から**「登山型」カリキュラム**（子どもが計画した学習課題を協同的に追究していくというプロジェクト型学習）への「変換」を主張している（佐伯ほか，1995）。しかし，「登山型」カリキュラムであっても，教科内容の設定は不可欠である。「子どもの発言や活動を受けとめ，意味を付与し，適切に関連づける」ための「地図」（グループ・ディダクティカ，2000）として機能するからである。

一方，「階段型」カリキュラムは，定型的な知識・技術の習得のためにはどうしても必要である。したがって，「登山型」カリキュラムへの「変換」ではなく，両者の「統合」がめざされるべきである。つまり，「教科カリキュラム」と「経験カリキュラム」との「統合」（日本カリキュラム学会，2001），「計画」としてのカリキュラムと「経験」としてのカリキュラムとの「統合」（グループディダクティカ，2000），「習得サイクル」と「探究サイクル」，「基礎から積み上げる学び」と「基礎に降りていく学び」の「バランス」（市川，2004），「教科学力」と「生成学力」との「バランス」（藤田，2005），という課題である。本書では，「できる学力」と「わかる学力」という区別をしているが，これにも同じことがいえる（第6章1を参照）。

「伝統的な授業実践での学び」と「社会的構成主義による学び」を「状況依存的にバランスよく使い分ける柔軟さ」ということも指摘されている（高垣，2010）。

要するに，カリキュラム観・授業観の対立から統合への道，す

なわち**教科内容論的アプローチ**と**社会文化的アプローチ**の二元論の克服が大きな課題となっているのである。

　2017（平成29）年版の学習指導要領では、「主体的・対話的で深い学び」の推進が明記されている。今回の学習指導要領改訂に向けての中央教育審議会における議論のなかで、「アクティブ・ラーニング」という名称が「主体的・対話的で深い学び」に変わっていったのだが、その背景には、アクティブ・ラーニングに代表される社会的構成主義の教育が陥りやすい問題についての認識があった。つまり、教師の実践的指導力が伴わない場合は、子どもの活動が表面的かつ形式的なものになりがちで、思考や認識が深まっていかないという問題である。まさに「教科内容論的アプローチ」と「社会文化的アプローチ」の二元論を克服すべく、各教科で教えるべき知識・技能や教科固有の見方・考え方（教科内容）をしっかりと押さえたうえで、子どもたちの興味・関心や既有知識・経験、既習事項とつなげて、いかに授業をデザインしていくかということが大きな課題になっているのである。

教科内容論的アプローチと社会文化的アプローチの統合

　「知識の伝達・習得」をめざすプログラム型の授業であっても、単なる詰め込みやドリルでは知識・技術が身につくことはない。テストが終わればすぐに忘れてしまうだろう。系統的な知識の教授をめざす立場であっても、子どもたちの「学びの文脈」や「学びの履歴」をふまえながら授業を計画、展開していくことが必要である。

　また、「知識の創造」をめざすプロジェクト型の学びにおいても、教科内容研究（学問研究）は不可欠である。そのことを具体

的な事例でみていこう。

　佐藤学が提唱する「**学びの共同体**」づくりの拠点校に勤務していた古屋和久教諭は、町内に存在する「岩船地蔵」を教材にした授業（小学校4年・総合）を行った。中心的な学習課題は、「どうして切房木地区に岩船地蔵ができたのか」である。古屋教諭は、それを通して地域の歴史と出会わせることをねらっている。

　授業は、地元に伝わる「お地蔵淵」という伝説を読むことから始まった。地蔵が徳右衛門の夢枕に立ったことがきっかけで、村人たちが下野の国から連れてきたという話である。これによって先の問いに対する直接的な答えが見つかったわけだが、そこで古屋教諭は、別の資料を提示する。それは山梨県内に70基あまりも存在する岩船地蔵の分布地図である。これを見た子どもたちは驚き、徳右衛門の伝説だけでは説明がつかないことに気づく。こうして、なぜそんなに広がっているのかという問題を自分で考え、グループ内で意見交換をする。「噂が広がったのだ」といった意見が出たが、古屋教諭は「どんな資料があればいいか」と問いかけて、実証的な資料にあたる必要性に気づかせる。そして、新たに「一宮浅間宮帳」という資料（神社の年代記）を提示する。子どもたちは、この古文書のなかに「地蔵の魂が村から村へと伝わった」という事実（民俗学でいうムラ送り）を発見する。授業の後も、その資料に出ていた事実に興味をもって、インターネットで調べる子どももいた。学び合い、学び続ける姿である。

　4年生としては大変に高度な学習であるが、これを支えていたのは教師の教材研究の深さである。古屋教諭は民俗学に造詣が深く、自らフィールドワークや文献調査を経験している。子どもたちは、いわば教師による科学的な調査・研究を追体験していくこ

とになる。言い換えると、それは学問研究の方法やプロセス（この資料ではうまく説明できない、だとしたら次にどんな資料が必要になるのか……）を体験的に理解することになる。古屋教諭は子どもに「知の喜び」「知的好奇心」を味わわせたいと語っていた。こういう授業は、教師にとって子どもの論理との出会いや新たな発見がある。だから、教師にとっても授業は「楽しい時間」となる。

「学びの共同体」論では、協同的な学び合いが重視されているが、「コの字型の机配置」や「4人1組のグループ編成」といった形式面だけ取り入れても、堂々めぐりの話し合いで終わる可能性が高く、質の高い学びは生まれない。子どもたちと文化的価値（教科内容）をつなぐ媒介者として、教師には子どもの事実を見ぬく目とともに、教材についての深い学問的知識が不可欠である。教師自身が最も学ばなければならない存在なのである。

3 対話的・協同的な学び合いのために

「学び」と「勉強」の違い

そもそも「**学び**」とは何だろうか。それは「**勉強**」とはどう違うのだろうか。

読者のなかには、「学び」も「勉強」も同じことだと思う人がいるかもしれないが、実は大きく異なっている。「学ぶ」の旧字体は「學」であり、字源的にみると、ある空間のなかで子どもたちが相互に交わりながら、大人の手を借りて成長していくという意味がある。それに対して、「勉強」のほうは、「勉」にも「強」にも「しいる」「無理やりさせる」という意味がある。ある目的のためには苦しくても我慢して励むということになる。

表7-1 「学び」と「勉強」の違い

学　び	勉　強
楽しさ・面白さ	苦痛・忍耐
自発的	強制的
内発的動機 (知的な興味・関心)	外発的動機 (将来のため・試験のため)
知識の創造と活用	知識の詰め込み・ドリル
対話的・協同的関係	個人的・排他的関係
実質主義	効率主義・点数主義
個人内評価・真正の評価 (ポートフォリオ評価・ パフォーマンス評価)	テストによる評価 (絶対評価・相対評価)

　以上をまとめると，表7-1のようになるだろう。

　この関係について，もう少し説明しておこう。

　塾や予備校が「勉強」を中心に展開するのに対して，学校の授業は「学び」を基本として展開すべきである。つまり，別の目的（外在的目的）のための授業ではなくて，それ自体に価値や意味があるような内在的目的のための授業でなくてはならないのである。「勉強」は往々にして，入学試験や学力テストのための「ごまかし勉強」（藤澤，2002）に陥ることがある。「なぜそうなるのか」という原理・原則をきちんと理解しないままに，機械的な暗記に走るほうが手っ取り早いからである。授業の場でもこうした「ごまかし勉強」が行われるようになると，「学び」それ自体が本来的にもっている楽しさは感じることができないだろう。

　IEA（国際教育到達度評価学会）の国際数学・理科教育動向調査（TIMSS2019）では，「算数・数学は楽しい」と答えた児童・生徒

は，小学生77％（国際平均値は84％），中学生56％（国際平均値70％）であり，年々増えているとはいえ，国際平均値を下回っている。また，「理科を勉強すると日常生活に役立つ」と答えた中学生は65％（国際平均値84％）であり，年々増えているとはいえ，国際平均値をかなり下回っている。

日本は，この学力調査の平均得点は国際的にみてトップレベルであるが，その一方で，数学や理科の楽しさや有用性を感じることなく，成績や受験のために「勉強」している生徒が少なくないのである。

また，「学び」が対話的・協同的になるのに対して，「勉強」が個人的・排他的になるという点も指摘しておかなくてはならない。先に「學」（特に「爻」の部分）には「交わる」という意味があると述べたが，これは子どもと子どもの間に学び合いが起こるということを意味している。これに対して，「勉強」は必要最低限のことを効率的に覚えることが優先されるため，他人と話し合ったりすることは時間のムダと考えられがちである。教室という空間は，多くの子どもが集まって学ぶところであるから，当然，対話的・協同的な学び合いが前提である。個人的な「勉強」をするのであれば，わざわざ学校に来る必要はない。

では，対話的・協同的な学び合いが起こるためには，どんな条件が必要になるだろうか。その基本的な条件について考えていくことにしよう。

「出来事」に開かれていること

佐藤学は，こうした「学びの共同体」が成立するためには，「教室に生起する小さな『出来事』へと教師の身体が開かれ

ていくこと」が前提となると述べている（稲垣・佐藤, 1996）。

　教室で子どもが発する言葉は，それぞれの既有知識や生活経験を背景にして生まれてくるため，実に多種多様である。予想外の「出来事」になることも少なくない。それを大事にしようとすると，授業は必然的に対話的・協同的な性格を帯びることになる。なぜなら，主体（自分）と主体（他者）との出会いによって，教師や子どもの内部に違和や矛盾や葛藤が生じて，それを解消するべく他者との〈対話〉が行われるからである。それは，まず，「○○さんの言っていることはどういうことなんだろう」「どうして○○さんはあんなことを言うのだろう」というような自問自答から始まる。これは個人のなかの「内なる対話」であるが，次第に教室における「他者との対話」に発展していく。熟練教師の授業には，しばしばこうした重層的な対話関係がみられる。

　そうなるためには，教室での「**出来事に開かれていること**」が前提となる。自分の固定観念を絶対化していると，そうした「出来事」に気づかないだろうし，仮に気づいたとしても意味を考えることもなく素通りしてしまうだろう。

　こうした授業の機微について，もう少し具体的にみていこう。

「ズレ」から出発する生産的な対話であること

　そもそも，なぜこうした対話が起こるのだろうか。もし相手が自分と同じような考え方をしているのであれば，対話は起こらないだろう。あくまでも，1つの事柄をめぐって両者の見解が異なること（ズレ）が前提になっている。たった1つの正解を宝探しのように掘り当てるという授業では対話は起こりにくい。

　むしろ，各自の間に「**ズレ**」があること，そして，予想外の

「出来事」に対して教師も子どもも「開かれている」ことが教室を対話的・協同的な学びの場へと誘っていくのである。

佐藤学は,「プログラム化された身体」と「出来事に開かれた身体」という対比的な概念に基づいて, 次のように述べている。

> 「出来事」へと開かれるならば, 授業は, 所定の計画の遂行としてではなく, 意図や計画からの「ズレ」の中に学びの可能性をたえず探り出し, その「ズレ」の中で成立する学びを織物のように編み直すいとなみとして展開するものとなる。
>
> （稲垣・佐藤, 1996, 83-84頁）

これは, 戦後の経験主義的な教育理論・実践をリードした上田薫が言っていた「ずれによる創造」という言葉を思い起こさせる。

上田は, 普遍的なものと個性的なものの間に「必ず」生じる「ずれ」に発展や創造の根源, 教育の本質をみていた。「ずれ」とは「価値と価値, 方向と方向の深刻な・・・・・ぜりあいにおいて生まれたもの」である。したがって,「教科の論理」からの「ずれ」,「正解」からの「ずれ」,「授業目標」からの「ずれ」にこそ「授業を生かすかぎ」があるとして, それを無視して知識を注入的に教え込もうとする教育に対抗したのである（上田, 1993）。

このように,「ずれに気づかない指導は死物にすぎない」「ずれのみが新しい展開の動力になる」という立場から, さらには「ずれからずれへの発展」としての学びの必要性を説く上田の教育論・授業論は, 佐藤の提唱する「学びの共同体」論と近いものであることがわかる。

上述したように, 2000年代以降の学習理論では,「人間の発達は, まさに社会文化的文脈のなかで, 他者との共同行為を通して

の**文化的道具**の獲得と媒介に基づく社会的相互行為過程としてとらえられる」という社会文化的アプローチが注目を浴びている。たとえば，ロゴフは，「認知，学習過程を社会的な対話過程としてとらえ，対話者間の視点のズレの調整に注目」して，「このズレこそが新たな文化理解の根元であり，対話者それぞれが新たに自分なりのものを獲得するという専有過程」を強調している（田島，2003）。

こうしたズレから出発する授業は，佐藤によれば，これまで学校で支配的であった「授業に関する一般化された科学的原理やプログラムを教室に適用する『技術的実践』としての授業に対抗する」ものであり，「教室の『出来事』に対する洞察と省察と反省という教師の『実践的認識』を基盤として成立する授業」（**反省的実践**）を意味している。そこでは，「答えの当否を裁断することではなく，1人ひとりの答えに埋め込まれた『理の世界』を洞察し，その省察を教室で共有し擦り合わせて，真実へといたる筋道を共同で探索すること」が必要とされる（稲垣・佐藤，1996，86-90頁）。その意味で，授業とは「教師と子どもの文化的・社会的実践」ということになる（第11章も参照）。

具体的な事例をみていこう。

かつて，小学校5年の国語教科書に「あとかくしの雪」（木下順二作）という物語があった。寒い晩に，貧乏な百姓が1人の旅人を泊めてやることにするが，何ももてなすものがない。そこで，やむなく隣の家から大根を1本盗んできて「大根やき」をして食わしてやる。旅人は心からうまそうにそれを食べる。その晩，雪の上に付いた百姓の足跡を消すかのように雪はさらさらと降ってくる。このあたりでは今でもこの日になると「大根やき」をして

食うし，雪が降ればおこわを炊く者もいるというあらすじである。

　ある教師が，〈しんからうまそうにしながら，その大根やきを食うた〉という部分をめぐって，「この〈しん〉というのはどんな漢字があてはまると思う？」と発問した。これに対して，ある子どもが「骨の中から……」と答えた。ピントはずれの答えだと思ったのか，教師は「他に？」と言って，別の子どもに意見を求めた。すると，「心という漢字があてはまると思う」という期待していた「正解」が返ってきたので，「きっとそうでしょうね」とまとめて，次の課題に移っていった。最初に答えた子どもは完全に無視されたのである。

　確かに，その子の答えは発問にきちんと正対していない。「ズレ」ているようにみえる。しかし，よく吟味してみると，「骨の中から」という答えは人物の心情（教材の本質）をとてもリアルにとらえている。〈なにしろ寒い晩〉なので，〈旅びと〉は体の芯まで冷え切っていたのだろう。振る舞われた大根焼きは何よりのご馳走であったにちがいない。先の子どもはそういう人物の心情を生き生きと共感的に理解していたのではないだろうか。先の発言は，〈しんから〉を辞書的な意味で「心から」という漢字に置き換えるという形式的な「勉強」よりももっと深い「学び」に発展する可能性があったにもかかわらず，教師はそれに気づかなかったのである。

　これは，教室における「出来事」に対して「開かれている」こと，そこにおける「ズレ」に学びの可能性を見いだしていくことの必要性を感じさせてくれる。

> 「アプロプリエーション」としての学び

次に、このような観点から、単なる教師の教え込みやドリルによる反復練習ではなく、子どもたちの対話的・協同的な学び合いのなかで、「なるほど！」といった納得・共感あるいは「えっ？」「どうして？」といった葛藤・対立の体験を潜り抜けることによって、知識・技術が本当に「自分のもの」になっていくという「**アプロプリエーション**」（appropriation）としての学びのあり方について述べておきたい。

「アプロプリエーション」とは、学習を個人的な「勉強」ではなく、社会・文化的実践と考える社会文化的アプローチに基づく学習論のなかで提起された概念である。日本語では、「専有」「領有」「領用」などと訳されている。一言でいえば、子どもたちが言葉（文化的道具）を分有しながら利用することで学びを深めていくことを意味している。つまり、先行する子どもの発言（考え）がその後の子どもの発言（考え）のなかに取り込まれていくという学び方である。

ここで注意しておきたいことは、第1に、それは単なる模倣ではなく、自分の文脈に合わせた形で取り込まれていくということである。その場合、「さっき○○さんは△△と言いましたが、私はそれに付け足して、……と考えました。」というような間接話法による表現になることが多い。これによって、直接話法のように他者の言葉の単なる引用で終わってしまうのではなくて、他者の考えをめぐって自分の判断や意見の交流が行われることになる。

第2に、それと関わって、他者の言葉をそのまま受容的に取り入れるのではなくて、時として批判や反論の対象として、「自己の言葉と対抗する言葉」として取り込まれることもあるというこ

とである。社会文化的アプローチの旗手である**ワーチ**は、ヴィゴツキーの「内化」(internalization) という概念を「専有」(appropriation) と「習得」(mastery) とに分けたうえで、「文化的道具」を本当に「自分のもの」とすること（専有）のためには、「機械的な自己の内部への取り込み」や「無条件に受容すること」（習得）と違って、他者との相互行為のなかで「抵抗と反対の『受難』を経なければならない」と述べている（ワーチ, 2002）。

　つまり、「文化的道具」としての知識や技術が身につくためには、単なる記憶や受動的理解ではなく、それを「媒介」とした他者との協同的・相互的関係のなかで、「抵抗や軋轢」を伴った形で学ぶことが必要になるというのである。実際、そうした体験によって自分の既有知識（安定した地平）がゆさぶられ、問い直されて、より深い理解につながっていく。もちろん、最終的に自分の考えが変わらない場合でも、他者の異なる視点を取り込んで考えてみることで、それが部分修正を受けたり精緻化されたりすることがある。こうして、教室はさまざまな声が交錯し交響する学び合いの場（多声的空間）となっていくのである。

　2008（平成20）年版の小・中学校学習指導要領において、基礎的・基本的な知識・技能の習得と活用が重視されるようになった。学校で学んだことが「生きて働く力」とならずに、テストや受験が終わればすぐに剝落してしまうような「学校知」にとどまっては意味がない。PISAの結果はこの点に警鐘を鳴らしている。現在、知識が本当に「自分のもの」となるための学びのあり方が注目されているのである。

「アプロプリエーション」としての学びの実例

「アプロプリエーション」としての学びについて具体的にみていこう。

ここでは，今宮信吾教諭による「私のびっくり詩集を作ろう」(小学校3年)という実践を取り上げる（藤原ほか，2007）。それは，表現方法を手がかりとした共同的な批評活動を通して，たとえば比喩（教科内容＝文化的道具）を自分自身の詩のなかでこう使えばよいのではないかということに気づいていくという学びである。そこでは，子どもたちがアドバイスし合うときに生じる納得・共感・葛藤などが重要な意味をもっている。

今宮教諭の授業では，まず「風」というタイトルの「風って思っているよりすごい／だって，人をとばすことがあるから／風にびっくり」という1人の子どもの詩を板書して，アドバイスを求める。これに対して，子どもたちから「短くてわかりやすい」「『人をとばす』というところで，びっくりがわかる」といった発言が出る。今宮教諭はその後，「人がとばされるのを見たことがあるの」と作者の子どもに問いかける。「傘ならある」と答えたのをきっかけに，他の子どもたちも強風を経験したことを語っていく。「体がメリーポピンズみたいに浮くような感じだった」「風に乗っからられているようだった」といった経験談が出される。今宮教諭は，これらが比喩になっていることを確認して，比喩を用いるときには似たものを考えることが大事だとまとめた。

本時の授業は，教師から一方的に比喩の使い方について教えられているのではなく，子どもたちが比喩という「文化的道具」を手がかりに，作品をよりよく推敲するために語り合っているという学びが展開している。「**媒介された行為**」（ワーチ，2002）としての学びである。その結果，比喩についての理解も深まっていく。

次の時間，別の子どもから，「ネコにびっくり」というタイトルで「雨の日のこと／かさをさして／ぼぅーと歩いていると／いきなりネコが／サッと／とおった／ネコにびっくり」という作品が生み出される。これに対しても今宮教諭は子どもたちにアドバイスを促し，「最後の〈ネコにびっくり〉はいらない。わかっているから」「最後の行を〈ネコもびっくり〉にしたらいい」「〈サッ〉のところをもっと伝わるように書く」といった助言が出る。今宮教諭は「どのアドバイスをとるか選んだらいい，全部をとる必要はない」と告げ，詩の最終行は大切であること，読み手が想像できるように気持ちを表す言葉はできるだけ使わないほうがよいと発言する。

　本時の授業では，前時の「風にびっくり」という表現が別の子どもによって「ネコにびっくり」という形で取り込まれていることが注目される。よほど「風にびっくり」というフレーズが気に入ったのであろう。しかも，単なる模倣ではなく，自分の文脈（そのときの思いや状況）に基づいて取り込まれている。また，「全部とる必要はない」という教師の発言も，さまざまな声が交錯・交響する多声的空間において，自分が本当に納得するものを取り込むように求めたものである。それは子どもに自分の表現と他者の表現との異同について熟慮し，メタ認知（自分の考えをモニタリングすること）を促す役割も果たしている。

　こうした学習は，子どもたちの対話的・協同的な話し合いや学び合いをもとに授業を展開していく点で，教師主導型の系統学習（知識を基礎から積み上げるタイプの学習）とは対照的である。しかし，子どもたちが自らそうした「文化的道具」に深く関わったという点で，それらの知識・技術が本当に「自分のもの」になると

いう可能性は高い。こうした体験が，知識・技術の習得と活用（たとえば比喩で表現することのおもしろさを実感し，自分のなかにそのような表現を取り入れようとすること）につながっていくと考えられる。

なお，今宮教諭は話し合いをすべて子どもに任せるのではなく，教科内容としての詩の表現（文芸学的知識）を明確に押さえたうえで子どもたちの学びを組織し，方向づけていることも注目される。この事例も，先に述べた教科内容論的アプローチと社会文化的アプローチの統合のあり方を示しているといえよう。

4 学びのための指導・支援のあり方

学びにおける水平的な関係と垂直的な関係

ここまで，「学び」における対話性・協同性の重要性を指摘してきたが，これは学習者相互の「水平的な関係」にほかならない。これはいくら強調しても強調しすぎることはない。しかし一方では，「學」の字源にもあったように，「学び」には大人の手で引き上げるという要素があることも忘れてはならない。これが「垂直的な関係」である。ヴィゴツキーの**最近接発達領域**という概念は，まさに子ども同士の学び合い（水平性）と同時に，教師という熟達者との交渉による科学的概念の習得（垂直性）という両方の要素を含んでいたのである。最近接発達領域とは，現実の発達水準（独力で問題解決できるレベル）と潜在的な発達水準（教師の指導のもとで，または，より有能な仲間との協同によって問題解決できるレベル）との差を表している。つまり，他者による「足場」を借りつつ，最終的にはそれを壊していくことが発達を促す

図7-2　教室の学びにおける水平的関係と垂直的関係

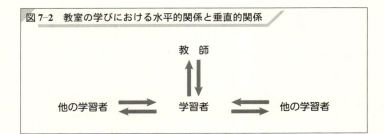

という考え方である。発達における熟達者（教師）との相互作用も決定的に重要なのである。

先に述べたように，プログラム型の系統学習（一定の科学的な知識・技術を発達段階に沿って習得させる教師主導タイプ）かプロジェクト型の問題解決学習（子どもの興味・関心をもとに学習課題を決めて追求する学習者中心タイプ）かという二元論でなく，それぞれの長所を生かすような**統合型学習システム**の構築が求められていることがあらためて確認できる。

実践的にいうと，上から下へとトップダウン式に知識を教え込んだり，単調で機械的なドリル学習で技術を身につけたりするのではなく，学習者が学習内容（知識・技能）の意味や有用感を実感できるような授業，学習者の論理や文脈をふまえた必然性のある授業，教材の特質を引き出して学習者の認識を深めるような授業が求められる。学びにおける垂直的関係と水平的関係を融合した学びの場をどうつくるかということがポイントである（図7-2）。

最後に，こうした観点から，垂直的関係としての教師の指導・支援のあり方についてみていきたい。結論的にいうと，次の2点に留意することが必要である。

①　学習意欲を高め，発見や思考を促す授業づくり——発問・

板書・説明などの授業技術
② 全員参加を保障する授業づくり

発見や思考を促す発問・板書の技術

「○○とはどういうことですか？」といった漠然とした発問では子どもは動かない。子どもの興味・関心や考える意欲を引き出すような具体的かつ明確な発問・指示でなければならない。ここでは，そのための発問づくりの原理を紹介したい。

たとえば，教科を越えて，人物の「見え」を問う発問は有効になることが多い。

社会科の授業で，「バスの運転手さんはどこを見て運転していますか」という有田和正の有名な発問がある（有田，1988）。「バスの運転手さんの仕事はどういうことですか」という一般的な発問と比べると，その違いがわかるだろう。人物の知覚を問うことによって，学習者はバスの運転手の立場になりきって具体的に考えることができる。そうすると，他の車や歩行者だけでなく，バス停や車内の乗客にも注意して運転していることがわかってくる。これは「見え先行方略」（宮崎・上野，1985）といわれていて，事象や文章などを理解するときに威力を発揮する。

国語科でも同様である。「ごんぎつね」（新美南吉作）の授業で，「兵十がかけよってきたときに何を見たでしょうか」という発問も，「そのとき兵十はどんな気持ちだったでしょうか」という発問よりも具体的で考えやすい。「うちの中を見ると」という表現に着目すると，ごんのことはもはや眼中になく，むしろ家の中が荒らされていないかを心配する兵十の心理がよくわかるからである。

このほかに，「数」「色」「音」「場所」など具体的なものを問う

第7章 授業をどうデザインするか

ことも有効である。

「大造じいさんとガン」(椋鳩十作)の2の場面に〈大造じいさんは、夏のうちから心がけて、タニシを五俵ばかり集めておきました〉という文がある。ここでは、じいさんが時間と労力をかけてタニシを五俵も集めたということが実感できるようにしたい。たとえば、「五俵の中にタニシは全部で何個入っていますか」という発問(B)によって、〈大造じいさん〉の行為を具体的にイメージすることができ、子どもたちは猟師としての執念や意気込みの強さに気づいていく(A)だろう。

これらはいずれも、「AさせたいならBと言え」という発問・指示の原理である(岩下, 1989)。子どもに考えさせたいことを直接的にではなく、間接的に問いかけることである(**間接性の原理**)。「見え」「数」といった具体的かつ明確な問い(B)が子どもの思考を活性化するとともに、より深い学習(A)のための媒介となるのである。

発問だけでなく、板書も大きな意味をもっている。板書の機能としては、一般的に「問題の提示」「内容の確認」「学習の整理・定着」などがある。しかし、もっと積極的に、子どもたちの思考を深めたり新たな発見を促したりする機能ももっている。

斎藤喜博の板書は、その代表的な事例である(斎藤, 1963, 1969)。〈あきおさんとみよ子さんはやっと森の出口に来ました〉という教材文をめぐって、子どもたちが「森とそうでないところの境」を「出口」と考えていたのに対して、斎藤が「そんなところは出口ではない」と言って、森を表す円の内部に「出口」を図示した(図7-3)。子どもたちは驚き、動揺するが、「みんなが一しょにならんで島村の外へ出て行くとき、どこまで行ったら島村の出口へ

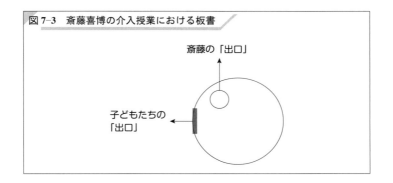

図7-3　斎藤喜博の介入授業における板書

来たというだろうか。島村と，となり村との境には橋があるが，橋の出はずれのところへ行ったとき，出口へ来た，というのだろうか。それとも，近くに橋が見えてきたとき，出口へ来たというのだろうか」という斎藤の「たとえばなし」を聞いて，納得していったのである（本章扉の写真を参照。右上から時計回りに進行）。

　この授業に対してはさまざまな評価があるが，少なくとも板書というレベルで考えると，斎藤が黒板に書いた図は子どもの知的な興奮を引き起こし，思考を刺激したことは間違いない。いわゆる「**ゆさぶり**」の機能である。

　この板書がすぐれているのは，2つの考え方を対比して示すことによって，その違いがすぐにわかることである。子どもたちは客観的な視点から人物をとらえていたのに対して，斎藤は登場人物の視点になりきってその心情（疲れきっていたので少しでも早く森の外に出たい）を理解させようとしたのである。

全員参加の授業5原則

　先に，「学び」と「勉強」の違いについて述べたが，単に読み書き算の力だけで

なく,「人と関わる力」や「人と交わる力」を育てるのも学校の重要な任務である。1人で学ぶのであれば学校は要らない。大勢の子どもたちが集まって,教室という空間でともに学ぶ以上,その目的は単なる知識や技術の習得にとどまるべきではない。特に協同的な学び合いを実現するうえでは,全員参加ということが大きな意味をもってくる。授業で自分勝手なことをしていたら,「人と関わる」ことや「人と交わる」ことはできない。

そこで,全員参加の授業5原則をあげてみよう。

① さまざまな反応をとらえる(一部の子どもの反応だけで授業を進めない)
② 空白の時間をつくらない(作業のはやい子どもには別の課題を与える)
③ 待つ(沈黙の時間を重視する)
④ 教室全体を見る(机間巡視を生かす)
⑤ 学習形態を工夫する(個人学習→グループ学習→全体学習)

それぞれについてみていくことにしたい。

① さまざまな反応をとらえる

一部の子どもの反応だけで授業を進めてしまうことは,ベテランの教師にも起こる。先にあげた「あとかくしの雪」の授業もそうである。「この〈しんから〉というのはどんな漢字があてはまると思う?」という発問に対して,「骨の中から……」と答えた子どもを無視して,正しく答えた子どもの発言だけを取り上げて授業を進めていったからである。

また,小学校1年国語の「大きなかぶ」(ロシア民話)の授業で,ある教師は子どもが取り組んでみたい学習課題を発表させていた。「おじいさんの勉強がしたい」「かぶの勉強がしたい」「ねこの勉

強がしたい」といった一般的な学習課題が出されるなかで，ある男の子が「どうしてねずみはしっぽで引っぱってるの？」と発言した。確かに教科書の挿絵を見ると，そうなっている。ほかの動物は手で引っぱっているのに，最後に出てきたねずみだけは自分のしっぽをねこのしっぽに巻き付けているのである。これは今まで出てきた学習課題のなかで最も具体的でリアルな問題である。しかも，この物語の主題・思想（力を合わせて働くことの大切さ）に迫っていけるような重要な発見である。しかし，ここでも，教師は「後で勉強しようね」と言ったまま，結局無視してしまった。その子どもはそれ以降，明らかに学習に興味や集中をなくしていった。この事例も，子ども１人ひとりの多様な反応をきちんと見とり，授業に生かしていくことの大切さを教えてくれる。

こうみてくると，教材と子どもに対する深い理解力が全員参加を保障するための前提であることがわかる。

② 空白の時間をつくらない

たった１人の子どもであっても，「何もやらない」「何もすることがない」というように，授業のなかで空白の時間が生じてしまうということは全員参加の原則に反している。それがほんの短い時間であっても，そのあいだ「何もしていない＝授業に参加していない」という状態には変わりがない。これは大変に好ましくない事態である。個人学習のときに「空白の時間」ができると，隣の子どもに話しかけたり，ちょっかいを出したりするということになるのは目に見えている。それが高じると，ひいては「学級崩壊」の原因ともなりかねない。空白の時間をつくらないためには，「発展課題は必ず用意する」という原則が必要である。

③ 待　つ

　一見テンポよく進められている授業がある。子どもたちは次々と発言し，聞いている子も「はい，そうです」「いいです」と反応していく。もちろん単純な学習課題であればいっこうに問題はない。しかし，いつでもこういう調子で学習が進むことは警戒すべきである。ごく一部の子どもの反応だけで，学習が上滑りになっていることが多いからである。

　教室内に**沈黙**が生じると，教師はどうしても焦ってしまう。研究授業ではなおさらである。何とかして発言させようとして発問を繰り返したり，言い直したりする。しかし，沈黙は，明らかに無気力によるもの，発問が曖昧でどう答えたらよいかわからないときなどの場合を除いて，授業で大切にすべき時間である。それは子どもの精神が活動している（考えている）ことの現れである。にもかかわらず，とにかく「しゃべらせよう」としてその時間を切り詰めるとしたら，全員参加を保障することはできない。ある子どもが何かにひっかかって一生懸命考えていたとしても，それを生かせなくなるからである。教師には「待つ」という姿勢が必要になる。すぐれた教師の実践記録を読むと，このことがよくわかる（武田，1973）。

　要するに，「待つ」（性急に教えたり答えを求めたりしない）ということが全員参加を保障するための第一歩である。わかるようになるのをじっと待つということもあろうし，何かが起こるのを期待して待つということもあろう。教育技術の問題として，一般的にいえば，適度な間合いをとりながら授業を進めるということになるが，それだけでは本質を言い得ていない。場合によっては，学習ルールとして，子どもが「もう少し時間を下さい」という要求

をいつでも出せるようにしておくことも必要だろう。

④ 教室全体を見る

　机間巡視は，全体の学習状況をチェックして，個に対応したきめの細かい指導をするために行われる。それだけでも十分に全員参加を保障するものになっている。ただし，学級ということを考えると，そうした個別指導だけでなく，それを授業展開のなかに位置づけて，学級全体の場にまで広げていくことが大切である。

　野口芳宏は，机間巡視が「1人ひとりの子どもの実態をつかみ，その後の授業をどのように展開していくかというプランを作る上できわめて重要な作業である」と述べている。これは単に机間巡視の回数を増やすという問題ではない。それがいかに実質的な効果をあげられるかという問題である（野口，1990）。

　実際，野口の机間巡視でよく用いられるのが「小刻みなノート作業」である。「このとき人物がつぶやいた言葉をズバリと一言で書きなさい」「これはだれのせりふですか」「ここは続けて読むべきか，区切って読むべきか」「今の答えは○か×か」といった学習課題に対して，子どもたちがノートに書いたものを机間巡視ですばやく確認する。短く書いているので一目でチェックしやすい。こうして全体の傾向をみて，典型的な誤答やユニークな意見を把握しておく。場合によっては，教師がノートに印を付けておいた子どもに全体の場で発表させる。そうして子どもの意見をいくつかにまとめて，最も理想的な答えを選び出すということを通して「向上的変容」へと導いていくのである。

　野口によると，こうした「作業-巡視-指名方式」は，従来の「挙手-指名方式」に比べて，意図的・計画的に授業を組織・演出できるというメリットがあるという。全員参加という授業の原

則からみても,その差は歴然である。

⑤　学習形態を工夫する

　授業は,多くの場合,個人学習・グループ学習(班学習)・全体学習という3つの学習形態の組み合わせから成り立っている。これは,いわゆる「一斉授業」の問題点をクリアするために行われる。大勢の子どもたちが机を前に向けて行う一斉授業は,受動的で単調な学習に陥りがちである。必要に応じて,個人学習やグループ学習を取り入れることは,学習に変化をつけるとともに,主体的に考えたり協同的に話し合ったりする機会を与えるための手段である。

　そのほかにも,いきなりグループ学習に入るのではなく,2人1組で行うペア対談なども有効である。

　「令和の日本型学校教育の構築を目指して」(中央教育審議会答申,令和3年1月)においては,「主体的・対話的で深い学び」のために「個別最適な学び」と「協働的な学び」の一体的な充実が提唱されている。つまり,個別の学びの成果を協働的・協同的な学びに活かし,その成果を個別の学びに活かしていくということが深い学びをもたらすのである。

　これらはすべて,全員参加を保障し,全員の学力を向上させるための工夫である。一斉授業の場合,ともすると,挙手して発言した子どもと教師との問答で進行していくことがある。授業の流れもスムーズにみえるが,反面では,学習についていけない子ども,学習に参加していない子どもも多くなる。

　以上のような「全員参加の授業5原則」を頭で理解していても,実際はなかなか実践できない。こうした授業技術は経験のなかで少しずつ身につけていくしかない。しかも,それは教師の授業力

のごく初歩的なレベルのものにすぎない。授業の専門家になるための道のりは長くて遠いのである。

 読書案内

稲垣忠彦・佐藤学『授業研究入門』岩波書店，1996。
●教室における具体的な事実・事例を通して，教師の専門性を形成していくための授業や授業研究のあり方が提案されている。

グループ・ディダクティカ編『学びのためのカリキュラム論』勁草書房，2000。
●若手の研究者たちによるカリキュラム論や授業論を集めている。今日的な実践課題や最新の研究成果が盛り込まれている。姉妹編として，『学びのための授業論』（1994年），『学びのための教師論』（2007年）がある。

田中耕治・森脇健夫・徳岡慶一『授業づくりと学びの創造』学文社，2011。
●戦後の授業研究の歩みや現代の授業研究の課題が手際よくまとめられている。「解釈志向的授業研究」と「技術志向的授業研究」を「連続体」としてとらえて，その意義について論じている点は，本章の立場とも重なっている。

引用・参考文献

秋田喜代美編『教師の言葉とコミュニケーション』教育開発研究所，2010。
秋田喜代美・恒吉僚子・佐藤学編『教育研究のメソドロジー――学校参加型マインドへのいざない』東京大学出版会，2005。
有田和正『社会科「バスの運転手」――有田和正の授業』明治図書出版，1988。
市川伸一『学ぶ意欲とスキルを育てる――いま求められる学力向上策』小学館，2004。
稲垣忠彦・佐藤学『授業研究入門』岩波書店，1996。
岩下修『AさせたいならBと言え』明治図書出版，1989。
上田薫『ずれによる創造――人間のための教育』上田薫著作集3，黎明書房，1993。
臼井嘉一『教育実践学と教育方法論』日本標準，2010。

鹿毛雅治・奈須正裕編『学ぶこと・教えること――学校教育の心理学』金子書房，1997。
グループ・ディダクティカ編『学びのためのカリキュラム論』勁草書房，2000。
斎藤喜博『授業――子どもを変革するもの』国土新書，国土社，1963。
斎藤喜博『教育学のすすめ』筑摩書房，1969。
佐伯胖・藤田英典・佐藤学編『学びへの誘い』シリーズ学びと文化1，東京大学出版会，1995。
佐藤学『教師というアポリア――反省的実践へ』世織書房，1997。
佐藤学『「学び」から逃走する子どもたち』岩波書店，2000。
柴田義松『現代の教授学』明治図書出版，1967。
柴田義松『ヴィゴツキー入門』寺子屋新書，子どもの未来社，2006。
高垣マユミ編『授業デザインの最前線Ⅱ――理論と実践を創造する知のプロセス』北大路書房，2010。
武田常夫『イメージを育てる文学の授業』国土社，1973。
田島信元『共同行為としての学習・発達――社会文化的アプローチの視座』金子書房，2003。
田中耕治・森脇健夫・徳岡慶一『授業づくりと学びの創造』学文社，2011。
鶴田清司『国語科教師の専門的力量の形成――授業の質を高めるために』溪水社，2007。
鶴田清司『対話・批評・活用の力を育てる国語の授業――PISA型読解力を超えて』明治図書出版，2010。
日本カリキュラム学会編『現代カリキュラム事典』ぎょうせい，2001。
野口芳宏『鍛える国語教室2 向上的変容を促す授業の技術』明治図書出版，1990。
藤澤伸介『ごまかし勉強』上・下，新曜社，2002。
藤田英典『義務教育を問いなおす』ちくま新書，筑摩書房，2005。
藤原顕・今宮信吾・松崎正治「教科内容観にかかわる国語科教師の実践的知識――詩の創作の授業を中心とした今宮信吾実践に関する事例研究」『国語科教育』第62集，2007。
米国学術研究推進会議編／森敏昭・秋田喜代美監訳『授業を変える――認知心理学のさらなる挑戦』北大路書房，2002。
宮崎清孝・上野直樹『視点』認知科学選書1，東京大学出版会，1985。
向山洋一『授業の腕をあげる法則』明治図書出版，1985。
森敏昭編『認知心理学者 新しい学びを語る』北大路書房，2002。
ワーチ，J.V.／佐藤公治・田島信元ほか訳『行為としての心』北大路書房，2002（原著1998）。

第8章 教育の道具・素材・環境を考える

▲福井市立至民中学校の校舎。

　授業にあたっては，何をどう教えるかという教科内容論・教育方法論だけでなく，どのような道具や素材を使って，どのような環境のもとで子どもたちの学びを支援するかということも非常に重要である。従来，それらは副次的な要素とみられがちであったが，実は学びのあり方を大きく規定するという面があるからである。

　本章では，魅力的な教材づくりの方法から始まって，「教材」という概念のとらえ直し，教科書教材の新しい活用法，さらに学習環境としての時空間のあり方について考えていくことにしよう。

1 教材づくりの発想

教科書以外の自主教材づくりへ

各種の実態調査によると,「学びからの逃走」といわれる事態が進行している。「国語ぎらい」や「理数離れ」を示すデータもある。どうやったら,授業がもっと楽しく魅力的なものになるのだろうか。

今までの教室という空間では,①座学中心で,活動が少ない,②知識や技能の有用性が自覚しにくい,③学習の動機づけが弱い,④達成感や上達感が得られにくい,などの問題があった。

これに加えて,これまでの教材観が大きな問題になっていた。つまり,「教材=教科書」という固定的な見方である。そこでは,教材の自主的な選定・開発が立ち遅れていた。教科書に頼りきってしまい,オリジナルの教材を持ち込んで授業するということは容易ではなかったのである。

もちろん,教科書は最も基本的な教材である。その内容をきちんと教えることはきわめて大切である。しかし,その補充として,教師が学習者の実態(興味・関心・意欲・能力)に合わせて独自の新しい教材をつくるという発想もきわめて重要である。

「上からの道」と「下からの道」

教科の別を問わず,教材づくりの方法を考えるとき,「上からの道」と「下からの道」という概念(藤岡, 1991)は参考になる。

「上からの道」とは，教科内容から教材へと下降する道である。「個々の科学的概念や法則，知識を分析して，それに関連してひきよせられるさまざまな事実，現象のなかから子どもの興味や関心をひきつけるような素材を選び出し，構成していく」という「オーソドックスな方法」である。これに対して，教材から教科内容へと進むのが「下からの道」である。日常生活のなかで「子どもの興味や関心をひきそうな事実」に出会ったとき，その素材がどんな教科内容と対応しうるかという価値が見いだされるという過程をとる。

　つまり，「上からの道」とは**教科内容の教材化**，「下からの道」とは**素材の教材化**を意味する。前者が「組織的・系統的方法」であるのに対して，後者は「非組織的方法」「落穂ひろい的方法」である。また二杉孝司によれば，「下からの道」とは，「教材」の要件としての「典型性」（教科内容の構造を「全面的に正確ににない」ということ）よりも，「具体性」（子どもが「五官や運動器官やすでに手に入れている思考力を用いてその対象を分析したり，操作したり，総合したりする」ことができるということ）を優先したものである（柴田・藤岡・臼井，1994）。平たくいえば「おもしろいところから入る」という発想である。

　これまでの教科書づくりは，基本的に「上からの道」の発想に基づいている。学習指導要領で定められた内容をもれなく，学年ごとに順を追って教えることができるように編集されている。

　それに対して，「下からの道」による教材づくりは，それぞれの教師によって個別に行われる。子どもにとって魅力的な素材を集めることから出発して，そのなかに教科内容となるべき知識・技術を見定めて教材化していくという方法である（ただし，実際

の教材づくりは,どちらか一方ではなく両方の道を往復することも少なくない)。

では,なぜ「下からの道」による教材づくりが要請されるのだろうか。

第1の理由は,何よりも子どもの興味・関心・意欲・追究心を引き出すような魅力的な教材であることが授業の前提になるということである。学習者論の観点からみると,いくらすぐれた教科内容を内在させている教材でも,それが子どもの知的好奇心を刺激し,思考を活性化させるようなものでないと,無味乾燥な詰め込みや形式的なドリルに陥ることになる。下手をすると,「これは大事だから覚えておきなさい」ということになりやすいのである。もともと「下からの道」という発想自体,1960年代のカリキュラム研究において主流だった「科学主義」「系統主義」への反省を含んでいた。「下からの道」は,学習者の側に立つ教材づくりの考え方であるといえるだろう。二杉孝司もいうように,この内容を教えるためにこの教材を使うという「〈目的・手段〉関係」から解放されて,むしろ子どもの興味を触発することが優先されるからである。もちろん教科書のなかにも,子どもにとって魅力的な教材は多いが,検定制度のもとでの限界もある。

第2の理由は,全国共通に使われる教科書は個別の学びの状況から切り離されているということである。つまり,子どもとの整合性,地域との整合性という問題である。戦前の国定教科書『小学国語読本』は「サイタ　サイタ　サクラ　ガ　サイタ」で始まるが,4月に桜が開花しない地域でも使わなければならないというのはその象徴的な事例である。その地域だけに伝わるような昔話や童歌も教科書に掲載されることはない。児童・生徒の実態を

ふまえて「この子どもたちに必要だから」「この子どもたちに合っているから」という発想でつくられることもない。こういう状況のなかで、特定の地域の特定の子どもたちにふさわしい教材を持ち込むという発想はきわめて自然である。こうした**自主教材**の作成は、**教科書教材**に飽き足りない教師にとっての存在証明でもあった。日本の教育遺産である生活綴方は「生活」そのものが教材となるという点で、その先駆的な実践である。

　第3の理由は、教科や領域によっては、教科内容となるべき知識・技術が理論化・体系化されておらず、まだ不確定かつ流動的であるということである。これは、自然科学分野（数学・理科）のように学問的なパラダイムが明確に存在するような教科でもそうである。ましてや国語のように、学説上さまざまな対立がみられる言語理論、文学理論、テキスト理論、批評理論をベースとする教科ではなおさらである。読みの領域に限っても、「何をもって共通に教える価値のある普遍的・科学的な概念・法則・原理・用語・技術とするか」という最初の段階で議論が滞ってしまうだろう。こういう事態を防ぐためにも、とりあえず「この素材ではこんな知識・技術がうまく教えられる（おもしろく学べる）のではないか」という発想でスタートするのである。

| 「下からの道」による教材化 |

　「下からの道」のためには、まず、子どもの興味・関心・意欲を刺激するような素材を選ぶことが第一歩となる。たとえば、国語科の文学教材でいえば、とにかく読んでおもしろい作品である。ユーモア・サスペンス・ファンタジー・ナンセンス・ロマンスなどに富んだ小説・物語・童話・詩などが候補となるだろ

う。古典的名作だけでなく，現代人気作家の新しい作品も取り入れたい。通俗的・大衆的な作品であってもよい。ストーリーの構成（起承転結）やキャラクター（人物像）や視点の設定などを教えるのにマンガを使うということも導入段階では十分に考えられる。とにかく楽しく学べるという点がポイントである。

　いくつかの教材例を示そう。「東」のなかに漢字がいくつ含まれているかというクイズがある（上條, 1997）。「一」「二」「三」「十」「木」「日」「田」に始まり，難しいところでは「巳」「出」「束」「占」「吉」「卍」などがある。子どもたちは熱中して取り組み，すぐに30個以上は見つけるだろう。これは漢字を楽しく学ぶことになる。

　また，「黒い目のきれいな女の子」という文が何通りの意味に読めるかという問題もある（木下, 1981）。これもすぐれた言語教材である。子どもたちの興味や追究心を引き出すだけでなく，たった11文字の文が少なくとも次のような8通りの意味をもつという驚くべき事実をみせてくれる。

① 黒い目のきれいな，女の子（黒い瞳がきれいな少女）
② 黒い目の，きれいな，女の子（黒い瞳をした美しい少女）
③ 黒い，目のきれいな，女の子（色が黒くて目のきれいな少女）
④ 黒い目のきれいな女の，子（黒い瞳がきれいな女性の子ども）
⑤ 黒い目の，きれいな，女の，子（黒い瞳をした美しい女性の子ども）
⑥ 黒い，目のきれいな，女の，子（色が黒くて目のきれいな女性の子ども）
⑦ 黒い，目のきれいな女の，子（目のきれいな女性の子どもで，色が黒い）

⑧ 黒い目の，きれいな女の，子（美しい女性の子どもで，瞳が黒い）

これによって，「曖昧な文や多義的な文をなくすためには読点による区切りが必要だ」ということが学べるのである。

社会科では，「1本のバナナから……」という大津和子の実践が知られている（大津，1987）。

大津の授業は，「バナナを食べる→バナナはどこから？→バナナのラベルから→バナナは1年中とれる→なぜフィリピンなのか？→バナナ農園で働く人々→農園労働者の暮らし→契約農家のジェラルドさん→バナナのねだん→バナナと農業→バナナを食べる私たち→バナナ労働者のメッセージ」という流れである。

実際に，教室にバナナを持ち込んで食べることから始まったところが「下からの道」と呼ぶにふさわしい。

また，授業の最後が「1本のバナナから……」の「……」にふさわしい言葉を入れて自分だけのタイトルをつけるという課題で終わるのも，所定の内容を教えるためにその教材を使うという「〈目的・手段〉関係」から解放された，「下からの道」による授業づくりの特徴が表れている。子どもたちからは，「バナナを作る人の苦労を学ぶ」「農業のこわさを知る」「フィリピンと日本の関係を考える」「多国籍企業のあくどさを知る」「安いねだんの秘密をさぐる」「発展途上国の苦しさを学ぶ」「南北問題を考える」といったタイトル（学習内容）が出された。

ほかにも，有田和正による豊富な「ネタ」開発も「下からの道」の典型例である（有田，1990）。理科でいえば，米村でんじろう（傳治郎）の「おもしろ科学実験」（著書・DVD多数）なども同様である。

2 メディアとしての教材

教科書というメディア 　教科書中心の理解型学習は，一斉授業の座学形式になることが多い。ともすると，受動的で退屈なものになりがちである。しかも，子どもたちは新しい教科書を手渡されたときに前もって目を通している箇所もある。したがって，授業では教科書の内容をなぞるのではなく，さらに新しい発見に導いたり知的好奇心を高めたりするような学びの体験をさせる必要がある。

そのため1つの方法として，**メディア・リテラシー**の素材として教科書を活用することが有効である。複数の教科書を比較したり，教科書本文を原典（一般書・童話・絵本など）と比較したりするという方法である。

小学校1年の国語教材に「おおきなかぶ」（ロシア民話）がある。これには2つの訳文がある。西郷竹彦訳では〈かぶをおじいさんがひっぱって，おじいさんをおばあさんがひっぱって，……いぬをねこがひっぱって，ねこをねずみがひっぱって……〉，内田莉莎子訳では〈ねずみがねこをひっぱって，ねこがいぬをひっぱって……おばあさんがおじいさんをひっぱって，おじいさんがかぶをひっぱって……〉となっている。叙述の順序にどんな違いがあるか，どちらのほうがよいかを考えてみるのもおもしろい。

小学校2年教材の「スイミー」（レオ＝レオニ作，谷川俊太郎訳）では，絵本（原典）と比べてみるとおもしろい。さまざまな発見がある（文末表現や句読点などの改変，魚の絵の向きが逆，レイアウト

の違いなど)。教科書ならではの制約もみえてくる。

> 「スイミー」の授業

筆者は，実際に「スイミー」の教科書本文の**比べ読み**の授業をしたことがある。授業の目標は，①同一作品の2つのテキストを比較することによって，その構成や表現の違いに気づくことができる，②2つのテキストの特徴をふまえて，自分ならどちらがよいかについて考えることができる，の2点である。

授業の実際のようすを紹介する（Tは教師，Cは児童）。

資料 8-1

◇「スイミー」を音読する
T 今日勉強するのはこれです。(A社とB社の「スイミー」の教科書本文を配布)
C これ，もうやったよ。
C ぼくたちがやったのはAのほう。
T Aをもう1回読んでみましょう。(一斉音読)

◇2つのテキストを比較する
T AとBは少し違っている所があります。これから，この2つの「スイミー」を比べて，どこが違っているか見つけて下さい。物語の前半「いそぎんちゃく」のところまでです。たくさん見つけて，マーカーで線を引いて下さい。
T では，発表してもらいます。
C Aは「広い」がひらがなになっている。
C 「まっくろ」の下が，テンとマルになっている。
C <u>Aは「くらしてた」。Bは「くらしていた」。</u>
C Bは「でも」と「ところが」がない。
T 「ところが」があるのとないのではどう違うかな？
C 「ところが」があると何か起こるような感じがする。

第8章 教育の道具・素材・環境を考える

T そうですね。ほかに違っているところは？
C 「こわかった，さびしかった，とてもかなしかった。」が，Bは「こわかった。さびしかった。とてもかなしかった。」になっている。
C 「おなかすかせて」と「おなかをすかせて」。
C 「けれど」の下にBはテンがついている。
C 「わすれてる」と「わすれている」。
C 「生えてる」と「生えている」。
C Aは漢字に読みがながついているので，読みやすい。Bはもう習っているという感じになっている。
C 「ひっぱられてる」と「ひっぱられている」。
　　（後半の違いについては略）
T 実は絵も違うんだけど，わかりますか？
C Bは「くらげ」と「うなぎ」の絵がない。
C Aのほうが絵が多い。
T ところで，Aの「～してる」とBの「～している」という言い方はどんな違いがありますか？（傍線部）
C 「している」はていねいな言い方。
C 「してる」は子どもっぽい。友達と話すときの言い方。
T そうです。「○○ちゃんが遊んでる」とか言いますね。同じような言い方として，Aは「～を」がない所もあります（波線部）。これもふだん友達同士で話すときのような言い方だね。「お母さんがご飯食べてる」というように。

◇**テキストを批評する**
T 最後に，あなたはどちらの「スイミー」のほうが好きですか。理由も付けて発表して下さい。
C Aのほうがいいと思います。わけは絵が多くて，絵本みたいで，見やすいからです。
C 私はBのほうがいいと思います。なぜかというと，大人のような正しい言葉づかいの勉強になるからです。
C Aのほうが絵が多くてわかりやすい。
C AもBも両方いいと思います。Aは絵が多い。Bは漢字がたくさん

> 使ってあるから。
> C　Bのほうがいい。文が短くて大人っぽい言い方だから。

　1時間の飛び入り授業であったが，子どもたちは2つのテキストの違いを一生懸命に探していた。その文体的効果についても，ある程度理解できたようだ。また，批評という面でも2年生としては十分なレベルに達していた。あらためて，比べ読みはメディア・リテラシーとして，テキストの批評を促すための手だてとして有効であることが確認できた。

　このように，教科書を1つのメディアとしてみる（相対化する・批評する）ことによって，さらにおもしろく学ぶことができる。

メディア教育の課題　今日のメディア教育論に共通しているのは，**メディア教育**は，これまでの学校教育や授業の狭さを打ち破る契機となりうるし，そうなるべきであるということである。なぜなら，メディア教育ではさまざまなメディアを教室に持ち込んだり，メディアを通して流されるステレオタイプ化された見方・考え方やジェンダー的偏見などに対して批判的思考を促したりするという点で，自由度が高いからである。

　しかし，ここで気になるのは，メディア教育を突き詰めていくと，いずれは教科書というメディア（学校教育最大のメディア）も対象化せざるをえなくなる（つまり批評の対象となりうる）ということである。かつて「文学と教育は本質的に背馳する一面がある」という指摘があったが，それと同じような構造が「メディアと教育」にもいえるだろう。つまり，メディアを使いこなして自

由になると主張する立場と，メディアを制限して秩序を守る（たとえば携帯電話を使用禁止にして，生徒を管理する）と主張する立場の相克である。石原千秋『国語教科書の思想』（ちくま新書，2005年）のように，メディア教育を徹底すれば，教育現場で金科玉条のごとく扱われている検定教科書というメディアを批評の対象にすることにつながるのだという覚悟が要るだろう。それを「秩序を破壊する怖さ」とみるか，「批評的精神の表れ」とみるか，ある意味でメディア教育の試金石になるだろう。

3 教材概念の拡張
●教材から学習材へ

　これまではハードウェアとしての教材に限定して述べてきたが，教師による知識伝達型の授業ではなく，子どもたちの協同的・対話的な学び合いを志向する授業では，教材の概念を拡張する必要がある。つまり，ある知識を教えるための材料・素材としての教材概念から，子どもたちが学び合うための材料・素材としての**学習材**概念への転換である（第4章2節も参照）。

　その場合，最も重要になるのは，授業において生成される子どもたちの発言・文章である。それらは「談話テキスト」「文字テキスト」として，ほかの子どもたちが読むべきテキストになる。いわば，子どもたちの思考を促すものはすべて学習材となる。これをもとにして話し合いや討論が展開していくのである。

　特に，真の意味で学び合いが成立する学習材となるのは，一見ズレているように思えるが，実は重要な意味を内在しているような子どもの発言・文章である。一般的・常識的なレベルで考えて

Column⑤ 学校教育における ICT 活用の展開と課題

今や，学校教育現場において，ICT をいかに活用するのかについては，喫緊の課題となっている。まずは，その社会的・政策的背景を説明してみよう。

Society 5.0 と『未来の教室』

その背景として，急速な社会的変化が進行しているという認識があり，その変化を象徴するスローガンとして，「グローバル化」「知識基盤社会」「ICT（information and communication technology：情報通信技術）の革新」（山内，2010），さらには「AI（artificial intelligence：人工知能）技術の高度化」がある。

AI が人間の労働の多くを代替するのではないかという想定のもとに，デューク大学のキャシー・デビッドソン氏は「2011 年度にアメリカの小学校に入学した子どもたちの 65％ は，大学卒業時に今は存在していない職業に就くだろう」（ニューヨークタイムズ紙，2011 年 8 月）と述べている。このような社会情勢を敏感に反応して，日本の内閣府が 2016 年 1 月に「Society 5.0」という構想を発表し，経済産業省が 2019 年 6 月に「**未来の教室**」ビジョンを発表した。

「Society 5.0」とは，直近の「情報社会」は，大量の情報が氾濫して，それを分析・総合する人間能力に限界があることから，AI の汎用化によって，その限界を乗り越えて，人間中心の社会（スマート社会）を実現したいという意図があり，教育分野では，教育と情報技術を組み合わせた「**EdTech**（エドテック）」，子どもの能力や環境に応じた「個別最適化」の実現をめざすとされている。「未来の教室」ビジョンでは，「EdTech の力で，1 人ひとりに最適な学びを。STEAM（スティーム）（文理融合）の学びで，1 人ひとりが未来を創る当事者（チェンジ・メイカー）に」なることがめざされている。

GIGA スクール構想と令和の日本型学校教育

このような政府の駆動を受けて，文部科学省では「**GIGA スクール構想**」（2019 年）を打ち出し，児童生徒 1 人 1 台端末環境を奨励

した。ただし，2019年段階では，国際的にみると日本は「教育のデジタル化」は遅れており，2020年に始まるコロナ禍を契機として，児童生徒に「学習者用デジタル教科書」が劇的に（小学校教科書20%から94%へ；佐藤，2024）普及した。これを受けて，2021年度に施行される「学校教育法34条2項」が改訂され（授業時数の$\frac{1}{2}$条項の撤廃），「デジタル教材」の使用を後押しした。

以上の情勢変化を受けて，中央教育審議会『「令和の日本型学校教育」の構築を目指して〜全ての子供たちの可能性を引き出す，個別最適な学びと，協働的な学びの実現〜（答申）』（2021年1月26日）が発出された。そこでは，ICTを活用して「**個別最適な学び（個に応じた指導）**」を重視している。さらには，「個別最適な学び」が「孤立した学び」に陥らないように，子ども同士で多様な他者と協働することも指摘され，「個別最適な学び」と「**協働的な学び**」を一体的に充実させることによって，「**主体的・対話的で深い学び**」の実現に向けた授業改善につなげることが強調されている。

学習者用デジタル教科書の効用と課題

1人1台端末環境が急速に実現したこともあって，紙の教科書と学習者用デジタル教科書を適切に組み合わせることを前提として，文部科学省から「学習者用デジタル教科書の効果的な活用の在り方等に関するガイドライン」（2021年3月）が提案されている。

それによれば，その効用として「①教科書の紙面を拡大して表示する（ポップアップやリフロー等を含む）」「②教科書の紙面にペンやマーカーで書き込むことを簡単に繰り返す」「③教科書の紙面に書き込んだ内容を保存・表示する」等があげられ，他の学習者用デジタル教材と組み合わせることで，たとえば「学習内容の習熟の程度に応じた学習」や「自分の考えを見せ合い，共有・協働する」ことも可能と説明されている。もちろん，急速なICT環境の普及・拡大もあって，これらの効用も試行・実験していくなかで，本ガイドライン自体も改善されていくことになるだろう（第5章も参照）。

最後に，危惧されている2つの課題を簡潔に指摘しておきたい。1つは，「主体的・対話的で深い学び」という質の高い学力形成をめざすにあたって，現状のICT技術はどの程度有効なのかという点である（石井，2024）。とりわけ，教科書を読めない多数の中・高生の学力不足に対して，格差拡大ではなく真に**学習権保障**となりえるのかを見極める必要があるだろう（新井，2018）。もう1つは，児童生徒の健康に関する点である。もちろん，身体面のみならずメンタル面へのダメージへの警告は無視すべきではないだろう（ハンセン，2020）。いずれにせよ，急速なICT環境の変化に対して，忌避するのではなく，教育方法学の真価が問われているといえるだろう。

いるような意見，全員がほぼ一致しているような意見は学習材にはならない。第7章でも述べたように，ほかの意見とズレているからこそ，子どもたちは「どうしてそんなことを言うのだろう」「あれはいったいどういう意味なんだろう」と頭をフルに使って考えるようになるからである。教師はそうした発言・文章の価値を見抜き，それをほかの子どもたちの前でうまく引き出し，授業のなかに生かしていかなければならない。これが学習材づくりのポイントである。

　このように，教材概念から学習材概念への転換は，「教師→子ども」という垂直的関係に基づく伝達型授業から，「子ども→子ども」という水平的関係に基づく協同型授業へという授業観の転換と深く結びついている。ただし，注意しなくてはならないのは，それは必ずしも**一斉授業**から**グループ学習**へという学習形態の転換を意味しているのではないということである。一斉授業の形態でも，全員参加の協同的な学び合いの授業は可能である。後述す

るように，教室の机の配置を「コの字型」にすることによって，子どもたちがお互いの顔を見ながら課題をめぐって話し合いを進めていくことができる。

4 学習環境としての時空間

子どもたちが毎日学校で過ごす空間と時間は，学習環境として非常に重要な意味をもっている。最後に，この問題を考えてみることにしよう。

| 学校の空間：学校建築と教室構造にみる教育思想

学校や教室という空間は子どもたちにとって大きな意味をもっている。ボルノウ (1978) がいうように，人間の心のあり方と空間とは分かちがたく結びついている。薄暗く閉ざされた空間にいると鬱屈した気分になるし，明るい戸外へ出ると開放された気分になる。また，ある空間のなかでは「1つになっている」と感じたり，別の空間では「よそよそしさ」を感じたりというように，「人間はいつも何らかの仕方で空間のなかにいる」のである。

佐藤学は，教室という空間の意味について考察している（稲垣・佐藤，1996）。それによれば，前方に教壇・教卓・黒板があり，それに正面から向かい合う形で子どもたちの机と椅子が整然と並ぶという伝統的な教室は，「権力空間としての教室」であり，「上意下達的な伝達システムの中心にいる教師を権威化する機能」を果たしてきたという。佐藤はこれを「語りと対話」のある空間へ

変えることを主張している。それは「暖かな彩りのある空間」である。

オープン・スクールの考え方は，こうした伝統的な学校のスタイルを変えようとするものだった。もともとオープン・スクールは，1960年代のイギリスで，子どもの自由で主体的な活動を保障するために始まった。1970年代になると，アメリカでも建築されるようになり，現在，欧米諸国を中心に広く普及している。学校にオープン・スペースがあることが特徴で，「壁のない学校」ともいわれている。たとえば，「片廊下一文字型校舎」と呼ばれる細長い廊下や四角い壁に仕切られた同型の教室がなく，学習スペース，工芸スペース，音楽スペース，多目的スペースなどが配置され，子どもたちはさまざまなコーナーを自由に行き来するというスタイルである。ただし，形態は必ずしも一様ではなく，学校によって多種多様である。大きく分けると，「ワークスペース型」「ラーニング・センター型」「特別教室型」の3タイプであるといわれている（日本教育方法学会，2004）。日本では，稲垣忠彦らによっていち早く紹介された（稲垣，1977）。

壁で仕切られた伝統的な教室は，一定の知識や技術を効率的に伝達するという一斉授業には適している。が，その反面，学習が固定的・画一的・閉鎖的になりがちである。クラスごとに全員が同じ場所で同じことを学ぶため，自分の関心やペースに合わせた学習，弾力的なグループ編成，主体的な学習計画に基づく活動，異学級・異学年との交流などが少なくなる。オープン・スクールはこうした問題点を解決することができる。

日本でも，こうした形態の学校は少しずつ増えてきて，全体の1割を超えているといわれている。

> **学校の時間：生きられた時間の意味**

佐藤学によると，これまでの学校の時間割にみられるような「アセンブリラインとしての時間」の特徴は，①一方向性・連続性，②均質性，③細切れの分断という特徴をもっているという。アセンブリラインとは，工場の組み立てラインのことである。きっちりと定められた毎日の時間割と授業時間（通常は小学校45分，中学校50分）は，ともすると機械的な「流れ作業」となりがちである。話し合いが盛り上がってきても，課題の追究が佳境を迎えても，時間がくれば授業は即終了ということになる。

佐藤もいうように，こうした形式的で堅苦しい「制度の時間」ではなく，「**今ここを生きる時間**」の充実が求められている。そのためには，柔軟な時間割編成が必要である。

たとえば，15〜25分程度の学習活動を1授業単位として，その組み合わせによって時間割を編成する**モジュール学習**はそうした試みの1つである。外国語の習得には毎日練習することが必要だという立場から，1日の英語の授業（50分）を2日に分けて25分で行うといった事例がある。

また，2008（平成20）年の学習指導要領より，各教科等の1単位時間は学校，地域，児童・生徒，学習活動の特質に応じて弾力的に編成できることが定められた。それに伴って，各学校でのさまざまな取り組みが始まっているが，漢字や算数のドリルタイムに転用されているケースが少なからずみられる。「今ここを生きる時間」の充実という観点から，いっそうの創意工夫が求められよう。

> 時空間を解放する新しい試み

最後に、伝統的な教室の時空間を変える試みをしている公立の学校として、福井市立至民中学校の例を紹介しよう。

至民中学校は、「学び続ける主体としての子どもの育成」をめざして、これまでの「指示と規制」という一方向的なスタイルから「自立と協働」というスタイルへと転換するべく、校舎の移転・新築にあたって、学びの環境としての時空間を大幅にデザインし直した。学校建築や時間割などをオープンなものして、2008年度に開校したのである。その特徴は次の通りである。

① **教科センター方式**

すべての教科が教科専用教室、教科ステーションをもち、オープンスペースを中心に配置されて、教科独自のエリアを構成している。基本的に、生徒は各教科教室に移動して授業を受ける。そこでは教科ごとの学びの材料や成果が蓄積されており、先輩たちの残したものも閲覧・参照することができる。こうして、学級や学年の壁を越えた学び合い、文化の創造が行われるのである。また、教師たちにとっても専門的職能の形成がはかられるというメリットをもっている。従来の職員室と異なって、教科ごとのステーションで日常的に同僚と授業や生徒をめぐって話し合いや学び合いができるからである。

いずれにしても、従来のように、それぞれのクラスに閉ざされていた学習のシステムを変える試みである。こうした**教科センター方式**は至民中だけではなく、ほかの学校でも取り入れているところが増えている。

② **異学年型クラスター制**

至民中学校の最大の特徴は**異学年型クラスター制**である。毎日

図8-1 至民中学校1階の平面図

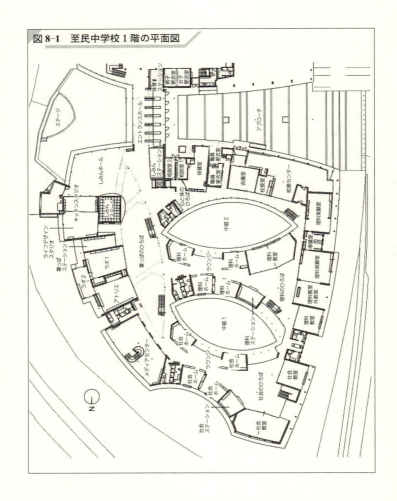

の生活は、これまでのような同学年の学級単位ではなく、異学年の学級が隣接されて構成したクラスター（縦割りの集団）が基盤となる。視覚的にイメージしやすいように、イエロー、グリーン、

至民中学校の異学年学級が集まったホームでの学習

ブルー,パープルといった色で区別されている。最大5クラスター（国語・社会・数学・理科・英語エリア）が教科学習,総合的学習,行事,生活全般にわたって協同的に生活設計・問題解決にあたり,各クラスター独自の文化が創造されるようになっている。

　2008年度の場合,イエロー・クラスター（数学エリア）は1年2組,1年5組,2年2組,3年2組の4つの異学年の学級から構成されて,学習のみならず,朝の読書,給食,帰りの会なども含めて,1年間ともに生活していった。上級生・下級生が一緒に生活するため最初はとまどいもみられるが,だんだんと慣れるにしたがって,協同性や団結力が高まっていくと報告されている。

　ボルノウは,何らかの目標を達成したり課題を果たすために人間は前進するとともに,それを達成した場合は「休止位置」として自分の住居へとひきかえすというように,「前へ進むこととひきかえすこと」が「人間にとってきわめて本質的な交替運動なの

である」と述べている（ボルノウ，1978，57頁）。通常の学校建築では「前へ進む」ことだけが求められるが，オープンスクールには帰還すべき「ベース」となる空間が用意されている。「ホームルーム」とは，本来，こうした性格をもつものではないだろうか。

③ **70分授業**

従来のように，知識伝達型の一斉授業では50分の授業時間でも十分だが，生徒の主体的な探究や協同を重視した問題解決型の授業では，生徒の思考・判断・表現による学習活動が展開されるため，どうしても時間が足りなくなる。そこで，至民中学校では新たに70分授業を導入することになった。単に時間を延長したということでなく，学びのあり方を根本的に変えることが大きなポイントである。しかも，中学校では珍しく，ノーチャイムである。こうして時間面でも，ゆとりのある，より柔軟な学びを保障できるようにしたのである。

ここまで教室の時空間についてみてきたが，こうした学習環境（学校建築・教室構造・時間設定など）のデザインは，1つの教育思想の表れであることがわかる。オープンスクールのように教室の壁をなくすのも，机の配置を「コの字型」にするのも，単なる形式の変更や一時的な流行によるものではない。そこには，子どもたちの自主的・主体的な活動，開かれたコミュニケーションや学び合いを重視するという考え方が具現化している。一言でいえば，教え込み（講義型・伝達型の授業）から学び合い（探究型・協同型の授業）への転換である。

読書案内

田中耕治編『よくわかる教育課程』第2版，ミネルヴァ書房，2018。
　●カリキュラム編成や教科書，学習指導要領などが若手研究者によってコンパクトに解説されている。「カリキュラムと教育環境」の章には，学校建築や教室，時間割，学級編成などについて詳しい事例や参考文献が紹介されている。

木村元・小玉重夫・船橋一男『教育学をつかむ』改訂版，有斐閣，2019。
　●教育学の基本原理が生き生きと解説されている。本章との関連でいえば，「メディアとしての教材と教科書」「学びの空間のデザイン」などの項目が参考になる。

引用・参考文献

新井紀子『AI VS. 教科書が読めない子どもたち』東洋経済新報社，2018。
有田和正『「はてな？」で追究力を育てる』明治図書出版，1990。
石原千秋『国語教科書の思想』ちくま新書，筑摩書房，2005。
石井英真『教育「変革」の時代の羅針盤――「教育DX×個別最適な学び」の光と影』教育出版，2024。
稲垣忠彦『アメリカ教育通信――大きな国の小さな町から』評論社，1977。
稲垣忠彦・佐藤学『授業研究入門』岩波書店，1996。
今井康雄『メディアの教育学――「教育」の再定義のために』東京大学出版会，2004。
上野淳『学校建築ルネサンス』鹿島出版会，2008。
大津和子『社会科＝1本のバナナから』国土社，1987。
上條晴夫『授業でつかえる漢字あそびベスト50』民衆社，1997。
木下是雄『理科系の作文技術』中公新書，中央公論社，1981。
木村元・小玉重夫・船橋一男『教育学をつかむ』有斐閣，2009。
佐藤明彦『教育DXと変わり始めた学校――激動する公教育の現在地』岩波ブックレット，2024。
柴田義松・藤岡信勝・臼井嘉一編『教科と教材の開発』シリーズ授業づくりの理論2，日本書籍，1994。
しみん教育研究会編『建築が教育を変える――福井市至民中の学校づくり物語』鹿島出版会，2009。
田中耕治編『よくわかる教育課程』ミネルヴァ書房，2009。
鶴田清司『対話・批評・活用の力を育てる国語の授業――PISA型読解力を超

えて』明治図書出版,2010。
中内敏夫『教材と教具の理論――教育原理』新版,あゆみ出版,1990。
日本教育方法学会編『現代教育方法事典』図書文化社,2004。
ハンセン,A./著久山葉子訳『スマホ脳』新潮新書,2020。
藤岡信勝『教材づくりの発想』日本書籍,1991。
ボルノウ,O.F./大塚惠一・池川健司・中村浩平訳『人間と空間』せりか書房,1978(原著1963)。
山内祐平編『デジタル教材の教育学』東京大学出版会,2010。

第9章　何をどう評価するのか

▲パフォーマンス課題に取り組む中学生たち。

　　本章では，教育評価の考え方や進め方について述べる。長く「相対評価」に縛られていた教育評価は，教育実践を拘束してきた。それに代わって登場してきた「目標に準拠した評価」は，本来の教育評価のあり方を復権するとともに，その新たな展開である「真正の評価」論は教えと学びの豊かな世界を切り拓こうとしている。同時に，教育評価としての「実践記録」の可能性についても学んでほしい。

教育評価の研究は、確実に新しいステージを構築しつつある。その大きな動因となったのが、2001年に改訂された「指導要録」における教育評価観の転換である（表9-1）。第二次世界大戦後にはじめて作成された「指導要録」（1948年）以来、度重なる改訂があったにもかかわらず、そこでの基調をなす教育評価観は「相対評価」であった。それが2001年の改訂によって、「指導要録」から「相対評価」がなくなり、「目標に準拠した評価」が全面的に採用されるとともに、「目標に準拠した評価」と「個人内評価」とを結合して理解することが提案された（田中, 2010）。

　そこで、まず①「目標に準拠した評価」の意義を確認するとともに、その発展形態としての「真正の評価」論について説明したい。次に、②教育評価と授業づくりを結ぶ「形成的評価」と「自己評価」について考えてみたい。さらに③新しい評価方法として注目されている「パフォーマンス評価」と「ポートフォリオ評価」を説明したい。そのうえで、④日本の教師たちが蓄積してきた教育実践の記録論を教育評価論から吟味してみたい。

表 9-1　指導要録の改訂史

第1期	1948年版指導要録
	──戦前の「考査」への反省と「指導機能」重視
第2期	1955年版指導要録, 1961年版指導要録, 1971年指導要録
	──「相対評価」の強化と矛盾の激化
第3期	1980年版指導要録, 1991年版指導要録
	──矛盾の「解消」としての「観点別学習状況」の登場
第4期	2001年版指導要録, 2010年版指導要録
	──「目標に準拠した評価」の全面採用,「目標に準拠した評価」と「個人内評価」の結合

1 「目標に準拠した評価」の意義と展開

> 「目標に準拠した評価」と「相対評価」の相違

1930年代にアメリカにおいて，「**教育評価**」(evaluation) を提唱した**タイラー**は，「教育評価」とはまさしく教育活動を評価することであって，教師の指導と子どもたちの学習活動の改善をめざす行為であると規定した（タイラー，1978）。しかしながら，第二次世界大戦後に日本で採用されたのは，タイラーとは対立する立場ともいえる「**教育測定**」(measurement) 運動によって生み出されたまさしく「**相対評価**」であった。そして，ほぼ半世紀にわたって，日本の公的な教育評価観には「相対評価」が君臨してきたといっても過言ではない。

この「相対評価」に対して2001年に「**目標に準拠した評価**」が提唱されたが，そのとき主張された「目標に準拠した評価」のもつ意義とは以下の通りである。

まず第1に，「**正規分布曲線**」に基づく「（5段階）相対評価」には，どのように指導しようとも，必ず「1」や「2」をつけられる子どもたちを生んでしまうという，教育の意義を否定する素質決定論的な考えがあると批判する。これに対して，本来の「目標に準拠した評価」は，この公共社会を生きるのに必要な学力をすべての子どもたちに身につけさせることが必要であるという，「学力保障」論の立場に立つ。したがって，後述する「形成的評価」によって，もしつまずいた子どもたちが発見された場合には，積極的に回復学習が取り組まれるべきとしている。

第2は,「相対評価」のもとでは,「4」や「5」をとろうとすると, もともと「4」や「5」をとっていた者を事実上引きずりおろさなければならないという, イス取りゲームのような排他的な競争が常態化する。これに対して,「目標に準拠した評価」では, 共通の目標に到達することがめざされることから, 学習における協働の条件が生まれることになる。「目標に準拠した評価」はまさしく子どもたちを励まし, 学び合いを推し進める教育評価なのである。

　第3に,「相対評価」ではたとえ「5」や「4」をとったとしても, その意味するところは集団で上位にいることを示したものにすぎず, 学力がしっかり身についたかどうかという学力の実態は不明である。これに対して,「目標に準拠した評価」ではまさに学力内容としての「到達目標」を評価規準とすることによって, どのような学力が形成されたのか（されていないのか）を明らかにすることができるようになる。

　そして第4として,「相対評価」で悪い成績をとった場合には, それは競争に負けた子どもたちの責任に帰せられるが,「目標に準拠した評価」の観点からは, 評価結果をふまえて教師の教育活動の反省と子どもたちへの学習の援助を通じて, 学力の保障をはかろうとする。まさしく,「目標に準拠した評価」は本来の「教育評価」の復権をめざそうとしたのである。

　このように,「相対評価」から「目標に準拠した評価」に転換した意味や意義を押さえることは大切である。なぜならば,「目標に準拠した評価」とは, 教師の設定した「目標」に到達しているのかどうかをただ点検することであるという誤解が浸透しているからである。もちろん, 本来の「目標に準拠した評価」は, 子

どもたちが「目標」にどの程度到達しているのかを明らかにするが，そのことをふまえて授業の改善や学校の改革を通じて，すべての子どもたちが「目標」に到達するような取り組みを強める。もし，授業や学校のあり方を問い直さないで，「目標」への到達度を点検するのみであれば，それは「相対評価」と大同小異となるであろう。本来の「目標に準拠した評価」の意義を確認しておきたい。

「真正の評価」論の登場

「相対評価」に対する本来の「目標に準拠した評価」の意義については強い支持が得られるだろう。しかし，「目標に準拠した評価」が実践されると，2つの方向からの批判に直面することになる。その1つは，まさしく評価規準となる目標の「質」が低次（つまり，読み書き算のような）な学力に限定されていて，高次な学力（思考力や判断力，問題解決力など）に対応できないのではないかという批判，もう1つは，「目標に準拠した評価」は教師中心で成果や結果のみを追い求めて，子どもたちが評価行為に「参加」するという視点が弱いのではないかという批判である。つまり，「目標に準拠した評価」が抱える，「質」と「参加」の課題（弱点）が提起されたのである。

この課題に対して，「目標に準拠した評価」の立場を継承・発展させる新しい教育評価論として注目を受けたのが，**「真正の評価」**（authentic assessment）**論**である（ハート，2012）。「真正の評価」論は，1980年代の後半になってアメリカで登場してきた教育評価論であって，当時多用されていた「標準テスト」を批判して，生きて働く学力を評価対象として設定したものである。この

理論はPISAにも影響を与えることになる。以下,「真正の評価」論のメルクマール(指標)になる点を紹介してみよう。

① 評価の文脈が「真正性」をもっていること

「真正性」(authenticity)とは,評価の対象となる授業で取り上げる課題や活動がリアルなものでなくてはならないということである。たとえばアメリカの数学教科書を開いてみると,必ずといってもよいほどに数学課題が実在の人物との関係で提示されている。ただし,「真正性」とは子どもたちにとって親密なものではあっても,安易な探究によって拓かれるものではない。なぜならば,情報過多や情報不足にもなる実世界(「真正の課題」)に応答するためには,「総合力」や「活用力」といった深い理解が必要となるからである。

② 構成主義的な学習観を前提としていること

構成主義的な学習観では,学習するとは,知識を量的に蓄積することではなくて,環境のなかで相互作用しながら,自分の経験に関する意味を再構成しつつ,学ぶことである。子どもたちは,無能な学習者ではなく,自分を取り巻くさまざまな世界(自然,社会,人間)に対して主体的に働きかけながら,それなりの整合性や論理性を構築する(これを自己調整と呼ぶ)有能な存在である。さらには,このようにして形成した世界像(ものの見方,考え方)は,主体的であるからこそ実感に裏打ちされた確信を伴って,強固な性格をもつに至っている。したがって,「新しい知識」によって子どもたちの既有知識を組み換えるには,かなり質の高い指導が必要とされるのである(*Column⑥*)。

③ 評価は学習の結果だけでなくプロセスを重視する

構成主義的な考え方が教育評価のあり方に提起していることは,

Column⑥ 素朴概念と教育評価

　素朴概念とは，子どもたちが学習を始める前にもっている，自然や社会に関する知識で，大人や専門家からみれば，通常は正しくないとみなされる考え方である。たとえば，「ものが燃えると軽くなる」「電流が電池のプラス極とマイナス極から出て衝突するから豆電球がつく」「昼と夜とでは，ろうそくの光が届く範囲は異なる」といったものである。子どもたちの生活知や日常知ともよく当てはまることから，きわめて安定性が高く（つまり強く信じ込まれており），「素朴概念」の存在を軽視・無視した従来の指導方法では，素朴概念（既有知識）を「新しい知識」へと組み換えることは難しいとされている。そのために，教育評価においても，まずは指導する前に子どもたちの「素朴概念」の実態を確かめる（診断的評価），教師の教える科学知や学校知と子どもたちがもっている「素朴概念」との葛藤の様相をよみとる（形成的評価），そして，「素朴概念」がどの程度どのように子どもたちによって組み換えられたのか（総括的評価），そのことについて子どもたち自身はどのように考えているのか（自己評価）を明らかにする必要がある（堀，2003）。

まずは子どもたちが保有している今までの学習経験や生活経験といった既知なるものを確かめることであろう。そして，次にこの既知なるものと学校が提示することになる未知なるものとが，子どもたちのなかにどのような「葛藤」を引き起こしているのかを具体的に把握することである。さらには，このような既知と未知との往還のプロセスについて，またどのような納得の仕方で知の組み換えを行ったのかについて，子どもたち自らの判断も大切な評価対象になってくる。この点を最もわかりやすく提起したのが，構成主義的な学習観に基づく**「素朴概念」**の理論と方法である（*Column*⑥）。

④ 学習した成果を評価する方法を開発し，さらには子どもたちも評価方法の選択ができること

「真正の評価」論は「真正の課題」に挑むことによって生まれる，それこそ五感で「表現」される学習のゆたかな様相を把握しようとするものである。そのために，評価方法を創意工夫すること，さらには学習の成果を「表現」する方法を子どもたちに選択させることが大切である。この真正の評価の主張には，文字で表現することが困難な子どもたちに多様な表現方法を保障するという学習権の思想が背景にある。また，多様な表現方法で自らの認識を表出させることによって，子どもたちの理解の深度をも測ることができる。このような評価方法として，パフォーマンス評価法（performance assessment）やポートフォリオ評価法（portfolio assessment）が有名である。この点は後に詳しく説明したい。

⑤ 評価は自己評価を促すものでなくてはならない

評価は教師が成績づけを行うためではなく，何よりも子どもたちの学習を促進させるためのものであれば，その評価の主体，つまり「所有権」（ownership）は子どもたちに属する。それゆえに「真正の評価」論は子どもたちの「**自己評価**」を重視する。②で述べた構成主義的な学習観では，学習における自己調整が何よりも必要であり，その核心は自己評価能力の形成にあるといっても過言ではないだろう。

⑥ 評価は教師と子どもとの，さらには保護者や地域住民も含む参加と協働の作業であること

「真正の評価」論では「**評価参加者**」（stakeholder）という言葉が登場する。評価に利害を有する人たちは，評価の行為に参加する権利があるという主張が背景にある。授業とは，教師と子ども

たちとの協働制作であるといわれるが,まさに評価場面においても子どもたちが評価活動に参加して,教師と協働して評価活動を創り上げていかなくてはならない。さらに,「評価参加者」は保護者にも開かれたものでならなくてはならない。もし,「参加と協働」が学習場面に限定されて,評価場面では相変わらず教師の専断が許されるならば,授業の未来は閉じたものになるだろう。

以上の「真正の評価」論の提案は,よく考えてみれば評価を活かす授業のあり方を追究する教育実践において,以前から現場において多かれ少なかれ気づかれてきたものであって,その芽生えをより精練(リファイン)して示したものと考えてよい。したがって,大切なことは「真正の評価」論の形式を模倣するのではなく,「真正の評価」論の提案によって自らの教育実践を吟味し,より精練したものにするにはどのようにすべきかを考えるフレームワーク(準拠枠)と考えてよいだろう。

2 「形成的評価」と「自己評価」

評価機能の分化:診断,形成,総括

教育評価の役割が,子どもたちを序列化・選別することであれば,教育活動の最後に判定のための評価を行えばよいということになる。事実,「相対評価」のもとでは,教育評価は教育活動が終了したときに実施されていた。しかし,教育評価が子どもたちの学力や発達を保障するために行われるのであれば,それだけでは不十分である。**ブルーム**は,スクリヴァンの提唱した形成的評価と総括的評価という着想に学んで,授業過程で実施さ

れる評価の機能を「診断的評価」「形成的評価」「総括的評価」と分化させて、それぞれの役割に即して子どもたちと教師たちに有効な「フィードバック」を行うことが必要であると主張した（ブルーム，1986）。以下に詳述してみよう。
① 診断的評価の機能

診断的評価とは、入学当初、学年当初、授業開始時において、学習の前提となる学習経験や生活経験の実態や有無を把握するために行う評価のことである。入学当初や学年当初に行われる診断的評価の情報は、子どもたちに対する長期的な指導計画やクラス編成、班編成などの学習形態（指導方法）などを編成するうえで有効な情報として子どもや教師にフィードバックされる。また、授業開始時に実施される診断的評価の情報は、不足している学力を回復し、授業計画を修正・改善するためにフィードバックされることになる。

② 形成的評価の機能

形成的評価は、授業の過程で実施されるものである。そして、形成的評価の情報はフィードバックされ、授業がねらい通りに展開していないと判断された場合には、授業計画の修正や子どもたちへの回復指導などが行われる。したがって、形成的評価は成績づけには使われない。この形成的評価の特質は、たとえば東井義雄が「子どもはつまずきの天才である」として、つまずき分析を通じて「教科の論理」と「生活の論理」の析出を行おうとしたように（東井，1958）、すぐれた教師たちがすでに暗黙的にもっていた教育技術であり、その技術に光を当てようとしたものである。

したがって、形成的評価を実施する場合に注目すべき点とは、その単元のポイントになるところであり、または子どもたちの

「つまずき」やすいところである。したがって,「評価を大切にする」ということと「評価をむやみに多用する」こととは区別すべきである。たとえば,「乗法」を指導する際には,子どもたちの「つまずき」やすいポイントである「単位あたり量」と「いくつ分」の区別がついているのかを確かめる形成的評価が必要となるだろう。

③ 総括的評価の機能

総括的評価とは単元終了時または学期末,学年末に実施される評価のことである。総括的評価の情報は,教師にとっては実践上の反省を行うために,子どもたちにとってはどれだけ学習のめあてを実現できたかを確認するためにフィードバックされる。また,この総括的評価の情報に基づいて評定(成績)がつけられる。そして,形成的評価は学力の基本性を主たる対象とするのに対して,総括的評価は学力の基本性のみならず発展性(活用力や総合力)を対象とする評価であり,この発展的な様相を把握する評価方法が実施される必要がある。

| 形成的評価から形成的アセスメントへ |

さて,1980年代の中頃から,アメリカやイギリスでは国家規模の学力向上政策とそれを支えるための強力なテスト政策が実施され,「形成的評価」の名のもとに子どもたちの出来不出来を点検する道具になっているという現状が生まれる(二宮,2022)。そこで,ブルームのように,実施する「時期」ではなく,「形成的評価」の「目的」を明確にする必要が生まれ,「学習の評価」(assessment of learning),**「学習のための評価**(assessment for learning),**「学習としての評価」**(assessment as learning)という区

表 9-2 学習評価の3つのアプローチと目的

アプローチ	目的	準拠点	主な評価者
学習の評価	席次,進級,卒業証書などに関する判断	他の生徒	教師
学習のための評価	教師の授業に関する決定のための情報	外的なスタンダードや期待	教師
学習としての評価	自己の学習のモニターおよび,自己修正または自己調整	個人的な目的や外的スタンダード	生徒

(出所) 石井, 2020, 323頁。

分が提案される。表9-2によれば,「学習の評価」とは「証明機能」が目的であり,「学習のための評価」とはまさに「指導機能(指導改善)」が目的である。「学習としての評価」も「指導機能(学習改善)」が目的であることには変わりなく,さらに踏みこんで,子どもたちの「自己調整」を含んでいることが特徴になる。

まさしく,「学習のための評価」(さらには「学習としての評価」)としての「形成的評価」が明確にされ,ブルームの「形成的評価」論と区別するために,それらは「**形成的アセスメント**」論と総称されるようになる。ちなみに「assess」の語源は「〈子どもの〉そばに座る」という意味である(石田, 2021)。

この「形成的アセスメント」の核心は,「**フィードバックのあり方**」〈つまり評価結果の伝え方〉をどうするのかという点にある。すなわち,子どもたちがつまずいた場合,一方的に正誤の結果や点数のみを返すのではなく,学習者の経験と状況をふまえて,学習者が理解でき学習改善となる手がかりを与えることが重要であることが明確にされたのである。この点について,形成的アセスメントに関する翻訳書では,次のようにまとめられている。なお,

著者であるシャーリー・クラークは，ブラック（Black, P. B.）とウィリアム（Wiliam, D.）が所属する ARG（Assessment Reform Group）に所属する実践家として知られている。

> 「（ブルームの）形成的評価は，教師主導という色彩が強いが，形成的アセスメントは，子どもの学びを教師だけでなく子ども自身にも評価させるという違いがあると言えよう」
>
> （シャーリー・クラーク，2016，220 頁）

すなわち，ブルームが提唱した「形成的評価」には行動主義の残滓があり，今日では「自己評価」との結合を促す構成主義的な学習観によって理解されるようになっているのである（Andrade, 2010）。

自己評価の重要性

自己評価とは，子どもたちが自分で自分の人となりや学習の到達状況や学習の過程を評価することをさす。また，それによって得た情報によって今後の学習や行動を調整すること（自己調整）にもつながる。自己評価能力は，メタ認知とかモニタリングともいわれる。この**メタ認知**は，「メタ認知的知識」（「人間一般や自分の認知についての知識」「課題についての知識」「方略についての知識」）と「メタ認知的活動」（「メタ認知的モニタリング」「メタ認知的コントロール」）に区分される。この自己評価能力の形成が，生涯学習社会の到来と相まって着目されている（三宮，2008）。

まさしく，「真正の評価」とは，子どもたちの「自己評価」を積極的に位置づけ，いわば授業の過程で行う「形成的評価」との緊張関係のなかで自己評価能力の形成をはかろうとするものである。「真正の評価」論における評価の営みとは，教師にとっては，

子どもたちの「学び」の実相を深く診断するものであるとともに，それ自体が「学び」を活性化させる指導方法の一環となる。子どもたちは，その評価方法に参加するなかで，自らの「学び」を自己評価するとともに，より深く多層的な理解を得ることができるようになるのである。

3 「パフォーマンス評価」と「ポートフォリオ評価」

　日本では教師たちの「授業研究」は，きわめて高い水準にあるといわれる。しかし，「相対評価」が長く支配的であったことも影響して，「授業研究」において教育評価研究は必ずしも正当な位置を与えられてこなかったために，教師の評価リテラシーはそれほどに高くない。そのため，たとえすぐれた授業が展開されても，評価方法は旧来の選択回答式の**客観テスト**（真偽法や多肢選択法など）のままである場合が多い。すると，生徒たちは客観テストで測れる学力の水準や質に馴化してしまい，他方では教師たちはそのような客観テストでは自らの工夫された授業を「教育評価」できないという状況に陥っていた。それを克服するには，**カリキュラム適合性**（妥当性）と称される，授業で目標とされる学力の水準や質に応じた評価方法の開発・工夫が必要なのである（図9-1）。

　もっとも，このように指摘したからといって，客観テストがすべて否定されるべきではなく，学力の基礎的内容を把握する役割は明確であって，どんな目標を掲げどんな評価規準に基づいた問題づくりをするかによって客観テストの果たす役割は変わってく

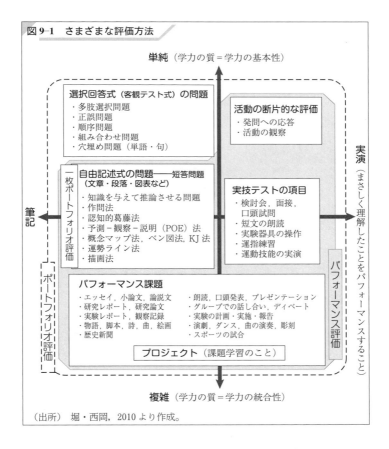

図 9-1　さまざまな評価方法

（出所）堀・西岡，2010 より作成。

るのである。とりわけ，「相対評価」に基づく客観テスト（norm referenced test，いわゆる「標準テスト」）と，「目標に準拠した評価」に基づく客観テスト（criterion referenced test）とでは，問題づくりの方法が異なることに注意しておきたい。前者は子どもたちの差異化をはかるために難易度を重視するのに対して，後者は

第 9 章　何をどう評価するのか　　243

子どもたちの学力保障をはかるためにその単元の重要事項に焦点を当てるという違いがある。「目標に準拠した評価」が唱えられた現在であっても、客観テストの問題づくりが相変わらず相対評価に基づく「標準テスト」では、学力の保障は困難だろう。

「活用」する力と「パフォーマンス評価」

さて、「真正の評価」論に基づく**パフォーマンス評価**とは、子どもたちが知識を実際の世界にどの程度うまく活用させているのかを測るものである。客観テストがテスト用紙に書き込まれた既存の解答を選択させるという方式をとるのに対して、パフォーマンス評価は学び得たことをさまざまなメディアを使って表現させるという方式をとる。そのメディアとは、文字による表現だけでなく、図やグラフや絵という表現もあり、さらには実際に演出するという表現もある。このようなメディアを通じてのパフォーマンスによって、いわゆる「活用」の学力をはかろうとする。

パフォーマンス評価の代表的な方法としては、「自由記述式問題」と狭義の「(パフォーマンス課題に基づく)パフォーマンス評価」がある。後者は、実際の場面を想定しその立場(表9-3の例では「子ども科学者」)になって演じるという方法(pretend to)をとる。そのどちらを使用するのかは、それこそ評価対象である学力の「質」(この場合は、どの程度の「思考・判断・表現」を目標にするのか)によって異なる(西岡・田中, 2009)。

自己評価と「ポートフォリオ評価」

「ポートフォリオ」とは、「紙ばさみ」が原義であるように、学習過程で生み出される「作品(ワーク)」を蓄積する容器ま

表 9-3　パフォーマンス課題に基づくパフォーマンス評価の例

～地球の水を守ろう～　　普段の生活で気をつけたいこと

あなたは，「子ども科学者」です。「水溶液の性質って？」で学んだことをもとにして，次の3つのことについて「理科パンフレット」を作り，それを使って5年生に「地球の水を守ろう」ということについて説明してください。
- 水溶液の性質について
- お風呂洗剤などに「混ぜるな危険」とあるのはどういうことか
- 地球の水を守るため，普段の生活で気をつけなければならないことはどんなことか

ルーブリック（評価指針）の設定

設定尺度	パフォーマンスの特徴
3	○水溶液の性質について，リトマス紙やBTB液によって酸性，アルカリ性，中性に分けられること，二酸化炭素など気体が溶けている水溶液や，塩酸など金属を変化させる水溶液があることをまとめている。 ○「混ぜるな危険」について，いろいろな水溶液を混ぜると有害なガスが出ることがあり危険だということや，混ぜることによって水溶液の性質が変わることがあることなどについての考えをまとめている。 ○地球の水を守ることについて，家庭排水にも気をつけないと川や海を汚してしまうことがあることや，温暖化傾向が続き二酸化炭素が多くなるとそれが海水に溶け性質が酸性となり海の生物にも影響が出ることなど水溶液の性質と環境とのかかわりについて自分の考えをまとめている。 ◎水溶液について伝える意識をもち，わかりやすく説明をして，質問にもしっかりと受け答えしている。
2	○水溶液の性質について，酸性，アルカリ性，中性に分けられること，気体が溶けている水溶液や金属を溶かす水溶液があることをまとめている。 ○「混ぜるな危険」について，いろいろな洗剤を混ぜると有害なガスが出ることがあるから危険だという考えをまとめている。 ○地球の水を守ることについて，家庭排水にも十分に気をつけないと川や海を汚してしまうことがあることについて自分の考えをまとめている。 ◎水溶液の性質について，下級生に分かりやすく説明をしている。
1	○水溶液の性質について，酸性，アルカリ性などに分けられること，気体が溶けていたり金属を変化させたりする水溶液があることをまとめている。 ○「混ぜるな危険」「地球の水を守ること」について考えをまとめている。 ◎水溶液の性質についてまとめたことを読んで伝えている。

（出所）　井口，2011，95頁。

たは「作品」そのものをさしている。従来の「標準テスト」は，教育成果の値踏みを行うという目的のために，ある種の結果主義であった。これに対して，**ポートフォリオ評価**では，学習結果としての完成品だけではなくて，何よりも日常の学習過程（コンテキスト）で生み出されてくるさまざまな「作品」を蓄積することを大切にする。たとえば，学習場面で生じる葛藤のプロセスを映し出しているメモ書きや小テスト，先生への質問カードやワークシートなどを蓄積する。

さらには，「ポートフォリオ評価」では，実践が開始される前に，そして実践の過程において，さらには実践のまとめを行う際に，教師と子どもたち，さらには保護者や地域住民も参加しての「**検討会**（カンファレンス）」が実施される。この検討会では，どのような「ポートフォリオ」を取捨選択するのか，発表会ではどの「ポートフォリオ」を使うのか（日常のワーキング・ポートフォリオから抽出されるパーマネント・ポートフォリオの作成）をめぐって，話し合いが行われる。そして，この検討会を通じて教師と子どもたちのねらいとめあてが擦り合わされて新しい目標が創られていくと同時に，子どもたちには自分の学習を「自己評価」する力が形成されるのである（西岡，2003）。

ルーブリックの開発

このように「パフォーマンス評価」や「ポートフォリオ評価」のように，教育実践にとって妥当性の高い評価法が推奨される場合，その**比較可能性**（信頼性）をいかに保証するのかが課題となってくる。「**ルーブリック**」（rubric）とは，評定尺度とその特徴を記述する指標（そして，具体的なサンプル）から成り立っていて，「評価指針」と

訳される場合が多い（表9-3）。この評価指針は学習課題に対する子どもたちの認識活動の質的な転換点を基準として段階的に設定され，指導と学習にとって具体的な到達点の確認と次のステップへの指針となる（表9-3）。

　その際，この「ルーブリック」は子どもたちにわかりやすい表現で「公開」されることが大切となる。なぜならば，この「ルーブリック」は何よりも子どもたちにとって学習活動や自己評価の指針としての役割をもつからである。「ルーブリック」における評価はあくまでもその時点での子どもたちの到達点であって，それが最終の判定を意味するわけではない。たとえば，3段階の「ルーブリック」が設定された場合，「2」をもらった場合には「3」になるにはどのように学習を改善すればよいのかが教師と子どもたちのあいだで共通に認識されていることが大切なのであって，「ルーブリック」にはその役割が期待されている。

　そしていうまでもなく，このような「ルーブリック」を開発するためには，やはり「パフォーマンス課題」の探究をめざす授業実践の蓄積が，何よりも重要となる。すなわち，評価基準として，子どもたちの認識活動の結節点を段階的に区分するためには，まさしく「パフォーマンス課題」にチャレンジする子どもたちの認識活動の様相が，教師たちの「授業研究」と「モデレーション」（調整）を通じて的確に把握されていなくてはならないからである。授業づくりと評価（基準）づくりは，相互媒介的に進行するということが重要なのであり，そのなかで教師の評価リテラシーが鍛えられるのである。

4 教育評価論としての「実践記録」

　ところで，戦前日本の心ある教師たちは，「**教育実践**」という言葉に，教育を実際に担う教師こそが，教育と研究を行う主体でなければならないというメッセージを込めてきた。そのために，「教育実践」を対象とする「**実践記録**」には，いかなる時代状況に向き合って，目の前の子どもたちをいかに教育していったのかが目的意識的に記述され，まさに研究創造の命綱として蓄積されていった。第二次世界大戦後になると，無着成恭の『山びこ学校』(1951年)，小西健二郎の『学級革命』(1955年)といった，すぐれた「実践記録」が陸続と発刊されるようになる。

　このような状況のなかで，また「実践記録」への批判を意識して，**勝田守一**は1955年に「実践記録をどう評価するか」(勝田，1972)という有名な論文を書いている。そこでは，第1には「実践記録」とは教師の生活綴方，生活記録であり，教育実践を中核にして，そこにぶつかる問題や矛盾やそれへの克服の営みをすべて含み，さらに人間としての教師の生活感を反映するものでなくてはならないとした。第2に，その表現形態としては，記録であるかぎり，「強調と省略」があり，それゆえの「文芸性」をもつ。しかし，それは文学ではなく実践の事実の記録であり，より本質的には「実践記録」は主体的感性的な認識を理論的に抽象化するのではなく，形象化することを通して真実を語ろうとするものであると指摘した。そして，第3には，仲間のなかで「実践記録」から共通の値打ちが掘り起こされ，共有財産（一般化）となるこ

とがめざされる，とした。

　この勝田の主張は，「実践記録」の文芸性を本質的な性格としたうえで，それが主観性や英雄主義に陥らず，「典型化」をめざすためには，仲間や教育研究者との共同の検討が必要であり，それゆえに「実践記録」とは教育研究の重要な方法論となりうると指摘したものである。なお，勝田は1967年になって，「私はかつて典型化ということをいったが，その時には，むしろ教育学的研究を芸術的創造作業に近く考えていた。しかし，よくみると，実践と理論的研究とは，実践的な教育学ではとくに芸術的創造と科学的探究とのちょうど接点に位し，両者の性質をともにそなえることによってしか，じつは，すぐれた実践も正しい理論的研究も成立しないという特質を具えていることがわかる」（勝田，1972，200頁）と述べている。教育実践のもつ「芸術的性格」とともに「科学的性格」の重要性が強調されており，その背景には1960年代以降に精力的に取り組まれた教科教育研究の進展があった（第3章参照）。すると，「実践記録」もまた，文芸性とともに科学性が求められることになる。

　このような要件を備えた「実践記録」として，**仲本正夫**の記録は魅力的である（仲本，1979）。そこには，「微分・積分」という教育内容を共通教養にするための授業実践を軸（科学性）として，数学に苦しむ生徒の声，「上田町子」「豊原みどり」の苦闘と進路選択の様子，挫折する仲本の姿（文芸性）が生き生きと「実践記録」として形象的に描かれている。

　このような「実践記録」を読むとき，そこには「目標に準拠した評価」を質的に高めた「真正の評価」論をより豊かにするための素材に満ちている。と同時に，「実践記録」は「教育実践」に

Column⑦　アイスナーの教育評価論

　長く芸術教育に携ってきたアイスナーは，ユニークな教育評価論を提唱した。目標に準拠した評価では，操作的に定義された目標を規準にして量的な測定を行うが，それでは芸術領域や高次の精神活動を質的にとらえ，判断することができないと主張し，教育鑑識眼と教育批評を提起した。その立場は，「創発主義」を一方的に称揚し，「設計主義」を無視したものでないとされる（岡村，2023）。

　鑑識眼とは，対象の性格や質を識別（perceive）する行為のことであって，それは単なる「好み」ではなく，対象に関する過去の理論への深い見識に基づいて行われるものであり，教師には教育的鑑識眼をもつことが求められる。批評とは，鑑識眼に基づいて得たものを言語によって記述し公開することを意味する。教育的批評家とは，教育理論や教育史の素養さらには実践経験にも裏づけられながら，クラスに浸透している質的な活動を文学的言語で生き生きと表現することによって，教師たちの教育鑑識眼を鍛え，開眼させるという役割を演じるとされる。

内包される生命感・律動感・体温感といった質的な性格を見事に映し出し，アイスナーの提唱する「**教育鑑識眼**」(educational connoisseurship) と「**教育批評**」(educational criticism) とに通底する主張を垣間見ることができる（Column⑦）。まさしく「教育鑑識眼」や「教育批評」は，教育実践のもつ性格や質を識別し，それを文学的言語によって洗練する行為なのである（Eisner, 2005）。教育評価論は「実践記録」論を内包することによって，さらに新しいステージをめざすことになるだろう。

読書案内

天野正輝『教育評価史研究――教育実践における評価論の系譜』東信堂，1993。
●明治以降の教育評価制度の変遷とそこでの教育実践の展開を系統的，体系的に記述している。

田中耕治『教育評価』岩波書店，2008。
●心理学者でなく，教育学者が「教育評価」というテーマで著したはじめての単著。その基礎理論を開示した文献として，同著『「教育評価」の基礎的研究』（ミネルヴァ書房，2022年）がある。

教育目標・評価学会編『「評価の時代」を読み解く――教育目標・評価研究の課題と展望』上・下，日本標準，2010。
●現代は「評価の時代」ともいわれる現代の特徴を批判的に吟味して，新しい評価のあり方を模索している。

西岡加名恵・石井英真・田中耕治編『新しい教育評価入門――人を育てる評価のために』増補版，有斐閣，2022。
●新しい教育評価のあり方をコンパクトにまとめている。

引用・参考文献

井口桂一「『水溶液の性質って？』でパフォーマンス課題をデザインする」田中耕治編著『パフォーマンス評価――思考力・判断力・表現力を育む授業づくり』ぎょうせい，2011。

石井英真『現代アメリカにおける学力形成論の展開』再増補版，東信堂，2020。

石田智敬「ロイス・サドラーによる形成的アセスメント論の検討――学習者の鑑識眼を錬磨する」『教育方法学研究』46，1-12，2021。

岡村亮佑「E. W. アイズナーのカリキュラム構成法――「教育的想像力」概念に焦点を合わせて」『教育学研究』90（3），435-447，2023。

勝田守一『教育研究運動と教師』勝田守一著作集3，国土社，1972。

クラーク，S.／安藤輝次訳『アクティブラーニングのための学習評価法――形成的アセスメントの実践的方法』関西大学出版部，2016。

三宮真智子編著『メタ認知――学習力を支える高次認知機能』北大路書房，2008。

タイラー，R. W.／金子孫市監訳『現代カリキュラム研究の基礎――教育課程編成のための』日本教育経営協会，1978（原著1949）。

田中耕治編著『人物で綴る戦後教育評価の歴史』三学出版，2007。
田中耕治編著『小学校新指導要録改訂のポイント』日本標準，2010。
田中耕治『教育評価と教育実践の課題――「評価の時代」を拓く』三学出版，2013。
東井義雄『学習のつまずきと学力』明治図書出版，1958。
仲本正夫『学力への挑戦――"数学だいきらい"からの旅立ち』労働旬報社，1979。
仲本正夫『新・学力への挑戦――数学で新しい世界と自分が見えてくる』かもがわ出版，2005。
西岡加名恵『教科と総合に活かすポートフォリオ評価法――新たな評価基準の創出に向けて』図書文化社，2003。
西岡加名恵・田中耕治編著『「活用する力」を育てる授業と評価――中学校：パフォーマンス課題とルーブリックの提案』学事出版，2009。
二宮衆一「教育評価の機能」西岡加名恵・石井英真・田中耕治編著『新しい教育評価入門』増補版，有斐閣，2022。
ハート，D.／田中耕治監訳『パフォーマンス評価入門――「真正の評価」論からの提案』ミネルヴァ書房，2012（原著1994）。
ブルーム，B. S.／稲葉宏雄・大西匡哉監訳『すべての子どもにたしかな学力を』明治図書出版，1986（原著1981）。
堀哲夫『学びの意味を育てる理科の教育評価』東洋館出版社，2003。
堀哲夫・西岡加名恵『授業と評価をデザインする理科』日本標準，2010。
Andrade, H. L. & Cizek, G. J. *Handbook of Formative Assessment*. Routledge, 2010.
Eisner, E. W. *Reimagining Schools*. Routledge, 2005.

第10章 教科外教育活動を構想する

▲「『そういう奴がいるかぎり,学校なんかよくならないよ』。無口なモグラが絶叫した」(演劇『翼をください』より)。
(出所)青年劇場+高文研,1994,23頁。

　現代の学校教育で生じている「いじめ問題」「不登校問題」「子どもの荒れと学級崩壊問題」などを解決するために,教科外教育への期待は大きい。この章では,教科外教育を構成している「集団づくり・自治活動」「文化活動」「相談活動」の特徴や課題を考えるなかで,その今日的な役割を示してみたい。

本章では，教科外教育（または教科外指導）の位置や役割を明らかにするとともに，その代表的な分野である「集団・自治活動」「文化活動」「相談活動」の特徴を明らかにしてみたい。さらには1980年代以降の学校教育をめぐる問題事例に取り組むなかで明らかになった教科外教育の課題を指摘したい。

1 教科外教育の源流

　近代の学校教育が，知育や学力をめざして「教科教育（または教科指導）」や「授業」を体系的・系統的に整備していったことはよく知られている。しかし，実際の学校生活をみれば明らかなように，「教科指導」や「授業」にすべてを収斂・回収されない活動領域が歴然と存在する。したがって，そこに「教育」的な意義を見いだし，意図的計画的な働きかけを行おうとする意識が誕生してくる。むしろ，この「教科外教育」は，子どもたちの意識や行動に直接的に働きかけることから，教科の領域以上に子どもたちの人格や生き方に対して強力な作用をもたらすものとして注目されてきた。現代日本の学習指導要領における「特別活動」は，その役割を担う教育課程上の領域として設定されている。

　他方，近代の学校は，それぞれの家族や地域の「生活」や「文化」を背負って登校してくる子どもたちを「集団」として対象化する営みである。したがって，「教科教育」における「学習集団」と関係をもちつつ，それとは相対的に独立した**生活集団**との関係性が注目されることになる。とりわけ，日本のように初等教

育において「学級担任制」を実施してきたところでは，学級における「学習集団」と「生活集団」の関係が問われてきた。この「生活集団」としての子どもの発見は，日本においては「生活指導」論として展開され，「教科外教育」の構想に大きな影響を与えた。

「特別活動」の源流：「フレットウェルのテーゼ」

第二次世界大戦後の日本にも影響を与え，「特別活動」論の原典とされるフレットウェル（Fretwell, E. K.）著『中等学校における課外活動』（*Extra-curricular Activities in Secondary Schools*, 1931）においては，教科外活動の教育課程上の意義が明確にされ，**「フレットウェルのテーゼ」**として定式化されている。その要点は，よき市民のモラル育成をはかるためには学校生活全体を教育的に組織することが必要であって，そのためには教科課程と課外活動との有機的な連関をはかることが重要であるというものであった（山口，2000；猪股，2023）。ちなみに，本著で取り上げられている課外活動としては「ホーム・ルーム」「学校・学級自治組織」「生徒集会」（assembly），「クラブ活動」「新聞，雑誌などの出版活動」「卒業式」「スポーツ活動」など多彩である。

アメリカにおいては，1900年頃に中等学校を中心として教科外活動への関心が高まり，新聞，コーラス・クラブ，野球，テニス，演劇などの自主的なクラブ活動や，「学校市」（school city），「市民集会」（town meeting），「学校集会」（school meeting）などの市民的育成をはかる自治的活動が取り組まれるようになる。「フレットウェルのテーゼ」とは，このような青少年の個人的ニーズを尊重し，アメリカ市民としてのモラルを育成するために，

教科外活動の教育的価値を定式化しようとするものであった。現代の日本における「**特別活動**」の内容（小学校・中学校に関しては 2017 年，高校は 2018 年の改訂学習指導要領に記載）として，「学級活動（高校ではホームルーム活動），児童会（生徒会）活動，クラブ活動（小学校のみ），学校行事」とされているのは，明らかにその影響である（山口・安井，2010；上岡・林，2020）。

| 「生活指導」の源流：「協働自治」と「生活綴方」 |

一方，近代日本においては，明治以降，周到に制度化された各種儀式（祝祭日での教育勅語奉読など），兵式体操奨励や戦意高揚策に端を発する「運動会」，さらには軍隊の「行軍」に起源をもつ「遠足」「修学旅行」などの教科外における活動が，国家意思を体現する規律や訓練を目的として組織されていた（佐藤，2005）。しかし，大正期に展開される新教育においては，国家主義的で画一的なモラルの教え込みを排して，子どもたちの自主性や個性，自治や協働性という教育的価値に裏づけられた教科外活動が展開されてくる。

その代表的な取り組みが，「**児童の村小学校**」の**野村芳兵衛**（富澤，2021）によって実践された「**協働自治**」に基づく「**生活訓練**」論であった（第 2 章も参照）。そこでは，「相談会」において，協働意思を確定する「協議」と協働の不安定化に対して自治的統制を行う「抗議」によって，子どもたち各自が主人公となる「社会」を構築させようとした。その「相談会」の原則には，「問題はそれが如何に一人の子供によって起った如く思はれるものでも，これを学級の問題として，学級全員が協議し，協力的に解決して行かなくてはならぬ」と書かれている（野村，1932，116 頁）。こ

の野村の実践は,第二次世界大戦後において,「生活指導」(後述)における自治的「学級集団づくり」の源流として評価されることになる。また,「児童の村小学校」をはじめとする大正新教育を担った学校では,学級文庫,紙芝居,誕生会,壁新聞,児童劇などの多彩な児童文化,学級文化が創造された(中野,2008)。

この大正時代における児童文化運動の嚆矢となったのが,**鈴木三重吉**によって発刊された『**赤い鳥**』である。その雑誌には,すぐれた童話や童謡を掲載するとともに,読者である子どもたちの綴方を募集した。その際に鈴木は,模範文をまねるという当時の「綴方」の指導を批判して,子どもたちが現実の生活のなかでぶつかる事実やそのときの感じ方や考え方をすなおに書くことを奨励した。このように『赤い鳥』が切り拓いた綴方教育の可能性をふまえながら,しかし『赤い鳥』に内在していた「童心主義」(無垢な存在としての子どもを称揚する発想)や,さらには「文芸主義」(「作品主義」とも呼称)を超えた綴方として,「**生活綴方**」が誕生する。この「生活綴方」をめざす教師たちによって,「生活指導」という概念が提起され,第二次世界大戦後の日本の教科外教育の理論と実践に大きな影響を与えることになる。

その創始者である**小砂丘忠義**(竹内,1998)たちによれば,表現のために生活を重視するのではなく,子どもたちが実生活をみつめ,立て直す(つまり「**生活指導**」の)ために表現を重視することこそ「生活綴方教育」の真髄であると唱道するようになる(中内,1976)。「生活指導」という用語をはじめて成語化した**峰地光重**(田中,2023)も,「生活を指導して,価値ある生活を体験するように導かねばならない。生活指導をぬきにしては綴方はあり得ない」(峰地,1981,68頁)と主張し,「生活指導」とは生き方やモ

Column ⑧ 教科教育と教科外教育の関係について

教育課程は教科教育（課程）と教科外教育（課程）の有機的な関係によって編成されているという場合，その有機的な関係とはいかなるものなのか。この点について，第二次世界大戦後の日本においては，1950年代後半に**小川太郎**と**宮坂哲文**との間で「生活指導は領域概念か機能概念か」という論争が起こった。

宮坂哲文はモラル（生き方）の教育としての生活指導は機能概念であって，教科と教科外を貫くものと考えた。それに対して，小川は主として学力を形成（＝陶冶機能）する教科指導と，主としてモラルを形成（＝訓育機能）する生活指導の，それぞれの固有性を主張した。

この論争は，1970年代の中頃に，吉本均と春田正治との間で行われた**「学習集団」論争**につながっていく。教科外教育において取り組まれていた自治的集団の方法論を授業づくりに持ち込むことで，「授業のなかの自治」を追究しようとしていた**吉本均**の「学習集団」論に対して，それでは教科教育と教科外教育との区別が曖昧となり，それぞれの固有な取り組みが矮小化されると**春田正治**が批判した。学習集団のもつ訓育性と教科内容のもつ訓育性の，それぞれの力点のおき方や関係のとり方をめぐる論争であった。

※小川・宮坂論争については『日本教育論争史録』4（現代編：下），第一法規出版，1980参照。春田・吉本論争については，『現代教育科学』（特集：学習集団研究の争点を検討する）1977年5月号参照。

ラルの教育であるとともに，その方法を示す概念であると規定した。したがって，「生活綴方」教師たちも，子どもたちの生活を耕すための学校・学級（教室）文化の創造（学級新聞や文集づくり，紙芝居，学級歌，劇づくりなど）に積極的に取り組むことになる。

「生活綴方」教育が一般の現在の作文教育と区別されるもう1つの特徴は，子どもたちの生活を綴る営みが孤立したものではな

く，常に子どもたちの集団に開かれていることだろう。子どもたちが書いてきた「生活綴方」は，もちろん教師と子ども，子どもたち同士の信頼関係を築きながら，学級の子どもたちに読まれ，話し合われていく。そこでは，「ありのまま」というリアリズムが大切にされ，提出された綴方を軸として，子どもたちは同時代を生きる生活者としての仲間たちの「つらさ」「さびしさ」「喜び」「やさしさ」を共有していくのである。東北地方の教師たちによって展開された**北方性教育運動**を担った教師である**鈴木道太**（増山，2021）は文集「手旗」（1935年）において「ひとりの喜びがみんなの喜びとなり　ひとりの悲しみがみんなの悲しみとなる……教室」（鈴木，1972，103頁）と語り，後に生活綴方的「仲間づくり」と称されるようになる。

2 教科外教育の分野と方法

　教科外教育が取り組むおもな活動の分野は，「集団づくり・自治活動」と「文化活動」である。「特別活動」の内容に即して分類すれば，「学級活動（高校ではホームルーム活動），児童会（生徒会）活動」が「集団づくり・自治活動」に対応し，「クラブ活動（小学校のみ），学校行事」は「文化活動」に大きく対応していると考えてよいだろう。しかしながら，不登校やいじめなどの教育問題が頻発する今日，教科外の教育活動として「相談活動」の役割が注目されている。そこで，相互に関連をもちつつも，独自の分野として機能している「集団づくり・自治活動」「文化活動」「相談活動」の3分野について考えてみたい。

集団づくり・自治活動

① 生活綴方的な仲間づくり

第二次世界大戦後の日本において,「**集団づくり・自治活動**」における教育のあり方について,集中的に精力的に取り組んだのは戦前来の「生活指導」の系譜を継承しようとする人たちであった。その出発点となったのは,生活綴方の復興を告げた無着成恭『**山びこ学校**』(青銅社,1951年。後に岩波文庫1997年で復刊)の発刊であり,その生活綴方的教育方法に影響を受けた**小西健二郎**『**学級革命**』(牧書店,1955年。後に『教育実践記録選集』3,新評論,1966年に所収)の出版であった。とりわけ,『学級革命』(*Column⑨*) は,当時の生活綴方実践の到達点とされ,学級集団における人間関係の変革に取り組んだものとして高い評価を得た。

このような教育実践の展開に学び,それを「生活指導」論として理論化することに邁進したのが**宮坂哲文**であった。宮坂は,戦後に導入された「ガイダンス」論の技術的偏向や心理学的偏向を批判的に吟味しつつ,日本における「生活指導」論の基礎を構築することになる(宮坂,1962)。この宮坂によって,1957年に生活綴方的な「**仲間づくり**」が次のように定式化された。

① 学級のなかに,何でもいえる情緒的許容の雰囲気をつくること。
② 生活を綴る営みを通して1人ひとりの子どもの真実を発現させること。
③ 1人の問題を皆の問題にすることによる仲間意識の確立。
　この「**仲間づくり**」においては,情緒的許容の雰囲気を育むことを前提として,その後において話し合い(討議)がなされることが特徴である。

Column⑨ 『学級革命』をめぐって

小西健二郎の実践記録『学級革命』(1955年) に収められた「学級の革命」は、生活綴方を軸として、学級ボス(好弘君)を退治した勝朗君たちによる「子どもの社会の暴力なき革命」として話題を呼んだ。この実践記録に対して大西忠治は、「ボス」と「リーダー」との区別は、その本人や指導者による自覚の問題ではなく、それを支える「集団の質」にあるとして、小西における個人主義的な指導観を批判した(「『学級革命』批判」『生活指導』1962年9月号)。これに対して、小西は大西による「班・核・討議づくり」が集団の組織づくりを急ぐあまりに子どもたちの内面の真実を等閑視することにならないかと危惧を表明している(「『学級革命』批判を読んで」『生活指導』1962年12月号)。この両者の実践上の対立には「仲間づくり」と「学級集団づくり」との相違が典型的に表明されている(西岡, 2005;川地, 2009;園田, 2010)。

② 自治的な学級集団づくり

文章表現(認識の指導)を通しての意識づくりをめざす生活綴方的な「仲間づくり」に対して、子ども集団の質的変革(行動の指導)を通しての自治的な**「学級集団づくり」**をめざそうとしたのが、実践記録『核のいる学級』(明治図書出版, 1963年)や『班のある学級』(明治図書出版, 1964年)を著していた**大西忠治**であり、その「仲間づくり」と「学級集団づくり」の対抗関係を「学習法的生活指導観」と「訓練論的生活指導観」の構図で理論化したのが**竹内常一**(宮原, 2016)であった(竹内, 1969)。「学級集団づくり」においては、「集団の力」の自覚化とそれによる民主的な人格の形成が重視され、そのための生徒自治集団の組織化の方法論として、**「班・核・討議づくり」**と**「集団づくりの3段階」**(集団の主導権を誰が掌握しているのかを基準にして、教師に主導権がある

「よりあい的段階」，核〔リーダー〕集団が主導権をもつ「前期的段階」，集団自体が主導権をとる「後期的段階」）が提唱された。1959年に発足した「**全国生活指導研究協議会**」（「全生研」と略称）は，この「学級集団づくり」の理論と実践を広範囲に追究し，その成果を『学級集団づくり入門』（明治図書出版，1963年），『学級集団づくり入門　第2版』（明治図書出版，1971年）として刊行した。

③　**仲間づくりと学級集団づくりの統一：協働関係による集団づくりへ**

しかし，このような「学級集団づくり」に対しては，その形式主義的な理解や発達論的な知見の欠如によって班競争の激化や管理主義を招いているという批判や，1980年代頃から顕在化する子どもたちの新たな「荒れ」に十分に対処できないという批判が，「全生研」内外の研究者や実践家によってなされるようになる。そこに共通する主張は，その批判対象とした生活綴方的な「仲間づくり」の意義を再確認して，「仲間づくり」と「学級集団づくり」を統一した集団づくりをめざそうとすることにある。たとえば，城丸章夫が重視した「**交わり**」概念は，自治的な「学級集団づくり」とは区別して，私的で親密な仲間関係における社交のあり方・技術（たとえば，相川・猪刈，2011参照）や遊び・文化活動を含むものとして提唱されている（船越，1990）。

さらに，折出健二は，「集団」それ自体の質を問い直し，従来の「組織性」に代わる「**共同性**」を提唱している（折出，2003）。すなわち，共通の目的に向かって成員の意志や行動を結合し，集団内外の非民主的なものに対抗する集団づくり論から，孤立した多様な子どもたちのあいだに協働関係を育むことによって，個人の問題が共有され，諸問題をともに解決することを可能にする集

団づくり論への転換である。このような主張や動向を反映して，「全生研」は新たに『新版学級づくり入門　小学校』(明治図書出版，1990，中学校編は1991年出版)や『子ども集団づくり入門』(明治図書出版，2005年)を刊行している。

> **文化活動**

教科外教育における**文化活動**は，既述したように日本においては大正新教育や生活綴方を担った教師たちによって積極的かつ精力的に展開されることになった。そこでは，「子どもたちが，人間のもっとも人間らしい活動である文化活動の遺産を享受し，同時に子どもたち自身が生き生きとした文化の創造をする場」(松平，1995，5頁)を提供することがめざされた。具体的には，「(1) 子どもたちに豊かな文化的経験をさせたいとする願いから，教師が本，音楽，絵画などを教室に持ち込んで，教室の環境をより『文化的』なものにする活動」と「(2) 教師の指導のもとで，学級のメンバーが中心となって主体的・意識的に作り出す創造的・創作的な文化的活動とその成果」(同上，2頁)によって構成されており，いうまでもなくこの両者は相即の関係と考えられていた。そして，このような文化活動は教科書中心の教科教育に封印されることを余儀なくされた「文化」の問い直しと編み直しへの回路をもつものでもあった。

すでに紹介したように取り組まれた文化活動のジャンルは，演劇活動，行事づくり，各種出版活動，クラブ活動など多様であり，多彩である。ここでは，演劇活動と行事としての「卒業式」の取り組みを紹介しておきたい。まず，**演劇教育**(佐々木，2018)とは，演劇を鑑賞させるとともに，演劇の創造活動を体験することであ

る（日本演劇教育連盟，1988）。その虚構の世界において，磨かれた言葉（セリフ）としなやかな身体によって役を演じること（または役が演じられること）を通して，心のなかの他者性を自覚して「心の中に素敵な人々を住まわせる」（田中，2010）。この演劇教育の特質を「劇中劇」として提案したドラマ『翼をください』（ジェームス三木脚本，徳間書店，1988において同名の脚本が出版）は，学園祭において底辺校で呻吟する生徒の「声」を語らせるという演劇を通じて，またこのドラマの舞台を鑑賞するという取り組み（青年劇場＋高文研，1994）を通じて，現代の高校生に強いインパクトを与えることになった（本章扉写真参照）。

学校行事としての「**卒業式**」は，第二次世界大戦以降になっても明治期に確立した「小学校祝日大祭日儀式規定」（1890年確定）を踏襲して，マンネリズムに陥っていた。そのなかにあって，小学校教師粉川光一が1955年に提案した「卒業式の演劇的構成法」（粉川，1955）は，卒業式において「呼びかけ方式（コーラル・スピーキング）」を採用したはじめての試みとなり，斎藤喜博の「島小学校」にも影響（斎藤，1970，初版1963）を与え，その後全国レベルで採用されていった。なお，現代の卒業式では「対面式」を採用したり，創作された感動的な卒業式の歌を合唱する取り組みがなされている。長く学校文化活動を追究した富田博之は，学校行事においては何よりも子どもたちの自発性や内発性を重視し，ドラマとしての学校行事を創造することによって学校を地域社会に開いていくことの重要性を主張した（富田，1984）。

> **相談活動**

教育相談活動の嚆矢は，大正期に開設される「児童相談所」にあるとされるが，

学校教育において「相談活動」が明確な必要性を自覚され，まさしく教育課程のなかに位置づけられるのは，1980年代になってからである。その背景には，いじめ，自殺，不登校といった内向的，非社会的な行動が顕在化しはじめたことがある。そして，この動向に拍車をかけたのが，1995年から始まる心理臨床家を主体とする**スクール・カウンセラー**の導入事業であった。そこでは，従来の学校教育への批判を通して，「**カウンセリング・マインド**」の重要性が語られることになる（広木，2008）。なお，スクール・カウンセラーは日本のようにもっぱら子どもたちの情意や情緒面に関わるだけではなく，アメリカでは学力や進路面にも関わっていることに留意しておきたい。

さて，強調される「**カウンセリング・マインド**」とは，集団ではなく個人を対象として，外面的な行動に対する指導でなく，子どもたちの成育歴や家庭環境などの把握を通して内面性を理解し，何よりも子どもたちの自己洞察や自己理解を支援しようとするものである（桑原，1999）。まさしく，「困った子」ではなく「困っている子」の発見である（田中，2010）。そのために，とりわけカウンセラーには**ロジャーズ**が提起した「**受容**」と「**共感的理解**」と「**純粋性**」が必要とされる。「受容」とはクライエントの話を本人にとってかけがえのない意味をもつ語りとして尊重して，積極的な関心を示すことである。「共感」とは，その人を内側から理解するために，その人自身の気持ちを共有する聴き方をすることである。そして，「純粋性」とはカウンセラーが自分自身に正直にクライエントに向き合うことである。このような「カウンセリング・マインド」を通じて，クライエントが自分の人生の主人公は自分であるという**自己肯定感**を取り戻し，自分の人生の物語

を自らが再構築することを支援するのである（高垣，2010）。

　もちろん，スクール・カウンセラーが配置されれば，学校で生じている問題状況が即座に解決するわけではなく，むしろスクール・カウンセラーと教師たちとの相互不信や軋轢も報告されている。両者の固有の役割を認めたうえで連携をはかることが重要であり，学校における相談活動の進展を担う教師（一般に教師カウンセラーと呼称）の活躍が期待される。さらに，今日，教師は**スクールソーシャルワーカー**との連携を模索する必要も生じている。環境と個人の相互作用を重視し，社会福祉的な観点をもつスクールソーシャルワーカーは，子ども・家族（主として保護者）・教員・地域住民および関係機関を視野に入れて，「相談」「代弁（子ども・家族の立場を学校に代弁）」「情報提供」「調整」「仲介」「家庭訪問」「アドバイス・コンサルテーション」「連携・協働」を行っている（日本スクールソーシャルワーク協会，2008）。とりわけ，2000年の児童虐待防止法制定に象徴される**子ども虐待**の増加には，生活困窮，家族の孤立化，親の未熟性などが複合的に関係しており，スクールソーシャルワーカーの役割が注目されている。

3 教科外教育の今日的な課題

　1970年代の後半から日本の経済は「低成長時代」に突入し，1990年代初頭には「バブル経済」の崩壊を経験した。それに歩調を合わせるかのように，**校内暴力問題**（1980年代前半に顕在化；国立教育研究所内校内暴力問題研究会，1984），**いじめ問題**（1985年頃に顕在化；森田，2010），**不登校問題**（1990年代前半に顕在化；春日井，

2008),**子どもの荒れ**と**学級崩壊**問題（1990年代後半に顕在化；尾木，2000）が起こっている。このような問題が頻発するようになると，子どもたちを取り締まる管理主義的な指導が横行するようになり，「生活指導」や「生徒指導」はその代名詞のようにみなされる場合が多くなる。そのことは，本来の教科外教育の姿を大きくゆがめることにもなる。

　まずは直面している教育問題の背景には，国際的にも問題となった日本の子どもたちをめぐる「高度に競争的な教育制度によるストレス」（国連・子どもの権利委員会最終所見，1998年）があることを明確に理解しておきたい。しかも，その競争の質が格差を是正する「開かれた競争」から格差をさらに拡大する「閉じられた競争」に変化して，今や『希望格差社会』（山田昌弘著，ちくま文庫，2007年）と称されるまでになった。このような状況を打開するためには，子どもにとっても教師にとっても学校は楽しく安心して過ごせる居場所として再生され，教科教育と教科外教育の協力によって生きる力を根源から支える教育実践が創造されなくてはならない。とりわけ，教科外教育を構成している「集団づくり・自治活動」「文化活動」「相談活動」への期待は大きい。

　ここでは最後に，教科外教育がめざすべき子どもたちの意識づくりとして，「所属意識」「自尊意識」「人権意識」について述べてみたい。

　まず「**所属意識**」とは，自分が安心して過ごせる居場所をもっていると意識することである。「人と人の絆の弱体化」によって，子どもたちは孤立感情から敵対感情をもつに至っている。また，それゆえに過剰な「気配り」を要求されて，子どもたちにとって学校は気苦労を強いる場所以外の何物でもなくなろうとしている。

教科外教育においては,「交わりや仲間づくり」やさまざまな「文化活動」を通じて,他者の意識や存在に「共感」することを促すことによって,「仲間」に守られた居場所として学校を再発見する取り組みが必要とされている。

次に「**自尊意識**」とは自己肯定感や自尊感情として語られている内容を統合した言葉である。それは,ありのままの自分を受容しつつ,それをもとにして有能感や自律心を育むことである。「所属意識」が集団に埋没しないためにも,学校における教科外教育では,「文化活動」の創造や「相談活動」を通じて「自尊意識」の育成がめざされなくてはならない。

最後に「所属意識」と「自尊意識」に支えられて,「**人権意識**」が涵養されることになる。それは正義や公正を求める「自治活動」のなかで育まれるものであり,学校における教科外教育の究極の目標は,自然や社会に関する科学的な認識を支えとして,「人権意識」を育むことであるといっても過言ではない。それは「いじめ」や「不正」に対して昂然と立ち向かう心性でもある。

読書案内

日本特別活動学会監修『新訂 キーワードで拓く新しい特別活動――小学校・中学校・高等学校学習指導要領対応』東洋館出版社,2010。
　●学習指導要領に「領域」としての位置を占める「特別活動」について,日本特別活動学会の総力をあげて編集された事典である。その歴史や理念や課題,さらには特別活動を構成している諸活動について,丁寧な解説が試みられている。

日本生活指導学会編著『生活指導事典』エイデル研究所,2010。
　●日本生活指導学会の総力を結集して編集された事典であり,狭義の学校における「生活指導」のみならず,「心理臨床」「保健医療」「児童福

祉・家族福祉」までも射程に入れた生活指導研究の到達点を示している。

引用・参考文献

相川充・猪刈恵美子『イラスト版子どものソーシャルスキル──友だち関係に勇気と自信がつく 42 のメソッド』合同出版，2011。

猪股大輝「アメリカ課外活動成立過程に関する一考察──生徒の自治活動を学校内化するロジック」『教育学研究』90（2），248-261，2023。

上岡学・林尚示編著／汐見稔幸・奈須正裕監修『特別活動の理論と実践』ミネルヴァ書房，2020。

尾木直樹『子どもの危機をどう見るか』岩波新書，2000。

折出健二『市民社会の教育──関係性と方法』創風社，2003。

春日井敏之『思春期のゆらぎと不登校支援──子ども・親・教師のつながり方』ミネルヴァ書房，2008。

川地亜弥子「小西健二郎と『学級革命』」田中耕治編著『時代を拓いた教師たちⅡ──実践から教育を問い直す』日本標準，2009。

桑原知子『教室で生かすカウンセリング・マインド──教師の立場でできるカウンセリングとは』日本評論社，1999。

粉川光一「卒業式の演劇的構成法」1955（日本演劇教育連盟編『学校行事の創造』演劇教育実践シリーズ 4，晩成書房，1988 所収）。

国立教育研究所内校内暴力問題研究会編『校内暴力事例の総合的研究』学事出版，1984。

斎藤喜博「島小の卒業式」1963（『教育の演出；授業』斎藤喜博全集 5，国土社，1970 所収）。

佐々木博『日本の演劇教育──学校劇からドラマの教育まで』晩成書房，2018。

佐藤秀夫『学校の文化』教育の文化史 2，阿吽社，2005。

鈴木道太『鈴木道太著作選』1，明治図書出版，1972。

青年劇場＋高文研編著『学校はどちらって聞かないで──『翼をください』の舞台を見た高校生たち』高文研，1994。

園田雅春『いま「学級革命」から得られるもの』明治図書出版，2010。

高垣忠一郎『カウンセリングを語る──自己肯定感を育てる作法』かもがわ出版，2010。

竹内功『人間教師──生活綴方の父 小砂丘忠義』高知新聞社，1998。

竹内常一『生活指導の理論』明治図書出版，1969。

田中耕治編著『西條昭男・金森俊朗・竹沢清 実践を語る──子どもの心に寄り添う教育実践』日本標準，2010。

田中耕治『峰地光重と「生活」本位の教育』川地亜弥子・田中耕治編著『時代

を拓いた教師たち』Ⅲ, 日本標準, 2023。
富澤美千子『野村芳兵衛の教育思想──往相・還相としての「生命信頼」と「仲間作り」』春風社, 2021。
富田博之『学校文化活動論──学校の甦りのため』明治図書出版, 1984。
中内敏夫『生活綴方』国士新書, 1976。
中野光『学校改革の史的原像──「大正自由教育」の系譜をたどって』黎明書房, 2008。
西岡加名恵「大西忠治と生活指導」田中耕治編著『戦後教育実践からのメッセージ』時代を拓いた教師たち1, 日本標準, 2005。
日本演劇教育連盟編『学校行事の創造』演劇教育実践シリーズ4, 晩成書房, 1988。
日本演劇教育連盟編『新・演劇教育入門』晩成書房, 1990。
日本スクールソーシャルワーク協会編『スクールソーシャルワーク論──歴史・理論・実践』学苑社, 2008。
ニーランズ, J.・渡部淳『教育方法としてのドラマ』晩成書房, 2009。
野村芳兵衛『生活訓練と道徳教育』野村芳兵衛著作集3, 黎明書房, 1973（初版, 厚生閣書店, 1932）。
久木幸男・鈴木英一・今野喜清編『日本教育論争史録』4（現代編：下）, 第一法規出版, 1980。
広木克行「教育相談の歴史・役割・意義」広木克行編『教育相談』学文社, 2008。
船越勝「生活指導における『交わり』概念の構造──城丸章夫を中心に」『生活指導研究』7, 1990。
増山均編著『鈴木道太研究──教育・福祉・文化を架橋した先駆者』明誠書林, 2021。
松平信久「学級で創りだされた文化活動の軌跡」松平信久編『学級文化の創造』日本の教師4, ぎょうせい, 1995。
峰地光重『文化中心綴方新教授法』峰地光重著作集1, けやき書房, 1981（初版, 1922）。
宮坂哲文『生活指導の基礎理論』誠信書房, 1962。
宮原廣巳『竹内常一に導かれて』高文研, 2016。
森田洋司『いじめとは何か──教室の問題, 社会の問題』中公新書, 中央公論新社, 2010。
山口満「『フレッツェルのテーゼ』の今日的意義」筑波大学大学院博士課程教育学研究科『教育学研究集録』第24集, 2000年10月。
山口満・安井一郎編著『特別活動と人間形成』改訂新版, 学文社, 2010。

第11章 どのような教師をめざすべきか

▲教育実習生の授業

▲ベテラン教師の授業

▲筆者自身の授業

▲ワークショップ型授業研究会

　昔から「〇〇先生の薫陶を受ける」という表現がよく使われてきたが、子どもたちへの影響度という点で、教師の存在は非常に大きい。すぐれた教師とはどのようなものであろうか。また、すぐれた教師になるためにはどのようなことが必要なのだろうか。教育方法学において教師教育の問題は避けて通れない重要なテーマである。

　本章では、特に授業の力量向上を中心に、この問題について考えていくことにしよう。

1 序　説

●すぐれた教師になるために

　教師であればだれでも「よい授業をしたい」「子どもに学力をつけたい」と願う。しかし，そのためには，自分自身が「授業の専門家」としての資質・能力を十分に備えていなくてはならない。とりわけ，教材研究やカリキュラム編成，授業展開（発問・説明・指示など），学習者の実態把握や適切な対応などの力量が一定のレベルであることが求められる。教員養成系大学・学部において，また教師になってからの現職研修において，絶えず自己の向上をめざす努力が必要になる。

　まず，どのようにすれば教師としての専門的な力を身につけることができるかという問題を4つの観点から考えてみたい。

人間としての知識や教養を深める

　教師は単に「教科書を教える人」ではない。「教科書」と「教師用指導書」があればそれなりの授業はできるだろうが，きわめて底の浅い学習にとどまる危険がある。今の教科書制度のもとでは，ページ数などの関係で必要最低限のことしか書かれていないからである。したがって，教師は「生きた教科書」として，文化・科学・社会への理解を深めておく必要がある。

　昔から，すぐれた教師は本をたくさん読むといわれてきた。それは教育書だけではない。さまざまな分野にも関心が向いている。これが教師自身の教養となって，人間としての幅広い知識，豊かなものの見方・考え方を形成していく（教科書のない「総合的学習」

の成否もこの点にかかっている)。

　斎藤喜博は,「授業者としての力」の前に,「教養」や「経験」の蓄積によって生じる「人間的な力」の必要性を説いている(斎藤, 1969)。何よりも教師自身が知的かつ魅力的な人間でなければならないのである。

　人間としての知識や教養は, 授業の豊かさ・深さに表れてくる。たとえば, 漢字の指導をあげてみよう。「未」という漢字があるが, この文字の意味を考えることもなく, ただ機械的に反復練習して覚えるだけであれば楽しくないし, 漢字について豊かに学んだとはいえない。しかし, 教師が, 1画目の横棒は「木の枝の上の若い枝」を表すという象形文字としての字源を知っていれば, はるかに豊かな授業が展開できるだろう。「未」の成り立ちや意味(成長の途中, すなわち未熟, 不確実, はっきりしないという意味をもつ)だけでなく, それを他の部首と組み合わせて作られた漢字の類縁性・共通性(「妹」＝年が若く未熟な女性,「味」＝どんなものかを口に入れて確かめる,「昧」＝暗くて形がはっきり見えない,「魅」＝どんなものか得体が知れない)にまで発展するのである。これによって漢字という文化に対する興味や関心も増していくはずである。

　文学の授業でも同様である。教師の読みが深くなければ, 授業も「わかりきったことをきく」という表面的なレベルで終わってしまう。斎藤喜博校長のもとで教師として成長していった武田常夫の授業記録を読むと, そのことがよくわかる。「子どもをゆり動かす」ような授業をするためには, 常識的・一般的な教材解釈にとどまっていたのでは無理である。そのためには, 日頃からすぐれた文学作品(小説や詩)にふれて, 読む力を養っておくこと

が必要になる。

> **自分のコミュニケーション能力やパフォーマンスを高める**

毎日,児童・生徒と接している以上,教師の行為や態度は彼らにとってよいモデルとならなくてはならない。いわば「示範者」である。いくら「人の話をしっかり聞こう」とか「文字はていねいに書こう」と注意していても,肝心の教師自身が子どもの話を聞かなかったり,雑に板書していたりするのでは失格である。教師の行為は絶えず子どもたちから見られている。そして,それが,よい意味でも悪い意味でも,子どもたちに乗り移っていく。たとえば,小学校低学年の場合,文字のきれいな教師が担任するクラスの子どもたちは文字がきれいであり,反対に雑に書く教師のクラスは雑であるとよくいわれる。

このように言葉(日本語)を使って教育活動を行っている以上は,すべての教師は,まず言葉の熟達者にならなくてはならない。学習者にそれを「形式知」として指導するときにプラスになることはもちろんである。が,そこには言語化できない「暗黙知」の部分も多く含まれている。それは,徒弟制のように,「仕事の場に居合わせ一緒に働き監督されながらの学習」を通して非明示的(インプリシット)に学ばれるのである(波多野,1996)。教師がよいモデルにならなければならないのはこのためである。

そもそも授業とは,一方的な講義ではない。教師と子どもたちとのコミュニケーションの場である。教師の発する言葉(発問・指示・説明・板書など)は明確でわかりやすいものでなくてはならない。また,子どもたちの発言を聞き取り,他の子どもの意見とつなげたり,まとめたりすることが適切に行わなければならない。

いわば教師自身のコミュニケーション能力が問われてくるのである。

　こう考えてくると、すべての教師は、各教科の専門的知識だけでなく、絶えず自分の国語力（言語技術）を高めていく必要がある。言語の本質に根ざした「話し方・聞き方・書き方・読み方」、さらに言葉を通した豊かなコミュニケーション能力（伝え合う力）を鍛えていくことが望まれる。

　すぐれた教師は、例外なくこうした仕事を自分に課してきた。たとえば、大村はまは、「話し方」の修練のために、話し言葉関係の本を多く読んだり、自分の授業の録音テープを聞いたり、社説の朗読を続けたり、よい講演を聞いて耳を養ったりしたという（橋本、1982）。

授業研究を通して実践的力量を高める

佐藤学は、学校や授業を変えていくためには、教師たちが日頃から授業を公開し合い学び合うような**同僚性**の関係をつくることが重要だと述べている（佐藤、1999）。授業研究の中心的な場となる**研究授業**も1年間に1人最低5回は行うべきだという。確かに、自分の教室に閉じこもって、自己流で授業をしていたら進歩や変革はない。他者の目を通していろいろなコメントを受けることで、自分でも気づかなかったようなことがわかってくる。また、他の教師の授業を見ることでさまざまな知見が得られる。

　向山洋一は、プロ教師になるための「黒帯の条件」として「研究授業100回」をあげている（向山、1999）。ここでいわれている研究授業とは必ず「指導案を書く」「検討会をする」「文章で分析する」ことが前提になっている。毎月2回やっても5年近くかか

るという大変な数字だが,「授業のプロ」になるためにはこれくらいの努力をしないといけないのだろう。

さて,授業研究の方法にはいろいろなものがある。学校単位での研究授業やそれに基づく研究協議会は明治時代から今日に至るまで広く行われている。しかし,先に述べてきたように,いかに教師の専門的な力量形成をめざした実質的な研修の場となりうるかということがポイントである。

"事実に即した研究"という点では研究協議会でビデオを利用することも有効である。

稲垣忠彦が提唱する**「授業のカンファレンス」**は,授業者以外の多くの目を通して授業を多面的に検討する方法である。時に教師以外の人々も巻き込みつつ,授業のビデオを見て「相互触発的」に意見を述べ合う点が特徴である。そこでは授業の優劣や巧拙を問題にするのではなく,参加者各自が授業を見る目を広げ,授業観を豊かにすることをめざしている（稲垣,1986）。

また,「授業づくりネットワーク」が開発した**「ストップモーション方式」**は,授業を録画したビデオを再生・視聴しながら,自由にストップをかけて,具体的な場面での教師の意図や授業行為の意味・代案などについて話し合うものである（藤岡,1991）。

さらに,村川雅弘らが提唱する**「ワークショップ型の授業研究」**は,参加者1人ひとりが付箋紙にコメント（成果と課題）を書いて,それを分類・整理・構造化するなかで授業を検討するもので,全員参加型の授業研究会にするためには有効である（村川,2005）。

いずれも,授業者はもちろん,参加者の見識や技量を高めることにも役立つ臨床的な方法である。

こうした現場での臨床的研究方法によって,授業を改善するた

めの情報を得ること，さらに教師の実践的力量の形成に資することが重要である。そのためには，「本当に自分の授業の腕をみがきたい」「少しでも授業者として成長したい」という強烈な願いをもっていることが条件である。

> 教師としての視野を広げる

教師の仕事は多く，授業以外のさまざまな仕事にも追われる毎日である。ともすると「目の前のこと」だけに心が奪われて，自分の学級や学校という殻の中に閉じこもりやすくなる。それでも「授業」は何とかできてしまう。知らず知らずのうちに「自己流」が出来上がり，授業を変えるという意識は弱くなる。しかし，これでは授業者としての成長はありえない。先に述べたように，研究授業をはじめとして，校内で「授業を見せ合う」ことが必要である。

しかし，それだけでなく，外部の研究会に出かけて自分を高めるということも必要になる。教育委員会主催の「初任者研修」「10年者研修」などの公的なものだけでなく，自主的に民間レベルの教育研究会に参加することが大きな意味をもつことになる。前者はともすると受動的なものになりやすいが，後者のように「身銭を切って学ぶ」ということになると，意気込みも変わってくる。「あすの授業に役立つ情報を手に入れたい」「少しでも授業の腕をみがきたい」ということになる。かくして授業についての視野が広がり，専門的な力量を形成していくことが期待できる。

さて，その場合，1つの研究会だけに参加するというのではなく，できればさまざまな研究会に参加すること，そこから自分なりの授業スタイルを形成していくことが重要である。つまり，1

つの授業スタイルに固定化してしまうことを避けるのである。授業に「絶対の方法」はありえない。いつでもどこでも同じようなパターンで授業することは有害である。そのためにも，さまざまなもののなかから幅広く学んで，よいところを摂取していくというゆるやかな姿勢がよい。たとえば，AとBという対立的な授業理論があったとする。しかし，それぞれに長所と短所があるとしたら，その長所だけを取り入れて自分なりの授業スタイルをつくっていくのである。Aの信奉者として組織のリーダーをめざすならともかく，ふつうの授業者としては，どちらか一方に義理立てする必要はない。ただし，うわべだけをまねるのでなく，その本質（どんな目標のためにどんな方法をとるのか）をよく理解したうえで，状況に応じて柔軟に取り入れたい。

　これまでの民間教育研究団体は，それぞれの理論・方法を絶対化する傾向があった。これが実践の停滞や閉塞化を生んでいたのではないかという危惧がある。**異質なものからの学び合い**が要請されるゆえんである。

　さて，教師としての視野を広げるためには，研究会への参加だけでなく，教育書・教育雑誌の購読はもちろん，さまざまな専門書・情報誌から知識を得ることも欠かせない。少しでも自分の授業の質を高めるのに役立つと思えば，そこから貪欲に学ぶべきである。

　このようにして，理論的・実践的な研究成果から幅広く学ぶことによって，自分に合った授業スタイルをつくっていくことが望ましいのである。

　教師修業の道に終わりはない。「これで十分だ」と自分の授業に満足してしまうと，思わぬ停滞を生むことになる。絶えず，よ

り高いところに目標を設定して，それに向けて着実に進んでいきたい。自ら学び続けるということが最も重要である。

身近なレベルでいえば，自分の身のまわりに「話し方」の上手な教師がいたら，その技を盗んで自分のものにするというようにして，さまざまなものから学んで最終的に自分なりのスタイルをつくっていくようにしたい。

2 2つの教師モデル

教師の専門的力量をどう高めるかという問題を考えるときに参考となるのが，ショーンによる「**反省的実践家**」(reflective practitioner)と「**技術的熟達者**」(technical expert)という2つの専門家モデルである（ショーン，2001）。前者は，複雑な文脈や状況のなかで**反省的思考**によって「自らの専門的成長と授業の改造」をはかろうとする教師像であるのに対して，後者は，「授業の成功を保障する一般的な法則や原理」があるという考え方に基づいて，授業を「**科学的技術の合理的適用**」とみなして実践するという教師像である（佐藤，1997）。

この2つのモデルについて，さらに詳しくみていこう。

| 技術的熟達者モデル

技術的熟達者モデルとは，教育の質の保障という観点から，「**PDCA サイクル**」(Plan-Do-Check-Action)という品質管理システムに基づいた教師像である。つまり，授業の設計（Plan）—実施（Do）—評価（Check）—改善（Action）という工学的アプローチに基づくモデルであり，

授業の科学化や教育技術の一般化に対する信頼が根底にある。第3章でも述べた「**教育技術の法則化運動**」(現在はTOSS)は,すぐれた発問・指示を追試して教師の共有財産化をめざすという点で,技術的熟達者モデルの代表的なものである。

民間教育研究運動における授業の科学化・方式化の試みも,それと理念や方法はかなり異なる(対立する面もある)ものの,基本的に「技術的熟達者モデル」に基づいている。

国語関係では,教育科学研究会国語部会の「教科研方式」,文芸教育研究協議会の「文芸研方式」,科学的「読み」の授業研究会の「読み研方式」,児童言語研究会の「一読総合法」などの授業方式があげられる。文学作品の読み方指導など,国語の授業方法がわからないという声が多いだけに,一定のやり方が決まっていると教師はそれを自分の授業に「適用」することができる。

理科関係では,仮説実験授業研究会の「**授業書**」が知られている。「授業書」に従って授業を進めていけば,どの教師でも一定の成果が得られるという考え方に立っている。そこでは「問題→予想・仮説→討論→実験」という一連の学習過程が設定されている。たとえば,「ものとその重さ」という「授業書」では,「体重計にのるとき,①両足で立つ,②片足で立つ,③しゃがんでふんばるときではどうなるか」といった「問題」が用意されている(正解は「どれも変わらない」である)。このほかにも「ばねと力」「空気と水」「燃焼」といったさまざまな「授業書」が開発されてきた。社会科・算数など他教科の「授業書」も多く開発されている(『たのしい授業』2008年4月臨時増刊号『仮説実験授業をはじめよう!』仮説社)。

算数・数学関係では,数学教育協議会が開発した「**水道方式**」

が知られている。これは「数え主義」を乗り越えるために,「タイル」と呼ばれる教具を用いて数を「量の概念」としてとらえることによって,数学教育の科学化・現代化をめざしたものである。とりわけ計算指導においては,「一般から特殊へ」という原則に基づいて,①「素過程」という最も単純かつ基本的な型の計算,②「素過程」を組み合わせた一般的で典型的な「複合過程」の型の計算の指導,③特殊な典型的でない「退化型」といわれる計算の指導,という指導過程・方法が確立している。

このように,「技術的熟達者モデル」は,すべての教室や教師に有効とされる科学的な教育理論・技術を習得したうえで,それを「合理的に適用」することをめざす立場である。そこでは,授業実践における「不確実性」(つまり予期しない偶発的な出来事や授業方式通りに進まないことなど)を避け,なるべく安定的に指導できるような方法論を求めるということになる。

反省的実践家モデル　ショーンによる専門職についての事例研究をもとに発想された「反省的実践家モデル」では,授業のなかで反省的に自らの思考の枠組みを変えていくことによって専門的な力量が形成されると考えられている。つまり,科学的な知識・技術の習熟とその適用ではなく,**「行為のなかでの省察」**(reflection in action)による個別の事例研究をもとに教師としての専門的な知識を形成していくという立場である。そこでは,授業実践における「不確実性」は,「技術的熟達者モデル」とは違って,むしろ「発見の源」「更新の源」となると考えられている。

ショーンは,「反省的実践家は自分が知っていることを新たに

反省し直す必要がしばしばある」として,患者に禁煙を促す医者の例をあげ,患者によっては禁煙が別の深刻なストレスを引き起こさないかどうかをその場で見極めなくてはならないと述べている。つまり,医師の行為は「患者によって異なった意味をもつ」ことがあるということである。そこでは,「患者との反省的な対話を通して,自らの専門的熟練の限界を見いだそう」という態度が求められてくる。これが「行為のなかでの省察」である。

　「反省的実践家」の場合,授業や子どもの評価方法も技術的熟達者とは大きく異なってくる。「技術的熟達者」の場合は,指導目標が達成されたかどうかを客観的なテストによって評価することが多いが,「反省的実践家」の場合は,日常的に教室で行われる教師の主観的・暗黙的な評価が行われることが多い。

　たとえば,「今日の授業は手応えがあった」「教室の雰囲気が重かった」といった評価である。これは,アイスナーの提唱する「**教育鑑識眼**」(Eisner, 1979;*Column*⑦参照),斎藤喜博のいう「**見る力**」(斎藤, 1969),さらに奈須正裕のいう「**みとりのアート**」(若き認知心理学者の会, 1996)といわれる状況依存的な質的評価である(第9章も参照)。そこでは,美術品やワインの鑑定のような「目利きの力」が求められる。ベテラン教師の場合,こうした**実践的見識**に基づく評価が有用になることも多い。

> 2つのモデルの関係:
> 二者択一を越えて

　以上のような2つのモデルはあくまでも理論的モデルであり,実際はそれほど単純に区別できない。当然,教師の仕事のなかには技術化されていくべき部分も存在する。いちいち状況のなかに身をおいてその都度「省察」するとしたら身がもたないだ

ろう。斎藤喜博も，教育技術の一般化には慎重な姿勢をみせていたが，ほかの教師が使えるような教育技術を「定石(じょうせき)」と呼び，それを「たくさんみつけ出そう」と考えていた。その意味では，教師は「反省的実践家」であると同時に「技術的熟達者」でもあるというべきである。いわば（森脇健夫のいう）「共存的競合関係」であり（田中ほか，2011），二者択一的な教師論に陥ってはならないだろう。

　ただし，あくまでも前者（反省的実践）が基本であり，後者（技術的熟達）はその補完とみなすべきである。つまり，教室での「出来事」の意味をその場で「洞察」「省察」「反省」しながら対話的・協同的な学びを追求していくという姿勢が基本であり，授業の理論・技術はそのなかで目標（ねらい）を効率的に達成するための補助手段と考えるべきである。向山洋一も，教育技術の法則化運動の発足当初に，「技術で解決できるのは，7,8％のことだ」と述べていた（向山，1986）。それ以外の部分は個々の状況のなかでの反省的思考に委ねられているのである。

3 教師としての成長に向けて

教師養成政策の動向と問題

　昨今，教育や子どもをめぐるさまざまな困難な状況を反映して，教師の実践的力量をいかに高めるかということが大きな課題となっている。確かに，教育の質を考えるとき教師の資質・能力は決定的に重要である。周知のように，経済協力開発機構（OECD）の「生徒の学習到達度調査」（PISA）で脚光を浴びてい

るフィンランドでは，教師は原則としてすべて大学院修士課程修了レベルである。もちろん，それがそのまま実践的力量の条件となるわけではないが，学問研究や教養文化の面で高い水準にあることはその条件の1つといえるだろう。

　日本に目を移すと，文部科学省は，教師の資質・能力の向上を制度改革によって推し進めようとしてきた。かつての教員勤務評定をはじめ，初任者研修制度，教職経験者研修制度，長期社会体験研修制度，大学院修学休業制度，教員免許更新制（現在は廃止）などはその一例である。

　各自治体レベルでも，こうした制度化の動きが活発になっている。たとえば，教育委員会が「○○教師塾」のように，直接「授業力」育成に乗り出すケースが出てきた。また，「授業力」の高い教師を認定するという制度も多くの自治体で始まっている。

　さらに，大学での養成教育だけには任せておけないと，教育委員会が優秀な教職志望学生を集めて研修・採用しようとするところも増えつつある。

　一方，一部の研究団体では，「授業力」を格付けするといったことも試みられている。教育技術の法則化運動を前身とする「TOSS授業技量検定」がそれである。ともすると我流になりがちな授業技術や個人的才能というレベルで処理されがちな実践的力量を客観的な形で評価しようというものである。そのこと自体は必ずしも否定されるべきではない。

　しかし，こうした一連の動きには落とし穴もある。いずれも外面的（外因的）な授業評価にとらわれた発想であり，内面的（内因的）な授業理解の軽視につながる危険性をもっているということである。確かに，「授業力」を一元化・規準化して評定するこ

ともある程度有効だろう。新任教師とベテラン教師の授業技術の違いが客観的に明らかになる。授業の導入では何に気をつければよいか、どんな発問や指示が子どもを動かすか、板書や机間巡視はどうすればよいかといったことはよくわかる。

ただし、それだけでは、「授業の達人」や「高段者」の授業の表面的な部分をまねることになりかねない。ある教師の「授業力」が高いと公認されれば、その一挙一動に注目して、表に表れた部分をモデルとして追いかけていくことになる。しかし、これでは効果は一時的なものにとどまり、授業の根本的な力量が形成されていくことは難しいだろう。

「現象としての授業」を見るのではなく、そこに潜んでいる内面的なものをこそ見なくてはならないのである。言い換えると、**「哲学としての授業」**や**「歴史としての授業」**を見るということである。前者は、今日の授業にはどのような教師の願いや思想が込められているのかという理解である。後者は、今日の授業はどのような形で生まれてきたのか、その教師の生活史（授業実践史）のなかでどのような位置にあるのかという理解である。いずれの場合も、そのためには、教師が語る言葉（一人称の語り）をよく聞きとることが不可欠となる。それによってはじめて、その教師の行為の意味、今ここで行われている授業の意味が明らかになってくる。そこには、子どもたちがどのように学んできたかという学習者の歴史（学びの履歴）も関わってくる。こうした教師教育の研究やそれと結びついた授業研究が要請されているのである。

たとえば、授業を見ていて、なぜこの教師はこんな小さな問題にこだわっているのかと疑問に思うときがある。しかし、実は、そこに子どもたちにとって大きな意味が隠されていたということ

を後になって知る。

　また，授業のなかで教師が語り続けるときがある。子どもたちが教師の指名なしで次々と意見を出し合っていくのが「よい授業」であるという授業観に立つと，そうした授業は否定的に評価されることになる。しかし，いくら子どもたちの発言が活発でも，内容の深まらない堂々めぐりになっていることがある。逆に，教師の話が長く続いているが，子どもの頭のなかにその一言一言が食い込んでいって，内面的な思考を促しているような授業もある。授業評価のものさしは一元的に決定できるものではない。

　授業研究や授業評価の難しさはここにある。つまり，①授業とは複雑で豊かな内面世界をもっている，②よい授業とは多様にありうる，ということである。それを捨象した授業研究は，ともすると授業評価を一元化・規準化しようする試みに結びつきやすい。そうではなく，「哲学としての授業」や「歴史としての授業」を解明するためには，教師の力量形成の過程や場における出来事に目を向けていく必要がある。そこでは，授業観・教育観の変化を含む自己形成史がクローズアップされるだろう。

　このような問題意識に立って，教師の力量形成のあり方について述べてみたい。

教師の語りに注目することの意義

　1人の教師における授業の哲学や歴史を明らかにするという意味で，ある学会で行われた「国語科教師の実践的力量をどう育むか——ライフストーリーの視点から」というシンポジウムは大変に興味深いものであった。

　そこでは，小学校・中学校・高校の教師が自分の**ライフストー**

リーを語っていた。内容は三者三様であったが，人との出会いによって自分の見方・考え方が変わること，自由な雰囲気のなかで学ぶこと，研究会への参加，同僚との学び合いで自分を高めること，絶えず学び続けようとすること，といった教師の力量形成に共通する要素が伝わってきた。一人称の語りによる事例研究の意義である。

　佐藤学は，「教室のストーリーテラー」として教師の「語り」による表現様式が「もっと生かされてよい」と述べている（佐藤1997）。しかし一方では，ある教師の語りは特殊事例にすぎないのではないかという批判もある。固有名詞のついたライフストーリーやエピソードを私たちはどう聞くべきなのだろうか。そこからは一般的な理論や知見は導き出せないのだろうか。

　鯨岡峻は，「エピソード記述を中心にした事例研究」では，「どれだけ多くの読み手が描き出された場面に自らを置き，『なるほどこれは理解できる』と納得するか，その一般性を問題にするのだ」と述べている（鯨岡，2005，41頁）。

　このように，個別の事例研究も「一般性」に開かれているのである。読み手（聞き手）が「体験の共通性」に基づいて「あり得ること」と納得できるかどうか，しかも，それが自分自身だけでなく「不特定多数の１人」という立場からも納得できるかどうかが重要なのである。つまり，個々の事例について間主観的に見方・考え方・感じ方が一致することが「一般化」のための出発点となるのである。

　ここでは，自らの実践との重なりや類似ということが重要である。もしそうした経験がない場合には，これからの教師生活のなかで経験する可能性がある。その場合，今はまだ実感的にわから

ないにしても，将来的に「我が身にも起こり得ること」として「他者の世界に開かれている」という態度を保つことが大切だろう。それによって，後になって「ああ，こういうことなのか」と追体験的に理解することができる。そうなれば，その事例は「一般性」をもつことになる。たった1つの事例であっても，それは先達が歩んだ道として，若い教師たちにとって道標となるのである。この道標こそが授業理論であり，力量形成の理論である。それは，その教師固有の言葉（実践的言語）で語られることが多いが，それを丁寧に掬い上げていくとともに，その意味を具体的に明らかにしていくことが**語りによる授業研究**（ナラティヴ・アプローチ）の課題である。

こうみてくると，個性記述的な一人称の語り（ライフストーリー）は，文脈依存的な1つの特殊事例にすぎないというとらえ方は不適切であることがわかる。むしろ，具体的に語れば語るほど「一般性」に開かれていくという構造になっている。そこには，すぐれた授業者への成長過程（熟達化のプロセス）にひそむ真実が含まれているのである。

インフォーマルな力量形成：学び続けること・学び合うこと

次に，教師の成長にとって，どのような場が必要なのかという問題に目を向けていきたい。

先に述べたように，日本の教育政策は教師の力量形成（養成教育・現職教育）を制度化していく方向が濃厚であった。そこには，教師の**自律性**（autonomy）に期待をかけるという発想が弱かった。しかし，制度化することの問題点も指摘されなくてはならない。

そもそも，教師の実践的力量とは何か，またそれをどう高めて

いくかという問題は学問的な研究の成果や裏づけに乏しい。にもかかわらず，そうしたフォーマルな形での制度化には問題が含まれている。トップダウン式の義務的な研修ではなく，あくまでも教師1人ひとりの「自分の力をもっと高めよう」という強い意志が研修の前提になければ形骸化しやすいのである。つまり，この問題はインフォーマルな形での自主的な努力と研鑽に負うところがきわめて大きいといえる。

　実際，各種の調査をみると，大学や行政機関でのフォーマルな現職研修よりも，個人での研修や教育実践を通して力をつけたという教師の声が多い。また，組織的・計画的に行われる公式的な校内研修よりも自発的に行われる研修や自己研修などの非公式的な校内研修のほうが，指導力の形成要因として比重が大きいことも明らかになっている。

　山﨑準二の**ライフコース研究**からもそのことがうかがえる（山﨑, 2002）。どの世代の教師も，自分の教育実践の質を高めるうえで最も意義があると感じているものとして，「自分の意欲や努力」(41.5%)，「職場の雰囲気や人間関係」(34.5%)，「所属校での研修」(31.0%)をあげている。これに対して，「教育委員会主催の研修」は少ない。また，「学校全体での研究活動・研究体制」も若手教師には消極的に受けとめられている。フォーマルな研修よりも，児童・生徒との日常的な関わりのなかで行われるインフォーマルな自己研修や実地経験のほうが有効だと認識されていることがわかる。さらに「研究指定校」や「初任者研修」のように制度化された研修システムが「自分の実践遂行の阻害物」と感じている教師も少なからずいる。

　特に初任者の場合，自分の力量形成に役立ったものとして，

「児童・生徒との日常の交流」「同じ新任教師，あるいは年齢の近い若手の教師との経験交流」「経験豊かな年輩教師の日常のアドバイス」が上位を占めている。それに対して，「教頭・校長・指導主事の指導・助言」「教育委員会主催の研修」「所属校で行われる初任者研修」はきわめて少ない。ここでも日常的でインフォーマルな場における**同僚性**と**メンタリング**（先輩教師が後輩教師の専門的自立を見守り援助すること）の意義が認められる。

　稲垣忠彦らの研究でも，「力量形成の契機」となったものとして，「学校内での研究活動（読書会，研究会，研修，書物など）」「学校内でのすぐれた先輩や指導者との出会い」をあげる教師が多く，その次に「自分にとって意味ある学校への赴任」「教育実践上の経験（低学年指導，障害児指導，生活指導，僻地学校への赴任，特定の子どもとの出会いなど）」「学校外でのすぐれた人物との出会い」が続いている（稲垣ほか，1988）。

　このように，日常的かつ自主的な研修の意義は大きいといえる。子どもの事実に基づいて絶えず自分の実践を省察・吟味し，同僚や先輩の教師たちと語り合い，学び合いながら，新たな課題に挑んでいくことが重要である。いわば，**学び続ける教師**であること，**学び合う教師**であることが教師の成長にとって不可欠である。歴史に名を残すような教師は，例外なく，生涯学び続けている。蔵書も半端ではない。しかし，教職経験を重ねるにつれて仕事がルーティン化して，学ばなくなるという傾向があるということも事実である。

　いろいろな教室を訪問して，そのたびに痛感するのは，よく学んでいる教師のクラスは，子どもたちもよく学んでいるということである。発言も論理的で，追究型の学びが成立している。たく

さん本を読んでいる教師，身銭を切ってさまざまな研究会に参加している教師，サークルの仲間と学び合っている教師……。そうした教師の姿は授業に反映する。教師自身も1人の聞き手・学び手として，子どもたちの発言や出来事に開かれている。そして，その事実の意味を省察して，適切に対応している。子どもたちはそうした姿を見て，学びの態度や方法を吸収していくのである。

4 結論
●学び続ける・学び合う教師となるために

よい教師を育てるためには，大学における教師教育カリキュラムの改革が重要であることはいうまでもない。しかし，それだけでなく，日常的な講義・演習のあり方も見直す必要がある。

特に，学び続ける教師，学び合う教師になるためには，大学でよくみられるような知識の一方的な伝達という講義スタイルにならないように，学生たちに「開かれた学び合い」の体験を保障し，その意義を実感させることが大切である。大教室の講義であっても，学生が自分の考えを発表し，それを聞き合い，話し合い，さらに自分で考え直してみるということである。これは，教師になろうとする学生にとって大きな意味がある。そうした「開かれた学び合い」こそが授業の本質であり，醍醐味でもある。それを身をもって体験しておくことが大切である。

かつて筆者が担当した教職科目「教育方法論」の授業（受講生約80人）でも，一方的・注入的な「勉強」でなく，協同的・対話的な学び合いの体験を重視していた。ともすると，学生は教師の話はよく聞くが，ほかの学生の話はあまり聞こうとしない。受験

勉強のような「正解を覚える」という内に閉じた姿勢からの転換が必要である。

　また，教師の力量形成というと，とかく授業技術といった即戦力を身につけることに目が向きがちである。実際，これまでの大学の講義が現場から遊離しがちであるということから，「教職実践演習」のような必修科目が導入された。しかし，そうした実践的な科目だけ増やせば「よい教師」になれるかというと，必ずしもそうではない。卒業論文のように，自ら課題を設定し，資料を収集・分析し，考察したことを論述・発表するという研究力量の形成が，深い教材研究のもとで子どもたちとともに追究するような授業を創造するためには不可欠である。

　また，先に述べた「反省的実践家」になるための試みとして，近年，行為と省察を繰り返しながら学び続ける教師として成長していく教師教育のあり方が追究されている。コルトハーヘンの「リアリスティック・アプローチ」（ALACTモデル）」では，個人の「ゲシュタルト」（ニーズ，関心，価値観，意味づけ，好み，感情，行動の傾向の集合体）を基盤とした「行為→行為の振り返り→本質的な諸相への気づき→行為の選択肢の拡大→試み」という行為と省察のプロセスが提唱され（コルトハーヘン，2010），日本でも教職志望学生の指導に活用されている。その場合，省察によって本質的な諸相（自己の授業観・教育観など）をとらえ直し，作り変えていくことが重要である。

　教師教育のあり方はそれほど簡単な問題ではない。今後とも教育学的に検討されていくべきである。

読書案内

稲垣忠彦『授業を変えるために——カンファレンスのすすめ』国土社，1986。
　●教師の専門性を高めるために，さまざまな参加者がさまざまな視点から授業を検討し合う「授業のカンファレンス」の方法や事例が紹介されている。授業研究の根本的なあり方を見直すきっかけになる。

佐藤学『教師花伝書——専門家として成長するために』小学館，2009。
　●『風姿花伝』（世阿弥）における能の修業をヒントにして，「職人としての教師」「専門家としての教師」の成長について，先進的な教師（学校）の実践事例をもとに書かれている。

鶴田清司『国語科教師の専門的力量の形成——授業の質を高めるために』渓水社，2007。
　●国語科教師教育論，国語科授業研究論，大学教育論にわたって，教師が専門的力量を高めるための方策が示されている。日本語で授業をする以上は，すべての教師が「国語の教師」である。そう考えると，教科や校種を超えて参考になるかもしれない。

引用・参考文献

浅田匡・生田孝至・藤岡完治編『成長する教師——教師学への誘い』金子書房，1998。
稲垣忠彦『授業を変えるために——カンファレンスのすすめ』国土社，1986。
稲垣忠彦・佐藤学『授業研究入門』岩波書店，1996。
稲垣忠彦・寺崎昌男・松平信久編『教師のライフコース——昭和史を教師として生きて』東京大学出版会，1988。
木原俊行『授業研究と教師の成長』日本文教出版，2004。
鯨岡峻『エピソード記述入門——実践と質的研究のために』東京大学出版会，2005。
コルトハーヘン，F. 編著／武田信子監訳『教師教育学——理論と実践をつなぐリアリスティック・アプローチ』学文社，2010。
斎藤喜博『教育学のすすめ』筑摩書房，1969。
佐藤学『教師というアポリア——反省的実践へ』世織書房，1997。
佐藤学『教育改革をデザインする』岩波書店，1999。

佐藤学『教師花伝書――専門家として成長するために』小学館, 2009。
ショーン, D.／佐藤学・秋田喜代美訳『専門家の知恵』ゆみる出版, 2001（原著1983）。
武田常夫『真の授業者をめざして』国土新書, 国土社, 1971。
田中耕治・森脇健夫・徳岡慶一『授業づくりと学びの創造』学文社, 2011。
鶴田清司『国語科教師の専門的力量の形成――授業の質を高めるために』溪水社, 2007。
橋本暢夫「大村はま先生の話し方の修練」『大村はま国語教室　月報1』筑摩書房, 1982。
波多野誼余夫編『学習と発達』認知心理学5, 東京大学出版会, 1996。
藤岡信勝『ストップモーション方式による授業研究の方法』学事出版, 1991。
向山洋一「往復書簡　法則化運動は全国津々浦々へ」『教育』No. 463, 1986。
向山洋一『二十一世紀型教師・プロへの道』向山洋一全集1, 明治図書出版, 1999。
村川雅弘編『授業にいかす 教師がいきる ワークショップ型研修のすすめ』ぎょうせい, 2005。
山﨑準二『教師のライフコース研究』創風社, 2002。
山﨑準二編『教師という仕事・生き方――若手からベテランまで教師としての悩みと喜び、そして成長』第2版, 日本標準, 2009。
山﨑準二・高野和子・濱田博文編『「省察」を問い直す――教員養成の理論と実践の検討』学文社, 2024。
若き認知心理学者の会『認知心理学者　教育評価を語る』北大路書房, 1996。
Eisner, E. W. *The Educational Imagination*. Macmillan, 1979.

巻末資料

戦後教育方法に関する小年表

教育情勢・教育政策	西暦	教育実践・教育論争に関する基礎文献
第二次世界大戦終結	1945	
第一次米国教育使節団報告書	1946	
学習指導要領一般編（試案）	1947	
教育基本法公布		
	1948	「コア・カリキュラム連盟」結成
「新教育」批判興隆	1949	「歴史教育者協議会〈歴教協〉」結成
		「基礎学力」論争（1940後半〜1950前半）
		「問題解決学習」論争（1940後半〜1950前半）
学習指導要領一般編（試案）改訂	1951	「数学教育協議会〈数教協〉」結成
		無着成恭編『山びこ学校』
	1955	小西健二郎『学級革命』
スプートニク・ショック	1957	東井義雄『村を育てる学力』
小・中学校学習指導要領改訂	1958	
経済審議会「国民所得倍増計画」	1960	遠山啓・銀林浩『水道方式による計算体系』
		斎藤喜博『授業入門』
「全国一斉学力テスト（中学校）」	1961	**「学力モデル」論争**（1960前半）
経済審議会・能力主義の主張	1963	全生研常任委『学級集団づくり入門』
		ブルーナー『教育の過程』（原著1960）
	1967	柴田義松ほか『現代の教授学』
小学校学習指導要領改訂	1968	
（1969中学校改訂）		
「落ちこぼれ」問題の顕在化	1971	中内敏夫『学力と評価の理論』
		「たのしい授業」論争（1970前半-80後半）
	1974	吉本均『訓育的教授の理論』
小・中学校学習指導要領改訂	1977	
	1979	仲本正夫『学力への挑戦』
「校内暴力問題」の顕在化	1982	安井俊夫『子どもが動く社会科』
「いじめ」問題の顕在化	1985	向山洋一『授業の腕をあげる法則』
		「教育技術」をめぐる論争（1980後半）
小・中・高等学校学習指導要領改訂	1989	藤岡信勝『授業づくりの発想』

ソビエト連邦消滅・バブル経済崩壊 「不登校問題」の顕在化	1991	
	1995	佐藤学ほか『学びへの誘い』
小・中学校学習指導要領改訂	1998 1999	岡部恒治ほか編『分数ができない大学生』 「学力低下」論争の勃発
指導要録改訂（目標準拠評価へ転換）	2001	
PISAショック（読解力低位）	2004	
新教育基本法公布	2006	
小・中・高等学校学習指導要領改訂 **小・中学校学習指導要領改訂**	2008 2017	「確かな学力」観の提唱 「資質・能力」の重視，「主体的・対話的で深い学び（アクティブ・ラーニング）」の提唱
高等学校学習指導要領改訂	2018	
経済産業省「未来の教育」 GIGAスクール構想	2019	
「令和の日本型学校教育」	2021	
	2024	石井英真『教育「変革」時代の羅針盤』 佐藤明彦『教育DXと変わり始めた学校』

（田中耕治作成）

戦後学習指導要領の特徴（小学校を中心にして）

	基本方針	特　徴
1947（昭和22）年（試案）	○この書は、……これまでの教師用書のように、1つの動かすことのできない道を示めて、それをどうこうしようとするよるものではなく、新しく生まれた教科課程をどんなふうにして行くかを教師自身が自分で研究して手びきとして書かれたのである。○児童や青年は、現在ならびに将来の生活上に起る、いろいろな問題を適切に解決して行かなければならない、そのような生活を営むことが、またここで養われなくてはならない、またここで養うのである。	○「試案」の明記――教師の研究のための手引き書の性格○「学習指導」としての教育――経験主義○社会科「家庭科」「自由研究」の新設○教育評価への新しい提起――学習指導のための学習結果の考査
1951（昭和26）年（試案）	○学習指導要領は、どこまでも教師に対してよい示唆を与えようとするものであって、決してこれによって教育的な。ものにしようとするものではない。……○教育課程の再構成を有効にさせるように、学習経験を組織することでなくてはならない。	○「試案」としての性格を強化――学校での教育課程の編成方手続きを具体化○問題解決学習の強調――児童生徒の経験の組織が教科を中心とする。○「教科課程」の使用――教科と教科外の活動（特別教育活動――中核）の二領域でもって編成○自由科の廃止
1955（昭和30）年社会科のみ	○地理、歴史の改善○道徳教育の強調（社会公共のために尽すべき個人の立場や役割を自覚し、国を愛する心）	○安藤社会科――従来の社会科が社会的性格に偏していとして、個人的心情や愛国心を重視○「試案」の削除
1958（昭和33）年	最近における文化・科学・産業などの急速な進展に即応して国民生活の向上を図り、かつ、独立国家として国際社会に新しい地歩を確保するためには、……①道徳教育の徹底については、……その徹底を期するため、新たに「道徳」の時間を設け、②基礎学力の充実については、特に、小学校における国語科および算数科の内容を充実し、③科学技術教育の向上については、……算数科、理科および次の他の関係教科の内容を充実し、特に、中学校において、……技術的な内容を新たに設けて、	○「官報告示」――法的拘束力の特質○「道徳時間」の特設○教育課程の編成――教科・道徳・特別教育活動及び学校行事等の四領域○基礎学力の充実および科学技術教育の重視○中学校で選択教科の種類が増える（進路指導に応じて）「系統学習」の強調

巻末資料　297

戦後学習指導要領の特徴（続き）

1968（昭和43）年	①日常生活に必要な基本的な知識や技能を習得させ、自然、社会および文化についての基礎的理解に導くこと ②健康にして安全な生活を営むに必要な習慣や態度を身に付けさせ、強健な身体と体力の基礎を養うこと ③正しい判断力や創造力、豊かな情操や強い意志の素地を養うこと ④家庭、社会および国家について正しい理解と愛情を育てて、責任感と協力の精神をつちかい国際理解の基礎を養うこと	○教育課程の編成——教科・道徳・特別活動の三領域 ○教科の現代化の進行——高度な教科内容の低年齢化 ex. 算数科に集合（←高1）・確率（←中1）・文字式（←中1） ○のぞましい人間形成の上から調和的と統一ある社会科で神話の復活「期待される人間像」(1966年)——社会科で神話の復活 ○生徒の能力・適性に応じる教育の徹底——能力主義 ○後期中等教育の多様化の進行
1977（昭和52）年	自ら考え正しく判断できる力をもつ児童生徒を育てること ①人間性豊かな児童生徒を育てること ②ゆとりのあるしかも充実した学校生活が送れるようにすること ③国民として必要とされる基礎的・基本的内容を重視すること ともに児童生徒の個性や能力に応じた教育が行われるようにすること	○ゆとりの教育――教科の時間数の削減、教科内容の厳選 ex. 集合削除・確率計算、負の数は中学へなど ○人間中心の教育――人物中心の歴史・道徳の重視（道徳的実践力の養成）・君が代の国旗化 ○高校教育課程の改訂――小・中・高一貫、習熟度別学級編成
1989（平成元）年	今日の科学技術の進歩と経済の発展は、……情報化、国際化、価値観の多様化、核家族化など、社会の各方面に大きな変化をもたらすに至った ①豊かな心をもち、たくましく生きる人間の育成を図ること ②自ら学ぶ意欲と社会の変化に主体的に対応できる能力の育成を重視すること ③国民として必要とされる基礎的・基本的な内容を重視し、個性を生かす教育の充実を図ること ④国際理解を深め、我が国の文化と伝統を尊重する態度の育成を重視すること	○臨時教育審議会の影響――国際化・情報化・高齢化の社会、個性重視の教育、生涯学習社会の構想、評価の多元化 ○生活科の新設 ○高校社会科の再編成――地歴科と公民科として世界史中必修 ○道徳の強調――日の丸、君が代の取り扱い強化、生活科・国語科・特別活動での ○中学への選択科目の拡大 置づける ○六年制中等学校、単位制高等学校
1998（平成10）年	各学校が「ゆとり」の中で「特色ある教育」を展開し、子どもたちに自ら学び自ら考える「生きる力」をはぐくむ ①多くの知識を教えることを社会に生きる日本人としての自覚の育成 ②自ら学ぶ人間性や社会に生きる国際性をそなえ、子どもたちが自ら学び自ら考える力の育成 ③ゆとりのある教育を展開し、基礎・基本の確実な定着と個性を生かす教育工夫を生かした特色ある学校づくり	○授業時数の縮減――年間70単位（週当たり2単位） ○教育内容の厳選 ○「総合的な学習の時間」の創設 ○選択学習の幅の拡大 ○情報化への対応――高校で「情報」科新設

298

戦後学習指導要領の特徴（続き）

2003（平成15）年一部改正	1998年指導要領のねらいを一層実現することをめざし、また「学力低下」への対応として「確かな学力」の向上をめざして一部改正を行う。	○学習指導要領の「基準性」の一層の明確化――「はどめ規定」の見直し ○「個に応じた指導」の一層の充実――「習熟度別指導」「発展的な学習」
2008（平成20）年	改正教育基本法等を踏まえ、「生きる力」をはぐくむという理念の実現をめざす。 ①基礎的・基本的な知識・技能の習得 ②基礎的・基本的な知識・技能の活用を通じて思考力・判断力・表現力等の育成 ③確かな学力を確立するために必要な授業時間数の確保 ④学習意欲の向上や学習習慣の確立 ⑤豊かな心や健やかな体の育成のための指導の充実	○小学校（国・算・理・外）の授業時数が12%増、中学校（国・数・理・外）の授業時数約19%増 ○小学校では総合的な学習（週2コマ）、中学校では総合学習的な学習（週3コマ程度）、選択教科は標準授業時数の枠外化 ○国語力の育成――小中学校を通じて教科横断で対応、記録、要約、説明、論述などの国語力の育成 ○理数教育の重視――計算力や基礎概念の確実な定着と活用力 ○小学5・6年において、外国語活動を週1コマ実施 ○伝統や文化に関する学習の充実
2017（平成29）年	知識基盤社会を背景を背景とし、「主体的・対話的で深い学び」を通じて、汎用性のある能力（学校外でも通用する「資質・能力」、コンピテンシー）の育成をめざす。以下の3つの柱に基づいて教育目標と評価の在り方を整理する。 ①知識及び技能 ②思考力・判断力・表現力等 ③学びに向かう力・人間性等	○自校の教育目標を実現するための時間配分、人的・物的教育条件を整えるために、PDCAサイクルによるカリキュラム・マネジメントを強調する ○道徳の「教科化」（特別の教科 道徳」の設置） ○英語教育を小学校高学年より「教科」とする ○プログラミング教育の提唱

（田中耕治作成）

事項索引

● アルファベット・数字

ALACT モデル →リアリスティック・アプローチ
EdTech（エドテック）　217
GIGA スクール構想　217
ICT　140, 217
IEA（国際教育到達度評価学会）　183
OECD（経済協力開発機構）　25, 105, 148
PDCA サイクル　279
PISA（学習到達度調査）　25, 78, 105, 148
PISA ショック　296
Society 5.0　217
STEAM　217
TIMSS（国際数学・理科教育動向調査）　155, 183
TOSS 授業技量検定　284
3R's（スリーアールズ）　44, 76
5 段階教授法　24, 55
5 段階相対評価　231

● あ 行

『赤い鳥』　257
アクティブ・ラーニング　86, 180
足場かけ（スキャフォルディング）　38, 135
アセンブリラインとしての時間　222
遊　び　37
『新しい地歴教育』　67
アプロプリエーション　189
暗黙知　274
異学年型クラスター制　223
異学級・異学年交流　221
生きる力　89
『育児日記』　21
池袋児童の村小学校（児童の村小学校）　62, 256
いじめ　89, 265, 266, 295
一斉学習　141
一斉教授（一斉授業）　46, 51, 155, 202, 219
イドラ　12
今ここを生きる時間　222
『隠者の夕暮れ』　19
ヴァージニア・プラン　34
ウィネトカ・システム　32
『ウィルソン・リーダー』　49
上からの道（教材づくり）　206
内　化　133, 190
『エミール』　17
演繹法　13
演劇教育　263
往来物　44
『大きなかぶ』　212
オキュペーション（専心活動）　27, 28, 37
落ちこぼれ　295
オブジェクト・レッスン　50
オープン・スクール　221
オペラント条件づけ　123
恩　物　22

● か 行

『改正教授術』 52
ガイダンス 260
開智学校 68
概念的理解 105, 149, 158, 164, 168
開発主義教授法 52
カウンセリング・マインド 265
科学的概念 38, 89, 177
科学的管理法（テーラー・システム） 30
『科学的教育学講義』 54
科学的測定運動 30
科学的リテラシー 148
学　習 37, 122, 130, 140, 234
　——（する）内容 104
　——における自己調整 236
　——の仕方（構え） 109
学習科学 110, 124, 159
学習過程 36, 65
学習環境 110, 113, 220
学習形態 94, 202
『学習研究』 63
学習権保障 219
学習材 117, 216
学習指導要領 67, 75, 78, 80, 88, 89, 104, 151, 180, 295
学習集団 94, 255
学習集団論争 258
学習到達度調査　→PISA
学習の法則 29
学習法 61, 63
学習方法一元論 61
学　制 47
学年制 57
『核のいる学級』 261

学　力 5, 74, 105, 148
　——における基礎 74, 76
　——の質 244
　生きて働く—— 75
　基礎—— 74, 76, 295
　高次な—— 233
　できる—— 148, 152
　わかる—— 124, 149
学力観 78
学力低下（論争） 74, 296
『学力と評価の理論』 295
『学力への挑戦』 295
学力保障論 231
学力（モデル）論争 74, 77, 295
学歴社会 87
掛　図 48, 50
重なり合う波のモデル 127
カシテュオ 26
仮説実験授業 88, 93, 132, 280
数え主義 281
課題分析 113
片廊下一文字型校舎 221
学　級 56
『学級革命』 248, 260, 261, 295
学級活動・児童会 256, 259
学級集団づくり　→集団づくり
『学級集団づくり入門』 262, 295
学級編成 56
学級崩壊 89, 266
学校行事 256, 259, 264
学校建築（校舎） 68, 220
学校知 178, 190
活動分析 31
活　用 152, 234, 239, 244
　習得と—— 152, 190, 193
『かな文字の教え方』 88
構え　→学習の仕方

事項索引　301

カリキュラム(教育課程)　30, 67, 111, 208, 258
　　──の編成　38, 178
　　階段型──　179
　　学問中心の──　38
　　登山型──　179
　　螺旋型──　39
カリキュラム改革運動　80
カリキュラム開発　113
『カリキュラム構成』　31
カリキュラム構成法　31
カリキュラム適合性　242
『カリキュラムと教授の基本原理』　35
カリキュラム評価　111
川口プラン　67
感　覚　13, 15
環　境　17
観　察　14
間接性の原理　196
完全習得学習(マスタリー・ラーニング)　37, 131
管理主義　267
官僚制　30
机間巡視　201
技術主義　95
　　──批判　88
技術的実践　187
技術的熟達者　279
技術のABC　20
規準性　107
技　能　105, 107
機能的教授法　31
帰納法　13
『希望格差社会』　267
義務教育　57
客観テスト　242

既有知識　132, 149, 158, 234
教育改革(第二次世界大戦後)　2
教育課程　→カリキュラム
教育鑑識眼　250, 282
教育技術の法則化　→法則化運動
教育技術をめぐる論争　295
教育基本法　295
教育実践　2, 248
教育相談　→相談活動
教育測定運動　231
教育勅語(教育ニ関スル勅語)　52, 57
教育的教授　23
教育的スロイド　26
教育的タクト　24
教育と科学の結合　81, 88
教育と生活の結合　5
教育内容　24, 58, 104
　　──の教材化　96
　　──の生活化　67
『教育に関する考察』　17
教育ニ関スル勅語　→教育勅語
『教育の過程』　38, 295
教育の現代化運動　→現代化
教育の主体性　89
教育の人間化　40, 89
教育批評　250
教育評価　→評価
教育目標　→目標
教育目標の分類体系　→タキソノミー
『教育問題研究』　61
教科外教育　254, 258
教科書　14, 47, 57, 206, 209, 212
教科センター方式　223
教科内容　87, 116, 175
　　──研究　180

──の教材化　88, 207
教科内容論（的アプローチ）　180
　　──の見直し　178
共感的理解　92, 265
教　具　47, 117
教　材　32, 56, 96, 117, 176, 206, 216
　　──研究　96, 181
　　──づくり　96, 206
　　自主──　209
教　師
　　──と子ども　174
　　──の自律性　288
　　──の生活史　285
　　──のフィードバック　156
　　──のライフストーリー　286
　　学び合う──　290
教　室　220
教師の力量（資質・能力）　65, 272, 279, 283
　　──形成　276, 286, 290, 292
教授（行為）　16, 23, 96
　　──の個別化　33
教職の科学　23
協同（的学び）　134, 150, 156, 158, 182, 184, 189, 216, 219
協働自治　62, 256
共同性　262
協同的探究学習　111, 150, 159, 160, 163, 165, 168
協同的な生　27
協働な学び　137, 202, 218
興　味　206
教養（国民的教養）　76
挙手-指名方式　201
近代学校（教育）　5, 44, 53
キンダーガルデン　21

空白の時間　199
クラブ活動　256, 259
比べ読み　213
グループ学習　202, 219
訓　育　16, 57, 258
『訓育的教授の理論』　295
経　験　15, 17, 32
経験主義　12, 68, 81, 87, 106, 186
形式知　274
形成的アセスメント　240
計測可能学力説　78
系統学習　82, 88, 178, 192
系統主義　106
研究授業　275
研　修　277, 284, 289
現代化（教育の現代化運動）　39, 87, 88, 95, 158
『現代の教授学』　295
検討会　→授業のカンファレンス
権利としての教育　66
コア・カリキュラム連盟（コア連）　76, 80, 295
コア・コース（中心課程）　81
コア連　→コア・カリキュラム連盟
合科学習　61
公教育　19
校舎　→学校建築
構成主義的な学習観　234
高等師範学校　53
行動調整　133
行動目標　34
校内暴力　89, 266, 295
『国語教科書の思想』　216
国定教科書制度　53
黒　板　46
国民教育制度　52
個人学習　199, 202

事項索引　303

個性（自由）尊重　58, 59
国家主義（教育）　52, 57, 60, 66
『ごっこ遊びの世界』　37
古典的条件づけ（レスポンデント条件づけ）　122
『子どもが動く社会科』　295
子どもが動く社会科　92
子ども虐待　266
『子ども集団づくり入門』　263
子ども（児童）中心主義　27
子どもの荒れ　266
子どもの発見　17
個に応じた指導　→個別最適な学び
個別学習（指導）　60, 141
個別教授　44
個別最適な学び（個に応じた指導）　131, 153, 202, 217, 218
個別探究　159, 161
コミュニケーション　274
「ごんぎつね」　195

● さ　行

最近接発達領域　37, 134, 193
参加と協働　237
三気質　53
三層説　76, 78
三層四領域論　82
『塞児敦氏庶物指教』　51
自　学　59
時間割　46, 222
試　験　51
思考・判断・表現　107
思考力・判断力・表現力　105, 107, 151
自己肯定感　265
自己調整　234, 240

自己評価　230, 235, 236, 241
資質・能力（論）　78, 80, 152
事実の教育（必要の教育）　18
自然の方法　14
自尊意識　268
下からの道（教材づくり）　206
自治（活動）　5, 59, 62, 255, 256, 259, 260
実学主義　→リアリズム
実践記録　248
実践授業「西陣織」　82, 85
実践的見識　282
『実用教育学及教授法』　54
児童の村小学校　→池袋児童の村小学校
児童文化運動　257
指導要録　230, 296
師範学校　53
師範タイプ　54
市民的育成　255
社会科　67, 81
社会構成主義　124, 178
社会的効率　31
社会的相互作用（行為）　132, 187
社会文化的アプローチ　180, 187
ジャスパー・プロジェクト　119
習　慣　17
自由教育　62
自由主義　57
習　熟　78
集団づくり　257, 260-262
　――の3段階　261
習　得　152, 190, 193
儒　学　45
授業研究　6, 52, 87, 242, 275
　語りによる――　288
　ワークショップ型の――　276

授業時間　222
授業書　280
授業づくり（授業のデザイン）
　　88, 104, 113, 174, 230
授業づくりネットワーク（運動）
　　96, 276
『授業づくりの発想』　295
『授業入門』　295
『授業の腕をあげる法則』　295
授業のカンファレンス（検討会）
　　246, 276
授業のディスコース　156
授業のデザイン　→授業づくり
手工（教育）　25
主体的・対話的で深い学び　163, 180, 202, 218
主体的な学び　164
小学教則　49
『小学国語読本』　208
『小学読本』　49
小学校　47
小学校教則綱領　53
小学校令　52
状況理論（状況主義的学習理論）
　　124
消極教育　18
所属意識　267
庶物指教　50
私立学校　59
自立と協働　223
新教育（19世紀末欧米）　27
新教育（大正）　→大正新教育
新教育（戦後）　74, 80
『新教育と学力低下』　74
新教育批判　75
『新教育への批判』　81
人権意識　268

尋常師範学校　53
心性開発　52
真正（性）　230, 234
進歩主義（教育）　27, 29, 87
進歩主義教育協会　31
臣民（教育）　53, 57
水道方式　88, 280, 295
「スイミー」　212
数学教育協議会　81, 280, 295
数学的リテラシー　105, 148
『数学の学び方・教え方』　88
スクール・カウンセラー　265
スクール・ソーシャルワーカー
　　266
ストップモーション方式　276
スプートニク・ショック　39, 295
スモールステップの原理　130
生　活　5, 18, 64, 66
　——的概念　38, 89
　——の困窮　266
生活科　89
生活訓練論　256
生活権　66
生活指導（論）　257, 260
生活集団　254
生活即学習　59
生活単元　64, 67
生活綴方（綴方教育）　62, 67, 81, 209, 248, 257, 260
生活適応教育　31
正規分布曲線　231
省　察　281
成城小学校　59
正統的周辺参加　125
『世界図絵』　14
石筆と石盤　47
全員参加の授業5原則　198

先行オーガナイザー　132
全国一斉学力テスト　295
全国学力・学習状況調査　105, 148
全国生活指導研究協議会（全生研）　262
専心　23
専心活動　→オキュペーション
全生研　→全国生活指導研究協議会
全体学習　201
専有　190
総合的な学習の時間　89
相談活動（教育相談）　259, 264
素材の教材化　207
卒業式　264
素朴概念（素朴理論）　165, 235

● た　行

『大教授学』　14
体験目標　107
大正新教育（大正自由教育）　58, 64, 256
「大造じいさんとガン」　196
態度主義　78
大日本帝国憲法　52
タイラーの原理　35
対話
　　内なる――　185
　　他者との――　185
対話的学び　164, 180, 184, 189, 216
タキソノミー（教育目標の分類体系）　35, 116
たのしい授業　87, 90
　　――論争　87, 295
タブラ・ラサ　15

ダルトン・プラン　32, 60
探究　151, 226
探究学習　111, 119, 158, 168
単元（学習）　29, 31, 32, 56, 70
単線型学校体系　47
談話テキスト　216
地域教育計画　67
致思　23
知識　13
　　――の系統性　84
　　――の陶冶性　84
知識獲得　124
知識観　82
知識・技能　105, 107, 151
知識主義　75
知識創造型の学び　178
知識伝達型の学び　178
知識統合　159
中心課程　→コア・コース
中心統合法　24
『中等学校における課外活動』　255
調和的な人間完成　19
直観教授　20
直観のABC　20
沈黙　200
綴方教育　→生活綴方
つまずきを活かす授業　3
定型問題　131
ティームティーチング　153
できる学力　148, 152
　　――の学習方法　152
デジタル教科書　140, 218
哲学としての授業　285
手続き的知識・スキル　105, 149
手習塾　→寺子屋
デューイ・スクール　27, 28

306

寺子屋（手習塾）　44
テーラー・システム　→科学的管理法
転移　109
展開問題　→非定型問題
天皇制　52, 57
統覚　→類化
等級制　56
統合型学習システム　194
洞察説　123
童心主義　257
到達目標　106
動的教育論　64
道徳（教育）　44, 52
道徳性　54
導入問題　160, 168
陶冶　16, 84, 258
　形式——（説）　15, 108
　実質——（説）　17, 109
　生活——　21, 25
　品性の——　23
同僚性　275, 290
特別活動　254, 256
徳目　52
読解力（読解リテラシー）　105, 148

● な 行

仲間づくり（生活綴方的な）　260, 261
日本生活教育連盟（日生連）　80, 84
人間形成　4, 58
『人間知性論』　15
『人間の教育』　21
認知科学　124

認知説（認知主義的学習理論）　123
能力　15, 104

● は 行

媒介された行為　191
はいまわる経験主義　70, 81
白紙説　15
『白鳥の歌』　21
八大教育主張　59
発見学習　109, 131
発生的認識論　38, 125
発達課題　106
発達段階（理論）　38, 126, 127, 137
発達の保障　5
発問づくり　96, 195
パフォーマンス評価　230, 244
班・核・討議づくり　261
藩校　45
板書　196
反省　15
反省的思考　29, 279
反省的実践　187
反省的実践家（モデル）　279, 281
パンソフィア（普遍的知識）　13
『班のある学級』　261
反復学習　154
必要の教育　→事実の教育
非定型問題（展開問題）　159, 162, 169
1人1台端末環境　218
ヒューマニズム　1
評価（教育評価）　35, 107, 230, 231
　——法の比較可能性（信頼性）

事項索引　307

246
　　学習としての—— 239
　　学習のための—— 239
　　カリキュラム—— 111
　　観点別—— 107
　　形成的—— 36, 230, 237-239
　　個人内—— 230
　　5段階相対—— 231
　　真正の—— 230, 233
　　診断的—— 238
　　総括的—— 235, 237, 239
　　相対—— 230, 231, 237, 242
　　パフォーマンス—— 230, 244
　　ポートフォリオ—— 230, 246
　　目標に準拠した—— 230, 231
評価参加者　236
評価指針　→ルーブリック
標準テスト　243
表　象　23, 39
フィードバック　238, 240
深い学び　164, 180
武士教育　45
不登校　89, 265, 266, 296
普遍的知識　→パンソフィア
プラクシス　97
フレットウェルのテーゼ　255
プログラム（型）学習　130, 178-180, 194
プロジェクト（活動）　28, 37, 111, 119
プロジェクト（型）学習　178-180, 194
プロジェクト・メソッド　29, 33, 62
文化活動　259, 263
文化史段階説　24
文化的道具　187, 189, 190

文芸教育研究協議会　96
文芸主義　257
『分数ができない大学生』　296
分析的理解　93
分断式教育　64
『分断式動的教育法』　64
ペスタロッチ主義　51
ヘルバルト主義教育学　54
ポイエシス　97
法則化運動（教育技術の法則化運動）　95, 94, 97, 280
北方性教育運動　259
本郷プラン　67

● ま　行

マイクロジェネティック・アプローチ　127
交わり概念　262
マスタリー・ラーニング　→完全習得学習
学びからの逃走　1, 206
学びと勉強　182
学びの共同体　94, 181
学びの文脈　180
学びの履歴　180, 285
『学びへの誘い』　296
見え先行方略　195
みとりのアート　282
ミュンヘン・プラン　26
未来の教室　217, 296
見る力　282
民間教育研究運動　280
民間教育研究団体　88, 94, 175
民主主義　67
『村を育てる学力』　295
メタ認知　241

メディア教育　215
メディア・リテラシー　212
メトーデ　19
メンタリング　290
目　標（教育目標）　31, 34, 104, 106, 230
　　行動――　34
　　体験――　107
　　到達――　106
　　方向――　107
モジュール学習　222
モリソン・プラン　34
問題解決（学習）　29, 67, 82, 84, 134, 155, 168, 194, 226
問題解決学習論争　80, 82, 295
問題解決学力（能力）　75, 119
問題解決方略　127, 139, 165
モンテッソーリ・メソッド　63
問　答　49

● や　行

『山びこ学校』　67, 81, 260, 295
有意味受容学習　132
遊　戯　22
ゆさぶりの機能　197
ゆとり教育　89
幼小連携　63
呼びかけ方式（コーラル・スピーキング）　264
読み・書き・算　44, 75
読物　49

四書五経　45

● ら　行

ライフコース研究　289
リアリスティック・アプローチ（ALACTモデル）　290
リアリズム（実学主義）　1, 12
立身出世　46, 47
リテラシー　78, 105, 148
領域一般性　126
領域固有性　126
臨時教育会議　58
類化（統覚）　23
ルーブリック（評価指針）　247
令和の日本型学校教育　202, 218, 296
歴史教育者協議会　81, 295
レスポンデント条件づけ　→古典的条件づけ
レディネス　106
連合心理学　23
連合説　122
労作教育　20, 26
路上算数　139
ロマンチシズム　1

● わ　行

わかる学力　124, 149
わかる授業　87, 90

人名索引

● あ 行

相川日出雄（1917-1991） 67
アイスナー（Eisner, E. W.；1933-2014） 250, 282
青木誠四郎（1894-1956） 74
赤井米吉（1887-1974） 59
有田和正（1935-2014） 195, 211
伊沢修二（1851-1917） 51
石原千秋（1955-） 216
板倉聖宣（1930-2018） 88, 90
稲垣忠彦（1932-2011） 221, 276, 290
稲毛金七（1887-1946） 59
ヴィゴツキー（Vygotsky, L. S.；1896-1934） 37, 132, 190, 193
ウィリアム（Wiliam, D.；1955-） 241
上田薫（1920-2019） 186
上沼久之丞（1881-1961） 63
ウェンガー（Wenger, E.；1952-） 125
ウォシュバーン（Washburne, C. W.；1889-1968） 32
内田莉莎子（1928-1997） 212
梅根悟（1903-1980） 82
及川平治（1875-1939） 59, 63, 64
大津和子（1946-） 211
大西忠治（1930-1992） 261, 262
大村はま（1906-2005） 275
岡部進（1935-） 93
小川太郎（1907-1974） 258
オーズベル（Ausubel, D.；1918-2008） 132
小原国芳（1887-1977） 59
折出健二（1948-） 262

● か 行

片上伸（1884-1928） 59
勝田守一（1908-1969） 78, 82, 248
ガニエ（Gagne, R. M.；1916-2002） 114
川合章（1921-2010） 93
北沢種一（1880-1931） 59, 63
木下竹次（1872-1946） 59, 61
キャズウェル（Caswell, H. L.；1901-1988） 34
キャロル（Carroll, J. B.；1916-2003） 37
キルパトリック（Kilpatrick, W. H.；1871-1965） 29
鯨岡峻（1943-） 287
久保舜一（1908-1992） 75
桑原正雄（1906-1980） 82
ケーラー（Köhler, W.；1887-1967） 123
ケルシェンシュタイナー（Kerschensteiner, G.；1854-1932） 26
ケルン（Kern, H.；1820-1891） 54
河野清丸（1873-1942） 59
国分一太郎（1911-1984） 75
コナント（Conant, J. B.；1893-

1978) 32
小西健二郎（1924-1995） 248, 260, 261
コメニウス（Comenius, J. A.; 1592-1670） 13, 17
コルトハーヘン（Korthagen, F.; 1947-） 290

● さ 行

西郷竹彦（1920-2017） 212
斎藤喜博（1911-1981） 95, 97, 174, 196, 264, 273, 282
小砂丘忠義（1906-1944） 257
佐藤学（1951-） 179, 181, 184, 186, 220, 275, 287
サロモン（Salomon, O.; 1849-1907） 26
澤柳政太郎（1865-1927） 59
シグネウス（Cygnaeus, U.; 1810-1888） 25, 26
シーグラー（Siegler, R. S.; 1949-） 126, 128
篠原助市（1876-1957） 63
柴田義松（1930-2018） 88, 176
庄司和晃（1929-2015） 88
ショーン（Schön, D. A.; 1930-1997） 279, 281
白井毅（1879-不明） 52
城丸章夫（1917-2010） 76, 262
スキナー（Skinner, B. F.; 1904-1990） 123, 130
スクリヴァン（Scriven, M. J.; 1928-2023） 36, 237
スコット（Scott, M. M.; 1843-1922） 47, 49
鈴木三重吉（1882-1936） 257

鈴木道太（1907-1991） 259
ソーンダイク（Thorndike, E. L.; 1874-1949） 29, 109

● た 行

タイラー（Tyler, R. W.; 1902-1994） 34, 231
高嶺秀夫（1854-1910） 51
竹内常一（1935-2020） 261
谷本富（1867-1946） 54, 58
千葉命吉（1887-1959） 59
チャーターズ（Charters, W. W.; 1875-1952） 31
ツィラー（Ziller, T.; 1817-1882） 24, 32
鶴居滋一（1887-不明） 63
手塚岸衛（1880-1936） 59, 63
デューイ（Dewey, J.; 1859-1952） 27, 28
東井義雄（1912-1991） 89
遠山啓（1909-1979） 88, 90, 91
富田博之（1922-1994） 264

● な 行

中内敏夫（1930-2016） 78, 97
中村春二（1877-1924） 59
仲本正夫（1940-） 249
奈須正裕（1961-） 282
西山哲治（1883-1939） 59
野口援太郎（1868-1941） 62
野口芳宏（1936-） 201
野村芳兵衛（1896-1986） 62, 256

● は 行

ハウスクネヒト（Hausknecht, E.；1853-1927） 54
パーカースト（Parkhurst, H.；1887-1973） 32, 60
ハッチンズ（Hutchins, R. M.；1899-1977） 32
羽仁もと子（1873-1957） 59
パブロフ（Pavlov, I. P.；1849-1936） 122
林竹二（1906-1985） 97
春田正治（1916-2004） 82, 258
ピアジェ（Piaget, J.；1896-1980） 125-127, 137
樋口勘次郎（1872-1917） 58
樋口長市（1871-1945） 59
広岡亮蔵（1907-1995） 76, 78
藤井利誉（1872-1945） 62
藤岡信勝（1943-） 96
伏見陽児（1953-） 93
二杉孝司（1948-） 207
ブラック（Black, P. B.；1930-） 241
ブルーナー（Bruner, J. S.；1915-2016） 38, 88, 109, 131, 137
ブルーム（Bloom, B. S.；1913-1999） 35, 115, 237
フレットウェル（Fretwell, E. K.；1878-1962） 255
フレーベル（Fröbel, F. W. A.；1782-1852） 21, 22
ベーコン（Bacon, F.；1561-1626） 12
ペスタロッチ（Pestalozzi, J. H.；1746-1827） 19, 25
ヘルバルト（Herbart, J. F.；1776-1841） 16, 23, 54
ボビット（Bobbitt, J. F.；1876-1956） 30
ポリヤ（Pólya, G.；1887-1985） 155
ボルノウ（Bollnow, O. F.；1903-1991） 220

● ま 行

麻柄啓一（1951-） 93
峰地光重（1890-1968） 62, 257
宮坂哲文（1918-1965） 258, 260
向山洋一（1943-） 94, 275
無着成恭（1927-2023） 67, 248, 260
村川雅弘（1955-） 274
森有礼（1847-1889） 52
森川正雄（1873-1946） 63
モリソン（Morrison, H. C.；1871-1945） 34
森脇健夫（1956-） 178

● や 行

矢川徳光（1900-1982） 81, 82
安井俊夫（1935-） 90, 91
山﨑準二（1953-） 289
湯原元一（1863-1931） 54
吉本均（1924-1996） 258

● ら 行

ライン（Rein, W.；1847-1929） 24, 55
ルソー（Rousseau, J.-J.；1712-1778） 17

レイヴ（Lave, J.; 1939-）　125
ロジャーズ（Rogers, C. R.; 1902-1987）　265
ロック（Locke, J.; 1632-1704）　15, 17

● わ　行

若林虎三郎（1855-1885）　52
ワーチ（Wertsch, J. V.; 1947-）　190

【有斐閣アルマ】
新しい時代の教育方法〔第3版〕
Educational Methods in the New Era, 3rd ed.

2012年12月15日　初　版第1刷発行　　2024年12月20日　第3版第1刷発行
2019年 1 月15日　改訂版第1刷発行

著　者	田中耕治　鶴田清司　橋本美保　藤村宣之
発行者	江草貞治
発行所	株式会社有斐閣
	〒101-0051　東京都千代田区神田神保町2-17
	https://www.yuhikaku.co.jp/
装　丁	デザイン集合ゼブラ+坂井哲也
印　刷	株式会社理想社
製　本	大口製本印刷株式会社
装丁印刷	株式会社亨有堂印刷所

落丁・乱丁本はお取替えいたします。定価はカバーに表示してあります。
©2024, K. Tanaka, S. Tsuruda, M. Hashimoto, N. Fujimura.
Printed in Japan. ISBN 978-4-641-22237-3

本書のコピー，スキャン，デジタル化等の無断複製は著作権法上での例外を除き禁じられています。本書を代行業者等の第三者に依頼してスキャンやデジタル化することは，たとえ個人や家庭内の利用でも著作権法違反です。

JCOPY　本書の無断複写(コピー)は，著作権法上での例外を除き，禁じられています。複写される場合は，そのつど事前に，(一社)出版者著作権管理機構(電話03-5244-5088，FAX 03-5244-5089, e-mail:info@jcopy.or.jp)の許諾を得てください。